Bodo Steinberg

Der Weg

Bodo Steinberg

Der Weg

Schicksalsjahre
in Masuren

RAUTENBERG
im Verlagshaus Würzburg

Umwelthinweis:
Dieses Buch und der Umschlag wurden auf chlorfrei gebleichtem Papier gedruckt.
Die Einschrumpffolie – zum Schutz vor Verschmutzung – ist aus umweltverträglichem und recyclingfähigem PE-Material.

Rautenberg Verlag
Internet: www.verlagshaus.com
Einbandgestaltung: Silberwald,
Agentur für visuelle Kommunikation, Würzburg
Gesamtherstellung: Offizin Andersen Nexö, Leipzig
ISBN 978-3-8003-3160-4

Inhalt

1. Kapitel

Die Verlobung

Es war ein typisch ostpreußischer Spätsommerhimmel, der sich hoch und scheinbar unendlich über die hügelige Landschaft dehnte. Ein schwacher Wind schob die Wolkenfetzen weit hinter die fernen Ufer des Sees. Sein glitzernder Wasserspiegel umfasste die schmale Landzunge wie eine halb geöffnete Hand, die Garben auf den Stoppelfeldern standen in Reih und Glied und die Störche litten unter der Mittagshitze fast unbeweglich in ihren hohen Nestern. Nur auf den Feldern des Thumeck Gutes begann sich nach einer kurzen Pause das Leben wieder zu regen. Die Roggenernte wurde eingebracht.

Ein wuchtiger Mann mittleren Alters erhob sich aus dem Schatten einer Buche und wischte sich mit dem Taschentuch die Schweißperlen vom kahlen Schädel. „Hopp, hopp, Kinderchen, keine Müdigkeit vorschützen!“, rief er seinen Leuten zu und klatschte aufmunternd in die Hände. „Fahren wir die letzten zwei Fuhren ein! Und danach wird nach gutem alten Thumeck-Brauch gefeiert, bis sich die Balken biegen!“ Mit wenigen Schritten war er auf dem Feld, ergriff die ersten Getreidebündel und belud den bereitstehenden Karren.

Nach und nach erhoben sich auch die Erntehelfer des Grafen. In diesem Sommer waren es mehr als die Jahre zuvor. Ein Bombenangriff vor drei Wochen hatte die Gerätescheune, die Kapelle und fast den gesamten Südflügel des Schlosses zerstört. Verletzt wurde wie durch ein Wunder niemand. Den materiellen Schaden im Schloss konnten die Thumecks noch verkraften, aber der gutseigene Mähdrescher war nur schwer zu ersetzen. Es war Handarbeit angesagt, wie zu Großvaters Zeiten. Gott sei Dank funktionierten die Verbindungen von Dietrich von Thumeck auch noch während des Krieges bis ins benachbarte Polen. Er brauchte Leute, auf die er sich verlassen konnte, die nicht nur kräftig mit anpackten, sondern auch welche von denen er wusste, dass sie schweigen konnten.

Vier junge Frauen und ein zweiundsechzigjähriger Volksschullehrer aus Suwalki, ein im Haschner See notgelandeter Luftwaffenoffizier der Royal Air Force und die vier fest zum Gut gehörenden Mitarbeiter verteilten sich weit gefächert über das letzte, fast vollständig abgeerntete Roggenfeld.

Den Engländer Henry Milton hatte dabei buchstäblich der Himmel geschickt. Er war bei einem nächtlichen Aufklärungsflug vor zwölf Tagen von Gotland kommend, nach einem Motorschaden auf dem See notgelandet und hatte unglaubliches Glück gehabt. Er wurde von zwei Gutsangestellten noch rechtzeitig aus dem See gefischt und aufs Schloss gebracht. Rechtzeitig bedeutete in diesem Fall, noch bevor er ertrank oder von linientreuen Dorfbewohnern entdeckt wurde.

Der alte Smolnik, Aalfischer und Räucherexperte, der seit über vierzig Jahren in einer mehr oder weniger festen Arbeitsbeziehung zum Gut stand, wurde beim „Laternenfischen" Zeuge der dramatischen Notlandung. Der englische Pilot war bewusstlos, kam aber sonst mit relativ harmlosen Prellungen, kleineren Schnittwunden und Hautabschürfungen davon. Er wurde von Smolnik und dem zu Hilfe gerufenen Stallmeister geborgen, bevor sein Flugzeug endgültig im Schlick des flachen Uferbereichs versank.

Dietrich von Thumeck konnte gerade jetzt bei der späten Ernte jede Hand dringend gebrauchen. Auch die eines potentiellen Feindes. Es wurde jetzt, Anfang September, höchste Zeit, die letzten Felder abzuernten. Ein Sympathisant der NS-Regierung war er ganz bestimmt nicht. Noch nie gewesen. Wenn überhaupt, dann wollte er den Engländer erst nach der Ernte den Militärs übergeben.

Nach seiner raschen Genesung packte Henry Milton wie alle anderen kräftig mit an. Mit nacktem Oberkörper auf dem Getreidekarren stehend, schichtete er die nach oben gereichten Garben neben- und übereinander und presste sie platzsparend zusammen. Die Arbeit erforderte Schnelligkeit und Ausdauer. Der junge Engländer sah zwar dünn und zerbrechlich aus, aber er war zäh und durchtrainiert.

Es wurde nicht viel gesprochen bei der Arbeit. Man war nach zweieinhalb Tagen aufeinander eingespielt und es dauerte keine drei Stunden bis der letzte Wagen von zwei kräftigen Braunen gezogen, zum Schloss hinaufschaukelte.

Die Polen stimmten auf dem Nachhauseweg eines ihrer lustigen Erntelieder an. Bald sangen alle mit. Teilweise in Deutsch und Polnisch, manche summend und Dietrich von Thumeck und Fritz Smolnik in der alten masurischen Sprache. Nur Henry Miltons Stimme war kaum zu vernehmen. Er sprach relativ gut Deutsch und verstand fast jedes Wort, aber er war etwas schüchtern und zurückhaltend. Obwohl er seit seiner Bergung aus dem See nicht als Gefangener behandelt wurde. Er konnte sich auf dem Gut, den dazugehörenden Wiesen und Feldern und dem lang gezogenen Uferbereich am See fast frei bewegen. Nur vor den Essenszeiten um 7.00 Uhr, 12.00 Uhr und 19.00 Uhr, musste er sich täglich bei Martin Buchwald, dem Gutsverwalter, melden. Außer bei der Ernte.

Da galten ausschließlich die Gesetze der Notwendigkeit.

Er wusste, dass es keinen Sinn machen würde zu fliehen, obwohl die polnische Grenze gerade mal achtzehn Kilometer entfernt war. Nicht weit dahinter standen bereits die ersten Einheiten der weißrussischen Front und davor operierten polnische Partisanenverbände, wie ihm kurz vor dem Absturz sein Freund Will Baxter von der mobilen Radarstation in Burgsvik zufunkte. Aber was hatte er davon, wenn ihm die Flucht gelänge? Mit ziemlicher Sicherheit würde er einen neuen lebensgefährlichen Einsatz als Aufklärungs- oder Bomberpilot fliegen. Er hatte von seinem letzten Treffer, den er sich vor einem Jahr über dem Ruhrgebiet einfing, noch genug. Es gelang ihm damals nur mit Glück und Mühe, die schwer getroffene Maschine in der Nähe der holländischen Grenze runter zu bringen und den Deutschen zu entkommen. Es war bereits sein zweiter Abschuss, den er glücklich überlebte. Sollte man das Schicksal weiter unnötig herausfordern? Henry Milton war der Meinung, dass er genug für das britische Königreich und King George geleistet hatte. Außerdem war der Krieg für die Alliierten im September 1944 so gut wie gewonnen. Man konnte auf seine Mithilfe bestimmt verzichten. Aber seine Anwesenheit wäre für den großzügigen Deutschen, seine Familie und den auf dem Gut arbeitenden Leuten vielleicht noch von großem Nutzen, sobald die Russen hier einmarschieren würden. Und nur hier gab es Nadja, diese wunderschöne polnische Erntehelferin.

Oben auf dem Gut angekommen, wurden die Wagen entleert, das Korn gedroschen, in Säcke abgefüllt und auf die Getreidespeicher gebracht. Die Sensen verschwanden in der Scheune, die Pferde wurden abgerieben, getränkt und auf die Weide entlassen, und dann machten sich alle voller Vorfreude daran, sich für das am Abend stattfindende Fest vorzubereiten.

Die Männer wuschen sich am Pumpbrunnen im Innenhof, die Frauen wanderten hinter das Schloss und standen bis zu den Waden im kristallklaren Wasser eines kleinen Bachs, der sich durch die Wiesen bis zum See hinunterschlängelte. Die Hausherrin, Anna von Thumeck, hatte Seife und Handtücher bereitgestellt und in der Tenne konnten sich alle umziehen.

Im Hof wurden ein langer Tisch und Bänke aufgestellt, ein großes Bierfass ruhte in einer Wanne mit kaltem Brunnenwasser und ein Spanferkel drehte sich von der erfahrenen Hand von Erika Buchwald, der Verwalterfrau, an einem mächtigen Spieß. Selbstgebackenes Brot, gartenfrische Salate, Schinken, Gänseschmalz mit Äpfeln und Zwiebeln verfeinert, Treuburger Bier und ein leichter Mosel standen bereits auf den Tischen. Ein würziger Bärenfang und ein selbst gebrannter Kornschnaps warteten in verkorkten Steinflaschen nicht lange auf ihre zahlreichen Liebhaber.

Es mutete fast wie ein Wunder an. Überall tobte der Krieg, waren Not und Elend das tägliche Brot von Soldaten und Zivilisten, doch hier in diesem scheinbar vergessenen Winkel Masurens versammelten sich dreizehn Menschen aus drei verfeindeten Ländern, um nach getaner Arbeit gemeinsam das Leben zu genießen.

Gegen achtzehn Uhr saßen alle bestens gelaunt zusammen und ließen es sich schmecken. Der Bogen in der Hand des polnischen Lehrers tanzte virtuos über die Saiten einer alten Geige und bald wurde im weitläufigen Hof gesungen, getanzt und gelacht, als ob der Krieg niemals hierher kommen könnte.

Olaf von Thumeck, der jüngere der beiden Söhne des Grafen, saß schon den ganzen Abend neben Nadja und ließ sie nicht mehr aus den Augen. Fast jeder Tanz sah die beiden lachend über das Kopfsteinpflaster des Hofes wirbeln und immer wieder kamen sich ihre erhitzten Gesichter so nahe, dass sie sich fast berührten.

Es war nicht einfach für die beiden Verliebten, den kritischen Blicken der misstrauisch gewordenen Eltern zu entkommen. Auch Nadjas Mutter war mit der Wahl ihrer Tochter nicht einverstanden. Das konnte nicht gut gehen, meinte sie. Der junge Graf würde sie spätestens nach dem Ende seines Genesungsurlaubs aus dem Gedächtnis streichen. Sie war nur ein einfaches, naives Mädchen, ohne besondere Schulbildung und ohne Erfahrung mit Männern. Kein Wunder, bei erst siebzehn Jahren.

Aber die zwei belasteten sich nicht mit den Bedenken der Eltern. Sie genossen das Jetzt und das Hier. Die Sonne war schon fast im Wald hinter dem See verschwunden, als sie endlich alleine am Ufer saßen. Der Wind spielte mit leichter Hand im Schilf und in Nadjas langen dunklen Haaren. Sie hatte die Knie angezogen und mit den Armen umschlungen. Schweigend sah sie über den in kleine Wellen aufgescheuchten Wasserspiegel und meinte plötzlich ohne sich umzudrehen: „Du beobachtest mich?“

Ihre Stimme klang dunkel und weich, ihr Kopf fiel fast spielerisch in den Nacken zurück.

„Ja, ... und ich könnte es stundenlang tun.“

„Weil du mich liebst?“

Er lächelte und sah zum Wald hinüber wo sich die Sonne anschickte endgültig im Baummeer der Tannen zu versinken. Dann stand er auf und ging die paar Schritte zu ihr. Der Sand umschloss warm und geschmeidig seine Füße, drang zwischen die Zehen und knirschte leise bei jedem Schritt. Er setzte sich nah neben sie. „Das weißt du doch ganz genau.“

„Was?“

„Dass es so ist.“

„Aber ich möchte es von dir hören. Immer wieder.“ Ihr Gesicht nahm einen unvermutet traurigen Ausdruck an. Sie schmiegte sich eng an ihn. „Dürfen wir überhaupt glücklich sein? In dieser schrecklichen Zeit?“ Ihre Hand glitt vorsichtig über die verkrustete Narbe auf seiner rechten Schulter. „Tut sie noch weh?"

Er schüttelte den Kopf. „Fast gar nicht mehr. Es ist nur ein ..." Plötzlich zuckte sie erschrocken zusammen. „Hast du das gehört? Sie kommen näher, immer näher und näher."

Er nahm sie wortlos in den Arm. Sein Herz begann heftig zu klopfen, wenn er daran dachte, dass auch er in ein paar Tagen dort sein würde, wo der Tod wahrscheinlicher war als das Leben.

„Wie weit sind sie noch entfernt?"

„Vielleicht dreißig, vierzig Kilometer", sagte er rau. „Vielleicht auch weniger."

Ihre dunkelbraunen Augen sahen ihn erstaunt an. „Du wirkst so gelassen. Hast du keine Angst, was passieren wird, wenn sie da sind?"

„Warum? Ich weiß das schon jetzt."

Die schmalen Linien ihrer Augenbrauen wanderten in einem Bogen nach oben, ihr hübsches Gesicht wurde zu einem unausgesprochenen Fragezeichen.

„Wir lieben uns auch dann, wenn sie da sind", sagte er lachend und küsste sie von der Seite her auf den Mund.

Sie ärgerte sich über seine Oberflächlichkeit. „Und wenn sie dich erschießen oder nach Sibirien verschleppen?" fragte sie mit Nachdruck. „Du hast keine Ahnung, wie die Russen sein können."

Das ferne Grollen der Flak verhinderte eine alberne Antwort. Er drückte sie stattdessen auf den Boden und beugte sich über sie. Ihre Arme stemmten sich gegen seine Brust, wollten ihn wegschieben. Aber er bewegte sich keinen Millimeter.

„Du kannst mir nichts vormachen", sagte sie resigniert. „Dein Lächeln wirkt heute nicht echt. Ich spüre, dass du Angst hast. Genauso wie ich."

Er setzte sich auf und wurde plötzlich ganz ernst. „Ja, du

hast Recht. Wer in Ostpreußen in dieser Zeit keine Angst hat, ist entweder ein Dummkopf oder ein Held. Was im Zweifelsfall auf das Gleiche herauskommt. Ich muss in fünf Tagen zurück an die Front. Aber dir, meine mystische Schöne, werden die Russen bestimmt nichts tun. Du bist eine Polin, eine Verbündete meiner Feinde."

Ihre Augen funkelten ihn wütend an. „Warum bist du so? Wie kannst du so etwas sagen? Ich bin keine Feindin! Nie, ... nie mehr."

„Habe ich was vergessen?", fragte er provozierend und versuchte sie zu umarmen.

„Ja, das hast du", fuhr sie ihn an und wich seiner Umarmung aus. „Ich bin deine Geliebte, falls du es noch nicht mitbekommen hast! Und eine Geliebte ist keine Polin mehr, und auch keine Deutsche, keine Russin, kein überhaupt nichts! Nur eine Frau die liebt, verstehst du das? Und noch viel, viel mehr!"

Sie sah in diesem Moment aus wie eine wunderschöne kindliche Furie. Er musste lachen, als er sie ansah. Noch bevor er reagieren konnte, saß sie mit einem Satz auf ihm, bog seine Arme weit auseinander und biss ihn in den Hals, ins Ohr, in die Wangen, in den Mund. Aber plötzlich übernahmen ihre Lippen diese Aufgabe. Und Sekunden später, begann das wilde, sinnliche Spiel zwischen ihnen erneut. Als sie erschöpft nebeneinander lagen und in den dunklen Spätsommerhimmel sahen, nahmen sie erneut die leisen Donnerakkorde der Geschütze wahr, die unsichtbar aus der Nacht bis zu ihnen wehten. Dazwischen mischte sich das hellere Jaulen der Stalinorgeln. Es war, als würde die näher rückende Front über ihr junges Glück murren.

„Du musst mir versprechen, dass du dich nicht totschießen lässt!", schrie sie ihn plötzlich mit tränenerstickter Stimme an. „Hörst du! Am Besten, du gehst gar nicht wieder zurück, zu diesem blöden Krieg!" Er schwieg.

Ihre kleinen Fäuste trommelten erst wild und schnell auf seine Brust ein, dann wurden ihre Bewegungen immer langsamer bis sie ihre Arme schließlich schlaff herunterhängen ließ.

Er nahm sie behutsam in den Arm. „Nadja, was ist los mit dir? Haben wir nicht ausgemacht, dass mich deine Gebete vor jeder Gefahr schützen werden?"

Ihre kleine kühle Hand schob sich in die seine. „Du hast das nicht vergessen?" Die ersten Tränen suchten sich eine feuchte Bahn über ihre Wangen.

„Wie könnte ich das vergessen", sagte er wie zu sich selbst und stand auf.

Der Wind frischte merklich auf, sie zogen sich wieder an. Die Glocken der Rogonnener Kirche hallten dumpf über den See. Es war 23.00 Uhr. Oben auf dem Schloss war das Fest noch immer im Gange.

Nadja rollte die braune Wolldecke ein und nahm sie unter den Arm. Die schrecklichen Bilder, die ihr schon seit Tagen den Schlaf raubten, krallten sich schmerzhaft in ihre Gedanken. Nur der See lag ruhig und friedlich zwischen Wiesen und Wäldern. Wie unglaublich dieses Bild trügen konnte.

Die Rote Armee lockerte nicht weit von hier entfernt für einen Moment ihren tödlichen Griff, um ein paar Monate später ganz Ostpreußen und das halbe Reich zu verschlingen. Doch in dieser einzigartigen Nacht war nur ein fernes Grollen zu hören. Es klang so, als ob sich jemand über sie ärgern würde, aber dann doch noch alles gut werden könnte.

Es war Sonntag. Henry Milton lag bis kurz vor neun Uhr im Stroh und schlief seinen beachtlichen Rausch aus. Die Morgensonne drang kräftig durch alle Ritzen und Spalten und zwischen ihren Sonnenfingern, die in das Halbdunkel der Scheune griffen, tanzten Mücken und winzige Staubpartikel ihre lautlosen Walzer.

Einige Meter neben ihm lagen drei weitere Schnapsleichen. Sie schliefen noch immer tief und fest, nur Jaroslaw Wizorkovsky, der polnische Lehrer aus Suwalki, war ebenfalls schon wach und ärgerte seine schnarchende Nachbarin mit einem Strohhalm, den er ihr immer wieder kichernd übers Gesicht strich.

Noch zwei Nächte, dann würde für den britischen Luftwaffenoffizier ein sehr wichtiger Tag beginnen. Sein Flugzeug lag noch immer im relativ seichten Ufergewässer des Sees. Vom Ufer aus konnte man das Wrack nicht sehen, aber aus der Luft umso deutlicher.

Der Graf hatte angeordnet, dass ein Tarnnetz, dass er von einem zuverlässigen Bekannten aus Lötzen gegen Lebensmittel eingetauscht hatte, über die dunkelgrüne Maschine gezogen und zusätzlich mit Ästen und Steinen bedeckt wird.

Nachdem die Leute aus den Nachbargemeinden Borken und Kleinrogonnen anscheinend noch immer nichts von dem im See liegenden Flugzeug und dem überlebenden Piloten mitbekommen hatten, sollte die Aktion unauffällig bei Nacht stattfinden, damit das so blieb. Das Netz und der größte Teil des Abdeckmaterials lagerten bereits am Ufer in einem Bootshaus, das den Thumecks gehörte. Henry Milton hatte also noch zwei Tage Zeit, es war alles vorbereitet.

Er stieg mit schweren Gliedern vom Heuboden herunter und schlurfte zum Pumpbrunnen im Schlosshof, wo er den Kopf minutenlang unter das kalte Wasser hielt. Dann zog er sein Hemd aus und wusch sich gründlich, bevor er zu seiner Unterkunft neben den Stallungen hinüberging, um sich umzuziehen.

Der Tag lag sonnig und mild über dem Land und der

junge Engländer schwang sich pfeifend und bestens gelaunt auf das alte klapprige Fahrrad, das er von Olaf von Thumeck zur Verfügung gestellt bekam.

Weit durfte er allerdings nicht fahren, zu seiner eigenen Sicherheit. Die Felder, Wiesen und Wälder, die zum Schloss gehörten, waren zum größten Teil nicht eingezäunt und der Graf bläute ihm ein, dass er sich nur im inneren Kernbereich aufhalten sollte, um nicht entdeckt zu werden.

Unten im Bootshaus befanden sich seine selbst gemachte Angel aus einem langen Haselnusszweig und verschiedene Köder. Dieses Mal wollte er drei, vier Forellen angeln. Für Nadja. Er kannte ihre Vorliebe für diesen Fisch, besonders wenn er über Buchenholz geräuchert wurde. Es war ihm in diesem Moment, als er an sie dachte, egal, dass sie ständig mit Olaf herumzog. Wer wusste schon so genau, was die beiden wirklich verband? Sie war noch sehr jung und unerfahren, ihre Gefühle konnten sich ändern. Jeden Tag, jede Stunde. Und Olaf musste schon bald wieder zurück zu seiner Einheit. Die aufkommenden Zweifel verdrängte er mit einem ironischen Lächeln.

Er nahm den Umweg über die kleine Holzbrücke, die den Bach zum See überspannte und fuhr dann weiter zum Schilfgürtel neben dem Bootshaus. Schon von Weitem hörte er eine erregte Stimme aus der Hütte, die er beim vorsichtigen Näherkommen erkannte. Es war die des Grafen. Unschlüssig blieb er stehen.

„Ich werde es nicht länger dulden, dass du Olaf den Kopf verdrehst! Du lässt entweder zukünftig die Finger von ihm oder ich muss dich und deine Mutter noch heute nach Hause schicken!“

Der junge Engländer wusste im ersten Augenblick nicht, wie er sich verhalten sollte. Wegfahren oder lauschen? Die Neugierde siegte schließlich und er versteckte sich und das Rad im Schilf direkt hinter dem Bootshaus.

„Aber wir lieben uns doch“, hörte er Nadja sagen. Es klang verzweifelt, aber zugleich auch bittend. Sie musste es sein, Henry Milton kannte den Akzent mit dem sie sprach und ihre typische dunkle Stimme.

„Liebe? Wenn ich das schon höre! In euerem Alter muss selbstverständlich alles gleich Liebe sein! Das ist nur eine vorübergehende Laune der Natur, weiter nichts!“, brüllte der Graf. „Junges Blut kocht leicht über. Das hat was mit Leidenschaft zu tun, aber ganz bestimmt nichts mit Liebe.“

„Und was sagt Olaf dazu?“

„Der tut das, was ich von ihm erwarte, darauf kannst du dich verlassen! In fünf Tagen ist sein Urlaub beendet, und dann muss er wieder ganz nach vorne. Dorthin wo der Krieg am heftigsten tobt. Kannst du dir vorstellen, was das bedeutet? Ich wünsche uns allen, dass wir das nie wirklich erleben. Und jetzt geh wieder an deine Arbeit und vergiss die Flausen! Im Hof und in der Küche schaut es aus, als wären die Hunnen eingefallen.“

Die Holztüre schwang knarrend auf und die schlanke Gestalt des jungen Mädchens kam heraus. Direkt hinter ihr erschien die wuchtige Silhouette Dietrich von Thumecks. Der Engländer duckte sich noch tiefer hinter das Schilf und hielt den Atem an.

„Denk an das, was ich dir gesagt habe“, bellte die Stimme des Grafen noch einmal auf, bevor sich ihre Schritte im Gras verloren.

Henry Milton kroch vorsichtig aus seinem Versteck hervor. Minutenlang stand er wie betäubt neben dem Bootshaus. Von dieser Seite hatte er den großzügigen Mann, der ihn bisher eher wie einen verloren gegangenen Sohn als einen Kriegsgefangenen bei sich aufgenommen hatte, noch nie erlebt. Die Lust aufs Angeln war ihm zumindest für heute gründlich vergangen. Er legte seine Kleider am Ufer ab und schwamm weit in den See hinaus. Das kühle

Wasser tat gut, es machte den Kopf frei und die Gedanken klar. Ein paar Blesshühner stoben schimpfend auseinander, als er langsam zwischen ihnen hindurch glitt.

Der größte Teil der polnischen Erntehelfer machte sich nach dem gemeinsamen Mittagessen wieder auf den Heimweg Richtung Suwalki. Nur Nadja und ihre Schulfreundin Myskina sollten noch so lange bleiben bis Olaf wieder nach Königsberg musste. Anna, die immer um Harmonie und Verständnis bemühte Frau des Grafen, brauchte noch ein paar flinke und geübte Hände für die Wäsche, für Näh- und Putzarbeiten und zum Kochen. Es waren immerhin acht erwachsene Männer und Frauen zu versorgen.

Der Abschied war ernst und gefasst und Dietrich von Thumeck überreichte nach einer stummen Umarmung jedem seiner Polen neben der Lohntüte ein kleines persönliches Geschenk. Niemand sprach es aus, doch jeder ahnte, dass es ein Abschied für immer sein würde.

Jaroslaw Wizorkovsky, Nadjas Mutter und die stämmige Maja Pokorny machten sich gegen drei Uhr nachmittags zu Fuß auf den Weg. So fielen sie am wenigsten auf. Der Lehrer aus Suwalki kannte im Laufe der Zeit die verschwiegensten Pfade und einen Grenzübergang an dem sie eher einen Elch als einen übereifrigen Soldaten antreffen würden.

Nadja begleitete ihre Mutter und die beiden anderen ein Stück und ging dann alleine zum See hinunter, an ‚ihren geheimen Platz', wo sie auf Olaf wartete. Sie hatte die eindringliche Warnung des Grafen im Bootshaus nicht vergessen, aber Olaf hatte ihre Bedenken schnell zerstreut. Sie konnte, nein, sie wollte auch nichts dagegen tun. Sie waren füreinander bestimmt. Und das konnte niemand ändern. Auch nicht Dietrich von Thumeck, der mächtigste und einflussreichste Mann des Kreises Treuburg. Schon auf dem verschlungenen Weg zum Ostufer hatte sie das Gefühl, als würde sich ein Unglück über ihr zusammenbrauen. Ihre Zuversicht war einer ängstlichen Verzagtheit gewichen und das leise Rascheln im Schilf wirkte nicht beruhigend wie sonst, eher bedrohlich. Aber es war nur der Wind, der scheinbar ziellos über den See und die Wiesen strich. Sie spürte schon den ganzen Vormittag und auch beim Mittagessen, dass ihr Olaf aus dem Weg ging. Hatte sein Vater noch einmal mit ihm gesprochen, hatte er Recht, als er sagte, dass ihre Liebe nur eine vorübergehende Laune der Natur sei? Würde sich Olaf doch noch von ihr abwenden?

Ihr Hals wurde trocken, das Gesicht begann zu glühen, als sie an diese Möglichkeit dachte. Nein, niemals würde Olaf bei der ersten kleinen Schwierigkeit ihr Vertrauen verraten. Niemals. Oder doch? Die aufkommenden Zweifel begannen ihr nervenzerreißendes Spiel.

Als es vier Mal von Rogonnen herüberläutete, war Olaf noch immer nicht da. Sie stand auf und ging ans Wasser, um ihr Gesicht und die Arme abzukühlen. Als sie sich wieder aufrichtete, umschlangen sie plötzlich zwei kräftige braune Arme von hinten. Sie erschrak nicht, sondern wirbelte lachend in seinem Griff herum.

„Ich habe schon eine halbe Ewigkeit auf dich gewartet. Mindestens. Auf jeden Fall viel zu lange.“ Sie verschloss seinen Mund mit einem langen Kuss, noch bevor er etwas sagen konnte. Als er sich endlich von ihr löste, sah sie, dass etwas Unangenehmes passiert sein musste. Sein Gesicht wirkte traurig und ernst.

„Ich muss mit dir reden, Nadja. Es ist wichtig.“

„Ich weiß“, antwortete sie tonlos. „Dein Vater hat dir streng verboten mich zu lieben.“ Ihre Stimme erhob sich fast triumphierend. „Aber wie ich sehe, hörst du

nicht auf ihn. Sondern nur auf dein Herz. So, wie ich."
„Nein, meine Schöne, wenn es nur das wäre. Es ist viel schlimmer", sagte er und die Tränen traten ihm in die Augen.

„Viel schlimmer?", fragte sie ängstlich. „Aber was kann noch schlimmer sein, als dir zu verbieten, dass du mich liebst?"

„Der Krieg hat sich plötzlich wieder an mich erinnert. Ich habe vor zwei Stunden telefonisch meinen vorzeitigen Urlaubsstopp erhalten. Ich muss schon in drei Tagen nach Königsberg. Dort erhalte ich meinen Einsatzbefehl. Die Russen stehen vor unserer Tür, wie man immer öfter hören kann. Und sie klopfen mit Kanonen und ihrer Stalinorgel an, nicht mit der Hand."

Nadja sah ihn entgeistert an. „Aber das dürfen sie nicht!", rief sie. „Sie haben dir noch fünf Tage genehmigt, die nur uns gehören! Du bist verwundet. Sie können uns doch nicht ..."

„Doch, das können sie", unterbrach er sie und nahm ihr schmales Gesicht in seine Hände. „Wir werden uns schon übermorgen Abend verabschieden müssen. Ich bringe dich, sobald es dunkel wird bis an die Grenze. Von da an musst du dich alleine durchschlagen. Versuch, den gleichen Weg wie Jaroslaw zu nehmen. Dann wirst du kaum einem deutschen Soldaten begegnen."

Ihre Augen begannen aus dem Tränenschleier zu strahlen, als hätte sie nicht verstanden was sie gerade gehört hatte. „Ich weiß etwas viel, viel Besseres", sagte sie. „Du bringst uns beide nach Polen und bleibst einfach bei mir. Dann sind wir zusammen in Sicherheit."

Er schüttelte langsam den Kopf. „Nein, das geht nicht, Nadja. Ich kann keine Fahnenflucht begehen. Das ist vollkommen ausgeschlossen. Was glaubst du, was die Nazis dann mit meiner Familie machen? Und mein Vater würde auch noch denken, dass wir es nicht anders verdient hätten. Du weißt, dass er kein Hitlerfreund ist. Aber sein Vaterland in der größten Not im Stich lassen? .... Nein, das könnte keiner aus unserer Familie mit seinem Gewissen vereinbaren."

Sie schlang ihre Arme um seinen Nacken und sah ihm tief in die Augen. „Vereinbaren? Dieses Wort kenne ich noch nicht. Was bedeutet es? Es klingt wie ein dicker, unfreundlicher Aktenordner."

„Wenn du mich so ansiehst", sagte er mit einem Lächeln, „dann weiß ich auch nicht mehr so genau, was das heißt."

„Siehst du", sagte sie zufrieden. „Ich kann dich verzaubern, wenn ich will. Dann weißt du nicht mehr, was du denkst und tust."

Er drückte sie an sich. Sie begann leicht zu beben und bog sich weit nach hinten. Er spürte jeden Muskel ihres wundervollen Körpers. Sie liebten sich wie nie zuvor, dann sprangen sie in den See und schwammen bis zu der kleinen Insel hinaus auf der die Schwarzstörche ihre Nester hatten. Ihr aufgeregtes Geklapper war schon von Weitem zu hören.

„Vielleicht können wir uns vor dem Krieg verstecken?", unterbrach sie die aufkommende Tragik. „Unsere Kleider liegen am Ufer und wir sind einfach für immer verschwunden. Jeder würde denken: sie gingen gemeinsam in den Tod."

Er lachte, wurde aber gleich wieder ernst. „Vor seinem Gewissen kann man sich nicht verstecken und auch nicht davonlaufen."

„Warum nicht? Wenn ich dein dummes Gewissen zum Schweigen bringe? Ich weiß, dass du dann nur noch an mich denken kannst. Wie gerade. Oder hast du vor ein paar Minuten an was anderes denken können, als an mich? Sei ehrlich."

„Auch dann geht es nicht“, sagte er. „Es ist doch ein ... ein ganz fester Bestandteil meines Wesens. Wenn ich es nicht hätte, wäre ich nicht mehr komplett. So, als hätte ich kein Herz oder keine Seele mehr. Und unvollständig würdest du mich bestimmt nicht mehr lieben.“

Sie sah ihn verwirrt an. „Glaubst du das?“

„Ja, das glaube ich.“

„Und dann?“

„Wir gehen zum Schloss hinauf, essen etwas und genießen die zwei Tage, die uns noch bleiben. Dann machen wir uns auf den Weg. Und nach dem Krieg komme ich nach Karkliny und hole dich und deine ganze Familie ab.“

„Gegen den Willen deines Vaters?“

„Natürlich, den kriege ich schon noch rum. Wir werden alle glücklich auf unserem Schloss zusammenleben, sobald wir verheiratet sind. Bis an unser seliges Ende. In hundert Jahren oder so.“

Als sie kurz vor halb sieben ankamen, saßen alle schon um den langen Holztisch im Saal neben der Küche und die Stimmen schwirrten hin und her, es wurde diskutiert und getrunken. Das Geschirr war fast abgeräumt, nur zwei große Steinkrüge mit Dunkelbier und einer mit Most standen noch auf dem Tisch. Erst als sie sich unauffällig zwischen Fritz Smolnik und Buchwald setzten, verstummten die Stimmen plötzlich.

Der Graf strafte die beiden mit einem finsteren Blick, aber Anna lächelte ihnen freundlich zu.

„Setzt euch nur Kinderchen“, sagte sie. „Wir haben uns schon Sorgen um euch gemacht. Myskina, hol den zwei Turteltäubchen bitte noch etwas zu essen. Liebe macht hungrig, wenn ich mich noch richtig daran erinnere.“

Nadjas Freundin schoss das Blut in die Wangen. Sie wusste, dass Dietrich von Thumeck sehr ungehalten reagieren konnte, wenn man seine Meinung ignorierte. Was sollte sie tun? Ein Blick genügte. Er schüttelte kaum merklich den Kopf. Diese Reaktion war ihr nicht unbekannt, es war eine Art Entwarnung. Sie sprang von ihrem Platz auf und verschwand in der Küche. Olaf füllte die vor ihnen stehenden Gläser mit Bier, dann stand er langsam auf. Nadja hatte keine Ahnung was er vorhatte. Er wirkte nervös aber zugleich entschlossen. Alle Blicke richteten sich auf ihn.

„Liebe Eltern, liebe Freunde", begann er mit fester Stimme. „Ich möchte mich heute, bei diesem stimmungsvollen gemeinsamen Abendessen vor einer ungewissen Zukunft, von euch allen offiziell verabschieden. Wie ihr bestimmt wisst, muss ich in drei Tagen nach Königsberg zurück. Die Front wartet auf mich. Wer weiß, wann und ob wir uns wieder sehen. Aber in dieser ernsten Stunde gibt es nicht nur Trauriges zu verkünden. Ich möchte euch allen mitteilen, dass Nadja und ich heiraten werden, sobald ich wieder zu Hause bin. Wir haben uns heute Abend verlobt."

Jetzt stand auch Nadja auf und drängte sich an ihn. Er spürte wie sie zitterte. Er nahm ihre Hand und schob ihr den schmalen Rubinring seiner Großmutter auf den Finger, den er schon den ganzen Tag lang in seiner Hosentasche herumtrug. Dann hob er sein Glas in die Runde und trank seinem fassungslosen Vater zu. Hinter ihnen schepperten die beladenen Teller zu Boden, die Myskina gerade aus der Küche brachte. Sie stand wie versteinert vor dem Tisch. Es entstand ein sekundenlanges Schweigen.

„Scherben bringen Glück! Ich freue mich für euch, Kinderchen. Wir wünschen euch alles erdenklich Gute. Und passt auf euch und euere Gefühle auf. Die Liebe ist ein wunderschönes aber zerbrechliches Gebilde!", rief Anna in die Stille hinein und trank den beiden zu. Sie lächelte, obwohl sie sich dafür den wütenden Blick ihres Mannes einfing.

„Es lebe die Liebe, es lebe das Glück! Auf Nadja und Olaf! Alles, alles Gute", hallte es nun aus neun Kehlen durch den Saal. Nur Dietrich von Thumeck saß kreidebleich auf seinem Stuhl und war zu keiner Regung fähig.

„So ist das Leben", raunte ihm Fritz Smolnik zu. „Nimm es hin wie es ist. Es bleibt dir sowieso nichts anderes übrig. Kinder tun immer das, was die Eltern nicht wollen."

„Du bist gut", giftete der Graf zurück. „Kannst du dir vorstellen, wie man sich als Vater fühlt, wenn man von seinem Jüngsten mit einer solchen Nachricht überfallen wird? Ohne jede Vorwarnung. Natürlich nicht, du hast ja keine Kinder."

„Nein, die habe ich nicht", antwortete der Alte schmunzelnd. „Aber muss ich gleich selber eine Kuh sein, um zu wissen, dass sie Milch gibt?"

Seit fast zwei Stunden fuhren sie schweigend nebeneinander her. Olaf hatte das schmale Bündel mit ihren Habseligkeiten auf seinem Gepäckträger verstaut. Der Grenzwald hinter Königsruh lag wie ein schwarzer, undurchdringlicher Block vor ihnen. Aber er verschluckte sie fast behutsam in seiner Dunkelheit.

„Es wird alles gut. Mach dir keine Sorgen", durchbrach er als erster die unnatürliche Stille zwischen ihnen. „Mein Vater kann eben nicht anders. Er ist, wie wir alle, ein Opfer seiner Erziehung und der verstaubten Standesdünkel seiner Familie."

Sie sah nur kurz vom Waldweg auf. „Und deine Mutter? Ist sie kein Opfer ihrer Erziehung und dem Staub ihrer Familie?"

Der bevorstehende Abschied in eine ungewisse Zukunft und die ungewöhnlich heftige Ablehnung des Grafen gegen ihre Verbindung schnürten ihr fast die Kehle zu. Das Geräusch, das die Fahrradreifen über dem weichen

Waldboden erzeugten, war alles, was zu hören war. „Doch, das ist sie", beantwortete er schließlich ihre Frage und hielt an. Sie blieb neben ihm stehen. „Aber sie hatte schon als Kind wesentlich mehr Freiheiten als er. Ihre Familie war ganz anders, viel unkonventioneller. Sie wuchs in einem anderen Milieu auf."

Nadja schob ihr Rad unter einen Baum und lehnte es dort an. Er spürte, dass sie nah am Weinen war. „Vertrau mir, es wird alles gut," sagte er leise. Sie stand jetzt direkt vor ihm und sah ihm mit einem flackernden Blick in die Augen. „Wir gehören zusammen, egal ob ihm das passt oder nicht."

„Und wenn er dich enterbt, wie er gesagt hat?"

Er zuckte mit den Schultern, so, als ob ihm das egal wäre. „Na und? Wenn ihn das glücklicher macht. Er erreicht damit nur das Gegenteil. Ich lasse mich von ihm nicht unter Druck setzen. Ich bin alt genug, um selbst zu entscheiden, wen ich heiraten möchte. Er hat meine Mutter vor über fünfundzwanzig Jahren auch gegen den Willen seines Vaters geheiratet. Und niemand würde behaupten, dass diese Entscheidung ein Fehler war. Ohne sie, wäre er wahrscheinlich gar nicht mehr am Leben."

„Was hat sie gemacht? Du hast mir nie etwas darüber erzählt."

Sie setzen sich auf einen Baumstumpf, es war, als ob die Geräusche um sie her immer mehr verstummten. „Mein Vater war vor etwa vier Jahren im Gasthaus „Zum Blauen Karpfen" in Rogonnen in einen Streit mit einigen Bauern geraten. Es ging um die Grenzziehung zu einem ihrer Felder. Alle waren angetrunken. Und wie es dann manchmal so kommt, wurde der Streit immer hitziger und artete irgendwann aus. Zwei kräftige Kerle verprügelten meinen Vater und hielten ihn fest, ein Dritter zog ein Messer. Plötzlich flog die Tür auf und meine Mutter stürmte herein.

Sie erkannte mit einem Blick, was los war. Wortlos ging sie auf den Mann mit dem Messer zu, entriss es ihm und zog ihm ein paar Streiche mit der Reitgerte übers Gesicht. Dann nahm sie meinen Vater an der Hand und führte ihn aus dem Wirtshaus. Das ganze dauerte vielleicht fünf Sekunden. Die drei Bauern waren so verblüfft, dass sie zu keiner Reaktion fähig waren. Mein Vater verzichtete auf eine Anzeige, aber seit diesem Vorfall herrscht zwischen den Bauern in Rogonnen und dem Gut eine Distanz wie zwischen Erde und Mond. Er schwor den Leuten im Dorf, dass er auf jeden ohne Vorwarnung schießen wird, der sich auf seinem Land blicken lässt. Und dieses Versprechen hat er seitdem schon zweimal in die Tat umgesetzt. Es gilt bis heute. Nur so ist es zu erklären, dass unser abgestürzter Engländer unentdeckt geblieben ist. Die Rogonner trauen sich nicht auf das Land, das zum Gut gehört."

„Deine Mutter ist eine mutige Frau", meinte Nadja. „Ich bewundere sie für das, was sie getan hat. Aber ich glaube, ich würde für dich das Gleiche tun."

Er gab ihr einen Kuss auf die Wange. „Das weiß ich", sagte er. „Aber bei uns wäre das gar nicht nötig gewesen." Sie sah in verwundert an. „Nein?"

„Nein. Hast du vergessen, dass mich deine Liebe angeblich vor jeder Gefahr beschützt", spottete er, um im nächsten Augenblick unter ihren wütenden Attacken ins Gras zu kullern.

„Mach dich nur über mich lustig. Auch wenn du es nicht glaubst, aber genau so ist es. Die Jungfrau Maria beschützt ihre ..."

Plötzlich hielt sie mitten im Satz inne. „Hast du das gehört?"

Er schüttelte den Kopf und horchte in die Stille hinein. „Kanonen?"

„Nein, keine Kanonen. Da! Jetzt wieder! Es kommt von

da vorne." Sie deutete mit der Hand Richtung Grenze. „Stimmt, jetzt höre ich es auch. Hört sich an wie der Motor eines größeren Autos. Aber weit kommt der in diesem Gelände nicht. Schnell, hol dein Rad. Es ist besser, wenn wir uns unsichtbar machen."

Eilig schoben sie ihre Räder zwischen ein paar dicht stehende Jungfichten und legten sich auf den Boden. Keine Minute später erschien ein Geländewagen zwischen den Bäumen. Er fuhr ohne Licht, obwohl es inzwischen fast vollkommen dunkel war. Als er langsam an ihnen vorbeifuhr, erkannten sie drei Männer im Inneren des Wagens. Alle in Zivil. Das Brummen des Motors war noch nicht verklungen, als sie sich wieder aus ihrem Versteck wagten.

„Was hat das zu bedeuten? Das war mit Sicherheit kein deutsches Militärfahrzeug", sagte er. „Und die Front ist von hier bestimmt an die dreißig Kilometer entfernt."

„Vielleicht eine russische Vorhut oder ein Spähtrupp?", antwortete Nadja und drängte sich ganz nah an ihn.

„In Zivil?"

„Würdest du in Uniform hinter den deutschen Linien herumspionieren?"

„Wahrscheinlich hast du Recht", flüsterte er, so als ob er befürchtete, dass sie belauscht werden könnten. „Wir müssen den Rest der Strecke sehr vorsichtig sein. Ich glaube, es wäre sogar besser, wenn wir nicht auf dem Weg weiterfahren, sondern die Räder durch den Wald schieben. Es sind sowieso höchstens noch zwei Kilometer zur Grenze."

„Wenn sie uns entdecken ..."

„Ach was, die entdecken uns nie", unterbrach er sie fast trotzig. „Wir konzentrieren uns ganz auf die Geräusche in unserer Umgebung. Ab jetzt dürfen wir kaum noch reden und wenn, dann nur noch ganz leise. Ob du das schaffst?" „Ich kann es versuchen. Und küssen?"

„Ab und zu, vielleicht. Aber nur dann, wenn es dabei bleibt."

Sie schoben ihre Räder weiter. Der Mond begann sich langsam zwischen die Baumkronen zu schieben. Es roch nach Erde, Harz und Tannen, die ersten Nebelschleier krochen über die feuchten Wiesen.

„Wir müssen uns etwas beeilen", flüsterte er. „Henrys Flugzeug soll noch heute Nacht getarnt werden. Und mein Vater besteht darauf, dass ich dabei helfe."

„Natürlich", sagte sie gallig und schüttelte den Kopf. „Als ob es etwas ausmachen würde, wenn sie das ohne dich machen. Aber ich weiß auch so, warum er das unbedingt will."

Wahrscheinlich wollte ihn sein Vater wirklich nur so schnell als möglich von Nadja weg haben. Die Gedanken schwirrten wie in einem Bienenstock durch seinen Kopf. Morgen wieder zurück nach Königsberg, der Abschied von Nadja, der unvermeidlich erscheinende Bruch mit seinem Vater, der Krieg, der jetzt fast vor ihrer Haustür tobte, die Möglichkeit das Zuhause, die Heimat, für immer zu verlieren. Etwa hundert Meter vor ihnen tauchte die Grenze auf. Für einen Fremden war der kleine Trampelpfad, der sich an dieser Stelle durch einen heimlichen Grenzverkehr im Laufe der Jahre gebildet hatte, kaum zu erkennen.

Der Weg führte durch einen löchrigen Drahtzaun, der an verblichenen schwarzweißrot gestreiften und teilweise umgekippten Pfosten hing. Hinter ihm schlängelte er sich in ein polnisches Birkenwäldchen.

Olaf sah sich noch einmal um, dann nahm er Nadjas Bündel von seinem Gepäckträger und befestigte es auf ihrem Rad. Sie warf sich heftig in seine Arme und umschlang ihn, als ob sie ihn nie mehr loslassen wollte.

„Es ist soweit," flüsterte er ihr ins Ohr. „Hier müssen wir uns trennen. Du musst nur daran glauben, dass ich bald wiederkomme, um dich und die deinen in Karkliny abzuholen. Wenn man ganz fest daran glaubt, geht es auch in Erfüllung. Du kannst meine Mutter jederzeit anrufen, um dich nach mir zu erkundigen. Sie steht auf unserer Seite."

Nadja war unfähig etwas zu sagen, sie weinte nur still vor sich hin. Er löste sich mühsam aus ihrer Umarmung und fuhr in den Wald zurück. Als er sich nach etwa hundert Metern noch einmal umdrehte, stand sie noch immer wie eine erstarrte Statue mit ihrem Rad unter den Bäumen und sah ihm nach.

Sein Weg führte direkt zum See. Es war kurz nach 22.00 Uhr, als er an der Stelle ankam, in der das Flugzeugwrack im Wasser liegen musste. Aber es war alles ruhig, keine Menschenseele zu sehen. Entweder hatten sein Vater und seine Helfer noch nicht mit der Arbeit begonnen oder sie waren schon fertig damit. Im zweiten Fall konnte er sich auf Ärger einstellen. Er fuhr durch die Wiese bis zum Schloss hinauf. Kurz bevor er es erreichte, lief ihm Moritz, der schwarzweiße Setter der Familie, entgegen. Er stieg ab und streichelte ihn flüchtig, dann wollte er weiterfahren. Aber der Hund stellte sich quer vor seine Beine und versperrte ihm den Weg. Erst jetzt bemerkte er, dass der am ganzen Körper zitterte.

Es musste etwas passiert sein, anders konnte er sich das merkwürdige Verhalten von Moritz nicht erklären. Vorsichtig ging er weiter, den Hund dicht neben sich. Immer wieder blieb er kurz stehen und horchte zum Schloss hinüber.

Aber außer dem Rauschen der Bäume und dem fernen Grollen der Geschütze war nichts zu hören. Er wählte den Weg über die Scheune zum zerstörten Südflügel, von wo man über den Keller in den Wohntrakt gelangen konnte.

Als er den Flur zur Küche und zum Speisesaal betrat, blieb er erschrocken stehen. Ein aufgeregtes Stimmengewirr drang bis in seine Dunkelheit vor, immer wieder unterbrochen durch das Schluchzen einer Frau. Das musste seine Mutter sein. Die kräftige Stimme des Vaters dröhnte vor Zorn bebend dazwischen. „Jetzt heul nicht, dafür gibt es keinen Grund! Immerhin haben sie uns am Leben gelassen, das solltest du vielleicht nicht ganz außer Acht lassen!"

„Und was ist mit Olaf?", jammerte die Mutter. „Der müsste doch schon lange zurück sein. Sie haben ihn bestimmt verschleppt oder sogar erschossen!"

Es war höchste Zeit sich zu zeigen. Die Stimmen verstummten augenblicklich, als er den Speisesaal betrat. Seine Mutter löste sich als erste aus der entstandenen Starre und stürmte ihm mit offenen Armen und tränengefüllten Augen entgegen.

„Mein Gott, was bin ich froh, dass dir nichts passiert ist!", rief sie und umarmte und küsste ihn, als wäre er gerade von den Toten auferstanden. „Ist Nadja in Sicherheit?", war gleich ihre nächste Sorge.

Er nickte nur und sah sich stumm um. Alle waren da, nur Myskina und Henry Milton konnte er nirgendwo entdecken.

„Was ist hier passiert? Wo sind die anderen?"

Seine Mutter setzte sich wieder an den langen Holztisch zurück. Die blonden Haare hingen ihr wirr ins Gesicht, die tief hängende Lampe meißelte ihre Züge bleich und hart ins Gesicht. „Sie haben das Mädchen und unseren Engländer mitgenommen. Einfach so. Und wir ... , wir konnten nichts dagegen tun. Sie waren bewaffnet."

Sie wischte sich mit einer hastigen Bewegung die Tränen aus den Augen. Es wirkte trotzig und zugleich verzweifelt. Olaf starrte seine Mutter verständnislos an. „Was heißt das, sie waren bewaffnet? Wer sind ‚sie', und was wollten

sie hier? Könnt ihr mir bitte alles von vorne erzählen?"
„Wir waren zu viert unten am Wasser", sagte Dietrich von Thumeck und verschränkte die Arme über der mächtigen Brust. „Wir holten gerade das Abdeckmaterial für das Flugzeug aus dem Bootshaus, als uns zwei mit Maschinenpistolen bewaffnete Kerle in Empfang nahmen. Sie unterhielten sich nur auf Polnisch und Russisch und trieben uns zum Gut rauf, wo ein anderer mit MG und Handgranaten bewaffneter Schweinehund bereits Anna, Myskina und den alten Smolnik in Schach hielt. Nur den Beteuerungen Myskinas, die ihnen immer wieder erklärte, dass wir gute Deutsche und Nazifeinde sind, haben wir es zu verdanken, dass sie uns am Leben ließen. Sie nahmen nur das Mädchen und Henry mit und sind vor etwa einer halben Stunde mit ihnen verschwunden. Sie waren alle in Zivil und fuhren mit einem Geländewagen in Richtung Suwalki davon. Ich gehe davon aus, dass sie zur Miliz oder zu irgendeiner Partisaneneinheit gehören. Aber einer von ihnen war mit ziemlicher Sicherheit kein Pole oder Russe. Er sah ganz anders aus und sprach kein Wort."

„Wir sind ihnen im Wald hinter Königsruh begegnet", sagte Olaf. „Wir konnten gerade noch rechtzeitig in Deckung gehen. Ich hätte nie gedacht, dass sie zum Gut fahren würden."

„Und wenn du es gewusst hättest?", knurrte Dietrich von Thumeck. „Was dann? Wärst du deswegen nicht mit Nadja zur Grenze gegangen? Du hast längst vergessen, wohin du gehörst!"

„Bitte, lasst das jetzt", flehte die Mutter. „Morgen muss der Junge nach Königsberg und übermorgen vielleicht wieder an die Front. Bist du dann endlich zufrieden, dass er wieder da ist, wo er deiner Meinung nach hingehört?"

„Unsere Lebensversicherungen sind wir jetzt allerdings los", sagte Martin Buchwald in die aufkommende Betroffenheit hinein. „Kein Henry Milton und keine polnischen Frauen können jetzt noch ein gutes Wort für uns einlegen, wenn die Russen und Polen kommen sollten."

„Ach was", sagte der alte Thumeck ärgerlich. „Wir können selbst für uns sprechen. Und wer weiß, ob nicht bald eine deutsche Panzerdivision hier auftaucht."

„Vielleicht haben die Kerle die uns heute diesen überraschenden Besuch abstatteten ihre Militärs auch darüber informiert, was wir für gute Deutsche sind?", meinte Fritz Smolnik ironisch und begann in aller Ruhe seine Pfeife zu stopfen.

„Gegen Gewehre, Kanonen und die Stalinorgel gibt es keine guten Argumente", antwortete der Graf. „Also, vergesst diesen ganzen Mist. Wenn die Russen kommen sollten, machen sie alles platt, alles. Auch die guten Deutschen. Darauf könnt ihr euch verlassen."

Anna von Thumeck vergrub ihr Gesicht in den Händen. „Warum muss man auch immer wieder Männer Politik machen lassen", murmelte sie zwischen den Fingern hindurch. „Haben wir nichts aus der Geschichte gelernt? Ein Mann ist doch nachweislich das zweitdümmste was die Erde jemals hervorgebracht hat. Das müsste sich doch allmählich herumgesprochen haben."

„Und das dümmste?", fragte Erika Buchwald trotz der angespannten Situation nach.

„Das fragst du am besten die Männer selbst", kam die Antwort trocken zurück.

„Können wir endlich wieder zur Realität zurückkommen?" Dietrich von Thumeck sah seine Frau verärgert an.

„Das ist die Realität", antwortete sie unbeeindruckt. „Ich bin der Meinung, dass wir uns jetzt die Tarnung des Flugzeugs sparen können. Henry ist weg. Und wenn das Wrack jetzt noch entdeckt wird, dann sind wir eben

genauso ahnungslos wie die Rogonner und Borkener."
„Mit dem Unterschied, dass Henry praktisch vor unserer Haustür gelandet ist", warf Olaf ein.

„Stimmt. Besonders glaubhaft würde es nicht klingen, wenn wir behaupten, dass wir nichts gesehen und gehört haben", meinte Martin Buchwald. „Die Rogonner würden uns bestimmt mit Freude einen Strick daraus drehen. Darauf warten die doch schon seit Jahren."

„Dann müssen wir das Wrack also doch noch unsichtbar machen", stellte Anna nachdenklich fest. „Und zwar sofort. Wenn ich das richtig sehe, kann uns die Tarnung später vielleicht sogar noch als Argument helfen."

Dietrich von Thumeck dachte an seine jahrelange Fehde mit den Rogonnern und strich sich wie geistesabwesend die Bartenden glatt, sein Blick hing an den roten Vorhängen des Westfensters.

„Wenn die Russen wirklich hier auftauchen, können wir ihnen zeigen welche Klimmzüge wir für unseren Engländer unternommen haben", fuhr Anna fort.

„Wenn sie uns nicht gleich ans Hoftor nageln oder mit ihren MGs durchlöchern, bevor sie nach unseren Klimmzügen fragen", antwortete der Graf spöttisch. „Aber in einem gebe ich euch recht: eine kleine Chance in der Not ist es zumindest, und die sollten wir nützen." Wie auf Kommando erhoben sich alle.

„Und du verschwindest ins Bett! Du musst morgen früh raus," wandte sich die Mutter an Olaf. „Auf dich warten in den nächsten Tagen und Wochen genug aufreibende Momente. Nütze wenigstens die letzten paar Stunden, um etwas Schlaf zu tanken. Um sieben Uhr wecken wir dich und um acht Uhr bringt dich dein Vater nach dem Frühstück nach Tannau zum Zug."

Dietrich von Thumeck ging mit schwerfälligen Schritten zu Olaf und legte ihm eine Hand auf die Schulter. Es war ihm deutlich anzusehen, dass er um seine Fassung rang. „Verdammt noch mal, jetzt werde ich auf meine alten Tage auch noch sentimental“, fluchte er. „Also, hör auf deine Mutter und gönn dir die paar Stunden Ruhe. Wer weiß, wie es damit schon ab morgen aussieht?“

Olaf war überrascht von dieser versöhnlichen Geste seines Vaters. Und er war ihm dankbar dafür. Der Gedanke zu dieser späten Stunde noch ins kalte Wasser des Sees steigen zu müssen, war wenig verlockend. „Ich bin wirklich ziemlich geschafft nach diesem ereignisreichen Tag“, sagte er und konnte sich ein Gähnen nur mit Mühe verkneifen. „Wenn ihr davon überzeugt seid, dass es ohne mich geht?“

„Das sind wir“, antwortete die Mutter. „Schlaf gut und träume von Nadja. Sie wird auf dich warten, solange es sein muss. Ich weiß das, ich bin auch eine Frau.“

Sein Vater sah ihn ernst an. „Wir sind eine Familie“, sagte er mit rauer Stimme. „Und die hält zusammen, egal was passiert oder welche Differenzen wir vorher hatten.“ Dann ging er mit den anderen hinaus, um das Flugzeugwrack Henry Miltons für immer im See verschwinden zu lassen.

Es war nur ein kleines Frühstück mit Spiegeleiern, Tomaten, Schinken, Brot und Kaffee, das am nächsten Morgen alle gemeinsam in der großen Wohnküche zu sich nahmen. Die Stimmung war nach den Vorkommnissen des gestrigen Abends gedrückt, jeder hing stumm seinen Gedanken nach.

Gegen acht Uhr beluden Vater und Sohn den im Hof bereitstehenden Pferdewagen mit dem Gepäck. Die dick belegten Brote und die letzten vier Flaschen Heidelbeerwein vom Vorjahr lagen ganz oben. Dann umarmte ihn die Mutter mit tränenschweren Augen. Der vertraute Geruch ihrer Veilchenseife und das leichte Zittern ihres Körpers wischten seine Vorsätze, sich unbekümmert zu geben, sofort beiseite.

„Komm gesund wieder, mein Sohn“, sagte sie vor der Tür. Ihre Stimme wirkte leise und zerbrechlich. „Wir haben nur noch dich. Wir würden es dir nie verzeihen, wenn du uns hier ohne dich sitzen lässt. Merk dir das!“ Sie drehte sich um und ging mit schnellen Schritten ins Haus zurück. Alle anderen standen schon im Hof und verabschiedeten den jungen Grafen zumeist mit einem stummen Händedruck. Nur Fritz Smolnik flüsterte Olaf etwas ins Ohr bevor er und der Vater auf den Kutschbock sprangen und das Gespann den Wagen in raschem Trab in die noch morgenkühle Landschaft zog. Moritz lief noch eine Weile neben den Pferden her, bevor er stehen blieb und sich mit einem tieftraurigen Jaulen verabschiedete.

„Was gab dir der Alte noch mit auf den Weg?“, fragte der Vater neugierig, als die Pferde draußen auf den Seewiesen längst ihren Weg nach Tannau gefunden hatten.

„Sei nicht tapferer, als es das Leben von dir verlangt, sagte er.“

Dietrich von Thumeck lächelte. „Ja, der alte Fritz ist ein Philosoph vor dem Herrn. Er weiß über Vieles Bescheid, wie kein Zweiter. Und er besitzt die gütige Weisheit des Alters. Hör auf ihn, mein Junge. Ein toter Held ist immer weniger wert, als ein lebender Sohn.“

„Ich weiß, dass du noch oft an Carsten denkst“, sagte Olaf gerührt. „Aber ich spüre einfach, dass er noch lebt. Er wird vermisst. Niemand hat seinen Tod bisher bestätigt. Und in ein paar Monaten, wenn der Krieg vorbei ist, kommen wir beide nach Hause und Carsten vollendet sein Maschinenbaustudium in Königsberg, so wie er es dir versprochen hat. Du wirst sehen.“

Der Graf nickte nur zu den tröstenden Worten seines jüngeren Sohns. Carsten war seit Jahren verschollen und er wusste die Chancen einzuschätzen, ob er noch lebte. Die Ungewissheit hatte ihn längst zermürbt. Er saß zusammengesunken neben Olaf und war zu keinem Wort fähig. Die Trakehner zogen sie ruhig und konstant durch die alten Alleen bis hin zur kleinen Bahnstation in Tannau.

Gemeinsam schleppten sie das Gepäck auf den Bahnsteig. Der Vater umarmte ihn ungewöhnlich lange, kaum dass sie alles abgestellt hatten.

„Wenn du wiederkommst, reden wir noch einmal in Ruhe über alles, versprochen“, sagte er. „Und jetzt mache ich mich lieber vom Acker, sonst fang ich noch zu heulen an. Und diesen Anblick will ich uns lieber ersparen.“

Er drehte sich um und ging davon, als hätte er einen Stock verschluckt. Olaf sah ihm nach, bis er hinter dem Bahnhofsgebäude verschwand.

Pünktlich um 9.25 Uhr rollte der Zug stampfend und schnaubend auf dem Bahnsteig ein. Der Tag lag strahlend und morgenstill vor ihm. So, als herrschte tiefster Frieden und alles wäre in bester Ordnung. Hier im Hinterland waren nicht einmal der leiseste Kanonendonner oder Granateinschläge zu hören.

Er fand ein noch leeres Abteil. Es war wie ein kleines Abschiedsgeschenk. Kaum hatte er sein Gepäck verstaut, ruckte der Zug an und nach wenigen Minuten begann die herrliche Landschaft Masurens in gemächlichem Tempo an ihm vorbei zu ziehen.

Aber schon hinter Jorken begannen ihn die Sorgen um Nadja zu quälen. War sie unbeschadet nach Hause gekommen? Hatte sie es wirklich geschafft, auf ihrem „geheimen“ Weg durch die feindlichen Linien zu kommen? Die Sehnsucht nach ihr fraß sich wie ein süßherbes Gift in sein Herz. Wie konnte er die nächsten Wochen oder sogar Monate ohne ihre Nähe überstehen? Er versuchte sich auf seinen bevorstehenden Einsatz zu konzentrieren. Und dabei baute sich unwillkürlich die unsympathische, grinsende Visage von Major von Hochstetten vor seinem geistigen Auge auf. Von Hochstetten, der höchste Offizier seiner Einheit. Und sein unangenehmster Feind innerhalb der Reichsgrenzen.

Er wusste, dass es nur der Ausbau der Festung Königsberg oder ein Fronteinsatz sein konnte. Aber es war alles vergeblich. Keine Angst, keine noch so schreckliche Vorstellung von Tod und Zerstörung konnte Nadjas Stimme und ihr wunderschönes ebenmäßiges Gesicht aus seinen Gedanken vertreiben. Er schloss die Augen und lächelte, als er sie vor sich sah. Bis ihn eine Stimme unsanft in die raue Wirklichkeit zurückholte. „Ist hier noch ein Platz frei, Herr Leutnant?"

Es war ein junger Unteroffizier, der in Lötzen zugestiegen war und ihm seinen letzten Traum raubte. Aber nicht den Glauben und die Hoffnung, sie schon bald wieder zu sehen. Vielleicht in einer Welt ganz ohne Krieg, Angst und Verzweiflung, in einem Leben, in dem nur die guten, die schönen Gefühle zählten.

2. Kapitel

Schicksalswege

Der dunkelgrüne Geländewagen fuhr in gemächlichem Tempo an Kalvarija vorbei in Richtung Marijampole. Längst war die Nacht hereingebrochen, ein sternenklarer Himmel verschwendete sein millionenfaches Funkeln auf die staubige Landstraße, auf der sie kleinere Gruppen schwer bewaffneter Soldaten und motorisierte Einheiten überholten. Der Kanonendonner und das pausenlose Pochen der Flaks waren hier lauter zu hören als am Haschner See. Immer wieder flackerte der Himmel an verschiedenen Stellen grell auf, um nach einer dumpfen Explosion erneut in die Nacht zu versinken. Die Granateinschläge schienen keine zehn Kilometer entfernt und doch war nirgendwo Hektik oder gar Chaos auf den Straßen und in den teilweise erheblich zerstörten Ortschaften zu sehen. In manchen Dörfern regte und bewegte sich das Leben zwischen Trümmern, rauchenden Bombenkratern und vorrückenden Verbänden nach der unbegreiflichen Ordnung eines Ameisenhaufens. Alle Wege führten scheinbar aneinander vorbei und doch zu einem übergeordneten Ziel, und in anderen Orten, nur wenige Kilometer weiter, herrschte eine unnatürliche, tödliche Stille.

Zwischen den Föhrenwäldern der Heide versteckte sich eine kleine Kaserne neben dem Flughafen der 1. Russischen Luftflotte. Sie war das Ziel von Jewgenij Wolkow, abkommandierter Oberst der 4. Weißrussischen Panzerdivision. Neben ihm saß der in einer waghalsigen Blitzaktion befreite britische Pilot Henry Milton und auf dem Rücksitz drängten sich mit Myskina Kowalski, dem polnischen Infanterieoffizier Marek Stankowski und dem englischen Colonel John Terry, drei weitere Personen. Seit gut zwei Stunden ließen sie sich in dem hart gefederten Militärfahrzeug durchschütteln, jeder sehnte sich stumm nach dem Ende der ungemütlichen Fahrt.

Der in einer wasserdichten, nahezu unzerstörbaren „Blackbox" befindliche Sender von Henry Miltons „Haviland Mosquito", hatte ihnen die Absturzstelle im grenznahen Haschner See verraten und das unmittelbar vor der Notlandung abgesetzte SOS des Piloten fing eine mobile Funkstation der Russen auf. Der Rest war eine minutiöse Planung und die perfekte Durchführung der drei Spezialisten, die sich freiwillig zu dieser riskanten Befreiungsaktion auf feindlichem Gebiet gemeldet hatten. Die Überraschung gelang, der englische „Gefangene" wurde unverletzt befreit und der Befehl ordnungsgemäß ausgeführt.

Dass man mit der jungen Polin Myskina Kowalski noch eine weitere Person befreien konnte, war eine unerwartete, aber nach Lage der vorgefundenen Situation unproblematische Erweiterung des Einsatzes gewesen.

Nach einer weiteren halben Stunde über Schlaglöcher und halsbrecherischen Abkürzungen über Wiesen, Wald und Feldwegen, tauchten endlich die ersten Lichter der Kaserne vor ihnen auf.

Ein hoher, am oberen Rand mit Stacheldraht bewehrter Zaun umschloss das ins Dunkel abtauchende Areal. Sie fuhren an dem Zaun entlang bis zu einem bewachten Tor, das durch einen gelblichen Lichtkegel schon von Weitem zu erkennen war.

Nach einigen Wortwechseln zwischen Wolkow und den Wachsoldaten an der geschlossenen Schranke, konnten sie passieren. Danach fuhren sie ohne jede sichtbare Orientierungshilfe durch die Schwärze der Nacht. Die Lichtbalken der Scheinwerfer verloren sich unbegrenzt in der Dunkelheit. Nach ein paar Minuten, die ihnen wie eine kleine Ewigkeit vorkamen, schälten sich die Umrisse eines lang gestreckten Gebäudes aus dem Nichts. Der Oberst brachte den Geländewagen neben einer verrosteten Eisentür zum Stehen. „Wir sind da“, stellte er nüchtern fest.

Sie stiegen einer nach dem anderen mit steif gewordenen Gliedern aus, ein böiger Wind zupfte an den Haaren und irgendwo in ihrer Nähe schlug eine Fahnenleine immer wieder scheppernd gegen den Metallmasten.

Wolkow ging voraus. Mit pochenden Schritten eilte er zu dem spärlich beleuchteten Eingang und öffnete die Tür. Sie betraten einen schier endlos wirkenden und nach abgestandenen Essensresten riechenden Flur.

„Wenn Sie geradeaus weitergehen und die vierte Tür auf der linken Seite öffnen, können Sie duschen und sich mit der bereitgelegten Wäsche neu einkleiden“, meinte der Oberst in einem durchaus verständlichen Deutsch mit russischem Akzent. Er sah auf seine Armbanduhr. „Wir holen Sie in fünfzehn Minuten zum Abendessen im Offizierskasino ab. Es gibt noch ein paar wichtige Fragen, die geklärt werden müssen, bevor Sie sich für heute auf ihre Zimmer zurückziehen können.“

Er tippte die Rechte nachlässig an den Mützenrand und wandte sich ab. Henry Milton wollte noch nach einer Zigarette fragen, doch die drei Offiziere verschwanden in einem anderen Flur bevor er zu seiner Frage ansetzen konnte. Nur Wolkows eisenbeschlagene Stiefel waren noch eine Weile zu hören. Dann schlug irgendwo eine Tür zu und die Geräusche verstummten.

Sie gingen weiter. Lachen, Musik und ein wildes rhythmisches Stampfen drang aus einem der Zimmer an denen sie vorbeikamen. Die Geräusche waren kaum verklungen, als Myskina vor einer Tür mit kyrillischen Schriftzeichen stehen blieb. Sie postierte sich davor, fuhr mit den Fingerkuppen wie eine Blinde über die Buchstaben und las stockend vor: „Du ...u... sch... en“.

„Großartig! Wir haben es also doch noch gefunden!“, rief Henry Milton spöttisch und öffnete die Tür. Sie starrten einen Moment lang in ein dunkelgraues Viereck. Die Hand des Engländers fuhr instinktsicher nach rechts zum Lichtschalter. Ein grelles Licht flackerte auf, riss einen riesigen, blau gefliesten Raum aus der Dunkelheit. Alles blitzte und funkelte vor Sauberkeit obwohl die Armaturen, die Reihen der steinernen Waschbecken und die blinden Spiegel an der Wand einen abgenutzten Eindruck machten. Vor den ersten Duschen standen zwei Metallstühle an der Wand auf denen fein säuberlich Seifen und Handtücher lagen. Auf zwei Haken darüber hingen die angekündigten Kleider, sorgfältig über grobe Holzbügel gestreift. Sogar neue Schuhe standen unter den Stühlen. Für Henry Milton ein paar schwarze Militärstiefel der Größe 43 und für Myskina dunkelbraune Halbschuhe aus einem weichen, aber stabilen Rindsleder.

Die junge Polin nahm die Kleider, Schuhe und ihr Waschzeug und wechselte auf die andere Seite der Duschreihe. „Damit du nicht auf dumme Gedanken kommst“, rief sie Henry übermütig zu, legte alles auf einen Stuhl und begann damit sich auszuziehen. Die kühle Luft und der kalte, geflieste Boden waren unangenehm. Sie zuckte zusammen, als sie mit ausgestreckten Armen die Dusche anstellte und die Ränder eines kalten Wasserschleiers ihren Körper berührten. Sie nahm noch mehr Abstand und ließ die Wasserstrahlen solange auf ihre Hand prasseln, bis sie langsam warm wurden.

„Hast du eine Ahnung, was die beim Essen von uns wissen wollen!?“, rief sie über die Trennwand. Der Engländer stand längst unter der Dusche und seifte sich ein. Er verstand nur die Hälfte von dem, was sie sagte, aber er ahnte auch so, was sie meinte. Er schob den Kopf aus dem Wasserstrahl und rief in ihre Richtung: „Was die von uns wissen wollen?“

„Ja! Das würde mich schon interessieren!“, hallte es zurück.

„Vermutlich, was wir solange auf dem Gut gemacht haben, ob wir gewaltsam festgehalten wurden und ob wir etwas über militärisch interessante Pläne oder Aktivitäten der Deutschen wissen.“

Hinter der Spiegel- und Duschreihe auf der anderen Seite wurde es für einige Sekunden merkwürdig still.

„Und was sollen wir deiner Meinung nach sagen?“, meldete sich die Stimme Myskinas nach einer Weile wieder.

„Dass wir auf dem Gut freiwillig, wie jedes Jahr, bei der Ernte geholfen haben?“

„Das würde ich an deiner Stelle lieber nicht sagen. Ich finde, dass eine halbwegs gut formulierte Lüge, die Wahrheit am besten ersetzen kann.

Wir wurden zwar einigermaßen gut behandelt, aber auch gut bewacht. Bei mir klingt das allerdings wesentlich glaubwürdiger als bei dir.

Vielleicht wäre es auch vorteilhaft, wenn du sagen würdest, dass du knapp hinter der Front von deutschen Soldaten festgenommen und verschleppt worden bist, um als Erntehelferin auf dem Gut zu arbeiten. Zwangsweise natürlich.“

„Und was habe ich in der Nähe der Front gemacht? Ich komme aus Wychodne, mindestens zehn Kilometer von der Grenze entfernt!

Und wo die Front vor einer Woche verlief, weiß ich ehrlich gesagt auch nicht. Ich weiß nicht einmal, wo sie sich derzeit befindet.“

„Eine gute Frage. Fällt dir dazu nichts ein?“

„Nach was Essbarem gesucht? Pilze und Beeren gesammelt?“

„Die es, wie du weißt, um Wychodne herum nicht gibt?"
„Stimmt, das wäre ziemlich dumm gelogen."

„Eine Freundin besucht?"

Nach einer kurzen Pause. „Das könnte vielleicht gehen. Ich habe wirklich eine Freundin in Bakalarzewo."

„Und das liegt direkt an der Grenze?"

„Ja!"

„Und du bist ungesehen durch die Reihen der Deutschen bis nach Bakalarzewo gekommen? Ist das glaubhaft?"

„Warum nicht? Deutsche Besatzung heißt ja nicht, dass sich kein Mensch mehr auf der Straße aufhalten darf."

„Und wenn sie deine Freundin befragen?"

„Geht nicht. Ihr Haus wurde zerstört und sie ist schon vor ein paar Wochen zu Bekannten nach Podlaska gezogen, wo es keine deutschen Soldaten mehr gibt."

„Sehr gut. Dann sagst du das!"

„Gut gelogen ist halb gewonnen." Sie lachte und drehte das Wasser ab. „Wie weit bist du, Bruchpilot? Ich bin fertig mit Duschen! Eigentlich viel zu sauber für die verlausten Russen!"

„Ich ziehe mich schon an. Seeräuberzivil."

„Wenn ich mir das so anschaue, ist es bei mir auch nicht modischer", rief sie zurück und hielt ein grobes Leinenkleid wie etwas Ekliges zwischen den abgespreizten Fingern vor sich hin. „Bestimmt schaue ich in dem komischen Dingsda wie eine dicke, einfache Bäuerin aus."

Sie kam barfuß um die Duschreihe herum und blieb vor ihm stehen. Das nasse Haar hatte sie hochgesteckt. Selbst in diesem schlichten Kleid, das ihr mindestens eine Nummer zu groß war, sah sie noch immer attraktiv und jugendlich aus. Sie wusste es. Dennoch fragte sie provozierend: „Und? Wie schaue ich aus?"

„Wie du schon befürchtet hast", sagte er und grinste über das ganze Gesicht. „Wie eine dicke, russische Bäuerin.

Es fehlen nur noch die runden, roten Backen und zwei schwarze Zöpfe. Aber vielleicht ändern die Schuhe noch was."

Sie funkelte ihn wütend an. „Soll ich dir was sagen? Du siehst auch nicht viel besser aus, wenn du es genau wissen möchtest. Ich würde sagen, wie ein Landstreicher in ausnahmsweise gewaschenen Kleidern. Höchstens."

„Sehr gut. Dann bin ich mit meinem Äußeren vollkommen zufrieden", meinte er ungerührt. „Ich stelle keine so hohen Ansprüche an mich."

Sie warf mit ihrer Seife nach ihm. „Aber ich!", sagte sie und kam und mit geschürztem Rocksaum auf ihn zu. Energisch schob sie sein Kinn nach oben, begann an seinem Hemdkragen herumzufingern und da und dort etwas zurecht zu legen. Er ließ es mit ausgebreiteten Armen über sich ergehen.

Plötzlich ging die Tür auf und ein junger Soldat steckte den fast kahl rasierten Kopf herein. „Sind Sie fertig?", fragte er in einem bemühten Englisch. „Der Oberst wartet im Kasino auf Sie."

Das sogenannte Kasino war ein kleiner, lieblos eingerichteter Speisesaal. Die Einrichtung wirkte grob und wie zufällig zusammengestellt. Vollkommen unpassend zum vorwiegend zweckmäßigen Mobiliar des Raumes, hingen drei kunstvoll bemalte Porzellanlampen von der niedrigen Holzdecke und verbreiteten ein angenehmes, weiches Licht. An einer Längsseite neben den Fenstern, saßen an einem festlich gedeckten Tisch vier uniformierte Männer, von denen sie zwei bereits kannten. Die anderen Tische waren leer, die dazugehörenden Stühle mit den Füßen nach oben abgestellt.

Der Oberst saß an der Stirnseite, die Fenster mit den zugezogenen Vorhängen hinter sich. Zu seiner Rechten, in der Uniform der Royal Air Force, der englische Colonel John Terry und zu seiner Linken ein junger russischer Offizier, der sich neugierig zu ihnen umdrehte, als sie eintraten. Neben dem Russen saß mit dem Rücken zu ihnen gewandt ein kahlköpfiger Mann in einer polnischen Uniform, der sich scheinbar nicht für sie interessierte. Zumindest blieb er vollkommen unbeweglich auf seinem Platz sitzen, sein Kopf bewegte sich keinen Millimeter zur Seite. Er wirkte von hinten wie eine in Blei gegossene Statue.

„Bitte setzen Sie sich", sagte Wolkow in deutscher Sprache als sie näher kamen und wies auf die beiden freien Plätze am anderen Ende des Tisches. Aber seine Stimme und die Geste wirkten nicht wie eine Bitte, eher wie ein militärischer Befehl.

Kaum hatten sie Platz genommen, als er zweimal in die Hände klatschte. Zwei junge, in Uniform gekleidete Frauen kamen herein. Ihre langen dunklen Haare bändigten sie mit einem blauen Haarband. Jede schenkte auf einer Tischseite aus einer großen Karaffe ein Glas Rotwein ein, bevor sie sich freundlich lächelnd wieder zurückzogen. Sie wirkten trotz ihrer strengen militärischen Kleidung wie zwei verirrte Sonnenstrahlen in der düsteren Stimmung, die sich am Tisch nach dem Erscheinen der beiden Zivilisten breit gemacht hatte.

„Ich befürchte, ausgerechnet die Sprache unseres gemeinsamen Feindes verstehen hier alle. Darum wäre es das Beste, wenn wir uns zumindest heute Abend in Deutsch unterhalten würden. Als erstes möchte ich jedoch unsere befreiten Kriegsgefangenen in ihrer neu gewonnen Freiheit begrüßen." Der Oberst stand auf und hielt sein Glas in die Höhe. Alle anderen taten es ihm gleich. „Auf den Erfolg unserer tapferen Soldaten und den endgültigen Sieg über das verbrecherische Nazideutschland, Nastrowje!"
Nach dem kräftigen Echo von drei Gleichgesinnten

schleuderte er das Glas auf den Boden, wo es in unzählige Scherben zerbarst.

Die Frauen kamen wieder herein, räumten die Scherben beiseite und stellten mehrere Schüsseln, ein Porzellantablett, das mit Bratenstücken beladen war und ein neues Glas auf den Tisch, bevor sie sich nach einem unauffälligen Wink des Oberst wieder zurückzogen.

„Greifen Sie zu meine Dame, meine Herren", munterte er seine Gäste auf, aber seine Stirn war in tiefe, unheilvoll aussehende Falten gelegt. Er nahm sich ein Stück Fleisch vom Tablett und reichte es weiter. Das Gleiche geschah mit den Schüsseln, die mit Kartoffeln, Karotten und Bohnen gefüllt waren. Am Schluss wanderte eine Soßenterrine von einem zum anderen. Alle begannen schweigend, aber mit gutem Appetit zu essen.

Erst nach einigen Minuten meldete sich Wolkow wieder zu Wort. „Nun erzählen Sie uns doch, wie das war, Captain, mit Ihrem Absturz in den Haschner See und Ihre wundersame Rettung", wandte er sich an Henry Milton.

Der Engländer hob den Kopf und legte Messer und Gabel auf dem Tellerrand ab. Ein flaues Gefühl machte sich in ihm breit. Was wusste Wolkow? Natürlich konnte er nicht offen gestehen, dass er keine große Lust verspürte sich aus der sogenannten Gefangenschaft der Deutschen zu befreien. Noch dazu vor einem hohen britischen Offizier. Dann konnte er sich auch gleich selbst vor ein Militärgericht stellen und anklagen. Aber er war sich sicher, dass die Herren hier am Tisch mehr wussten, als ihm lieb war. Es war wie ein Tanz auf einer Rasierklinge. Er nahm sich vor, defensiv vorzugehen, nur das zu sagen, was man ihn fragte und was ihm nicht schaden konnte.

„In der Nacht zum 30. Juli bin ich nach einem Motorschaden im See notgelandet", sagte er betont ruhig. „Kurz bevor ich auf dem Wasser aufschlug, konnte ich noch einen Notruf absetzen. Ich war im Cockpit eingeklemmt und wurde bewusstlos. Das Flugzeug lief voll und sank relativ schnell in der Nähe des Ufers. Wahrscheinlich wäre ich ertrunken, wenn mich nicht einige Mitarbeiter des Grafen Thumeck gefunden und aus dieser Situation befreit hätten."

„Waren Sie schwer verletzt, nach dem Absturz?", fragte der russische Offizier neben Wolkow und starrte ihn mit seinen eisgrauen Augen an. Es klang wie eine Mischung aus versteckter Drohung und offenem Spott und in Henry Milton läuteten sämtliche Alarmglocken. Er zögerte einen Moment.

„Ist mein Deutsch so schlecht? Soll ich meine Frage noch einmal wiederholen?", kam es aggressiv zurück.

„Nein, es ist alles in Ordnung, ich habe Sie schon verstanden", antwortete er. „Ich war glücklicherweise nicht lebensgefährlich verletzt. Eine Gehirnerschütterung, einige Prellungen, Schnittverletzungen und Hautabschürfungen, das war alles. Die Leute auf dem Gut versorgten meine Wunden."

„Und niemand, außer den Bewohnern auf dem Gut selbstverständlich, bemerkte etwas von Ihrem Absturz? Die deutsche Wehrmacht erfuhr nichts davon und Sie wurden auch nicht wie ein Kriegsgefangener behandelt?", mischte sich jetzt auch der kahlköpfige polnische Offizier ins Gespräch.

Seine Stimme klang weich und einschmeichelnd, fast freundschaftlich. Mit seiner etwas fülligen Figur und dem gutmütigen Gesicht, auf dem ein einnehmendes Lächeln lag, wirkte er wie ein gemütlicher Bernhardiner auf den Engländer.

„Gemeldet wurde ich jedenfalls nicht. Dietrich von Thumeck und seine Familie scheinen keine Hitlerfreunde zu sein", antwortete er spontan. „Ich musste mich jeweils um

7.00 Uhr, 12.00 Uhr und 19.00 Uhr beim Gutsverwalter melden und wurde bei Stallarbeiten, im Haus und die letzten Tage auch bei der Ernte eingesetzt, nachdem ich mich wieder etwas erholt hatte."

Das Lächeln auf dem rosigen Gesicht des polnischen Offiziers wurde breiter. „Sie wurden also gut behandelt. Kann man das so sagen? Man ließ Sie sozusagen an der langen Leine."

Henry Milton nickte nur und begann wieder zu essen. Er spürte wie neben ihm auch Myskina immer nervöser wurde.

„Dient das Gut auch als Militärstützpunkt? Haben Sie Soldaten oder Kriegsgerät in der Nähe gesehen?", fragte der Pole in seiner jovialen Art weiter. Doch der neben ihm sitzende russische Offizier legte sein Besteck auf der Serviette neben sich ab und starrte ihn feindselig an. Er konnte seine Blicke fast körperlich spüren.

„Auf dem Gut selbst gab es keinerlei militärische Aktivitäten", sagte er. „Durch den Nachbarort Borken fuhren vor ein paar Tagen mehrere Panzer, vielleicht zehn Stück, Richtung Nordost. Die Staubfahne war noch nach einer Stunde zu sehen. Sie wurden von einem Versorgungstrupp begleitet. Das war alles."

„Sie wissen, dass die polnische Grenze nicht weit vom Gut verläuft?"

Der Engländer sah den Polen verständnislos an. „Es dürften ungefähr 18 bis 20 Kilometer sein."

„Und Sie wissen auch, wo sich die Front in diesem Raum befindet?"

„Nein, das weiß ich nicht. Man konnte auf dem Gut zwar bei Ostwind Geschützfeuer hören, aber es war sehr schwer einzuschätzen wie weit weg es war."

„Haben Sie den Kriegslärm auch gehört, Frau Kowalski?" Myskina schreckte aus ihren Gedanken hoch. „Ja, natürlich. Für mich klang es so, als wäre es noch weit weg von uns."

„Welche Arbeiten mussten Sie auf dem Gut verrichten?"

„Ich war vor allem im Haus und die letzten drei Tage auch auf dem Feld als Erntehelferin tätig."

„Und wie sind Sie auf das Gut gekommen?" Das Lächeln lag noch immer breit und gemütlich auf den rosigen Wangen des polnischen Offiziers.

Aber Myskina wusste instinktsicher, dass sie bei der entscheidenden Frage angekommen waren.

„Die Deutschen griffen mich auf dem Weg nach Bakalarzewo auf und nahmen mich mit zu einer grenznahen Kaserne", sagte sie mit belegter Stimme. „Ich wollte nur eine Freundin besuchen."

„Schrecklich, diese Deutschen", ätzte er. „Und daraufhin wurden Sie vom Militär gezwungen auf dem Gut dieses Grafen von Thumeck zu arbeiten? Als Zwangsarbeiterin selbstverständlich, ohne Lohn."

„Ja, genau so war es", sagte Myskina mit glühenden Wangen.

„Müssen wir uns das noch länger anhören?!", giftete der rotblonde russische Offizier und schlug die Faust auf den Tisch, dass die Gläser bedenklich ins Wanken gerieten.

„Warum haben Sie nicht zu fliehen versucht, Captain? Die Grenze war nah und die Front auch nicht viel weiter", wandte sich jetzt John Terry vollkommen unbeeindruckt vom Wutausbruch des Russen an seinen Landsmann. Schon an der Fragestellung war für Henry Milton klar zu erkennen, dass der Colonel kein Verständnis für sein Verhalten hatte.

„Ich schätzte die Chance durch die deutschen Linien zu kommen, als sehr gering ein", antwortete er und ein erster unangenehmer Verdacht begann sich in ihm auszubreiten. „Außerdem wäre bei der nächsten fehlenden Meldung meine Flucht schnell entdeckt worden. Die Bewohner im benachbarten Rogonnen hätten mich sofort an die Wehrmacht verraten. Sie liegen seit Jahren mit den Gutsbewohnern im Streit."

„Und den Weg, den wir zu Ihnen gefunden haben, kannten Sie nicht?"

„Nein. Der Graf betonte mehrmals, dass die Leute aus Rogonnen nur darauf warten würden, seinen Leuten oder ihm zu schaden. Ich habe das Gut darum immer nur in Begleitung auf die Felder verlassen dürfen. Zur Ernte. Die weitere Umgebung kannte ich daher nicht."

„Sie sind also nie aus dem Gutsbereich gekommen?"

„Nein, nie."

„Ich glaube, das genügt vorläufig", mischte sich jetzt wieder Oberst Wolkow ins Gespräch. Er sah kalt und entschlossen aus. Sein Mund reduzierte sich zu einem zusammengekniffenen schmalen Strich. „Wir möchten Ihnen beiden nicht verheimlichen, dass wir Ihre abgelegte Kleidung untersucht und Ihre Gespräche im Duschraum abgehört haben. Sie wurden auf Band aufgezeichnet. Für eine spätere Dokumentation. Wir wissen auch sonst einiges, was Sie uns leider verschwiegen haben. Sie müssen uns also nicht weiter belügen, das kostet uns alle nur Zeit und Nerven.

Sie, Captain, werden in einigen Tagen mit Ihrem Landsmann zurück nach England fliegen, um sich dort vor einem britischen Militärgericht zu verantworten und Sie liebe Genossin, werden uns Ihre Arbeitskraft zukünftig als dringend benötigte Lazaretthelferin an der Front, die nur wenige Kilometer von unserem Standort verläuft, schenken. Ich denke, dass wir damit unser vertrauliches Abendessen beenden können. Ich wünsche Ihnen eine gute Nacht. Und träumen Sie was Schönes."

Er stand ruckartig auf, klatschte wieder zweimal in die Hände und drei mit Karabinern bewaffnete Soldaten betraten das Kasino. Sie nahmen Henry Milton und Myskina in die Mitte und führten sie zu zwei Zellen, die am Ende des langen Ganges lagen, den sie vor einer halben Stunde geduscht und gutgelaunt in Richtung Kasino gegangen waren.

Ein junger Wachsoldat stieß den englischen Piloten in eine zigarettenschachtelgroße Zelle, in der es nur eine Liege, einen Stuhl, ein Klo und ein Waschbecken gab. Ein winziges Fenster war mit massiven Eisenstäben vergittert, dahinter sah ein Stückchen wolkenverhangener Nachthimmel, wie ein grauschwarzer Unheilsbote herein. Direkt daneben lag Myskinas Übernachtungsort.

„Do widzenia, schöne Welt!", rief sie dem Soldaten mit Galgenhumor hinterher, bevor die Tür mit einem lauten Schlag ins Schloss fiel. Nur noch einmal wurden sie in dieser Nacht unsanft aus einem unruhigen Schlaf gerissen. Der Wachposten warf ihnen einen Waschbeutel in die Zelle. Dann schlossen sich ihre Gefängnisse wieder, und kurz darauf ging das Licht endgültig aus. Es wirkte fast symbolisch.

Erst kurz vor Karkliny wurde es für Nadja wirklich gefährlich. Schon von Weitem hörte sie das MG-Feuer und einen Hagel von Granateinschlägen, die höchstens drei, vier Kilometer von ihr entfernt explodierten. Immer wieder zischten grelle Leuchtraketen in den Himmel, um feindliche Stellungen für einige Sekunden aus der Anonymität der Nacht zu reißen. Obwohl sie darauf vorbereitet war, lähmte die aufkommende Angst fast ihr gesamtes Denken.

Als sie vor zehn Tagen diesen Weg in Richtung Rogonnen befuhren, sah alles ganz anders aus. Die Front verlief irgendwo bei Suwalki und auf den Straßen und Wegen dahinter flüchteten ihre Landsleute. Verwundete deutsche Soldaten wurden in sicherere Regionen gebracht, andere rückten vor. Man fiel nicht weiter auf und konnte relativ unauffällig zur Grenze gelangen. Jetzt war alles anders.

Sie stieg vom Rad und ging in einem weiten Bogen am Rand des Korobiec-Sumpfes entlang. Leise, fast schüchtern mischten sich die Stimmen einzelner Nachtvögel zwischen die martialischen Töne des in der Nähe tobenden Krieges. Sie erinnerte sich an einen nicht ganz unproblematischen Pfad ihrer Kindheit, der durch einen Teil des heimtückischen Sumpfgeländes führte. Aber hier konnte sie relativ sicher sein vor unangenehmen Zusammenstößen mit der deutschen Wehrmacht.

Sie fand den schmalen Weg, der vor einer kahlen Mooreiche begann, auch in der ungewohnten Dunkelheit problemlos. Das Mondlicht, das nur ab und zu von einer vorbeiziehenden Wolke verdeckt wurde, glitzerte in den schwarzen Tümpeln und Löchern. Es ging über schwankende Wollgraswiesen und zwischen zwergwüchsigen Birken hindurch. Das Glucksen der aufsteigenden Gasblasen und das sporadische Quaken der Frösche hatte nichts Beunruhigendes an sich. Im Gegenteil. Hier war die Natur noch unberührt, sich selbst überlassen.

Es dauerte keine zwanzig Minuten, bis sie den in die Heide reichenden Moorarm hinter sich gelassen hatte. Auf einem Feldweg, der sich zwischen Wacholderbüschen und hoch stehenden Hartgrasflächen entlang schlängelte, näherte sie sich ihrem Heimatdorf. Der Kampflärm war noch immer deutlich zu hören, vermischt mit dem nicht dazupassenden Tuckern eines Traktors, der ohne Licht über den Damm der nahen Landstraße kroch. Sie kauerte sich hinter ein paar Sträucher, bis der Motor des Traktors nicht mehr zu hören war. Es war kurz nach drei, als sie den Ortsrand Karklinys erreichte. Die Stille, die den kleinen Ort umgab, war bedrückend. Kein Hund bellte, kein Licht leuchtete in die Nacht hinaus und selbst aus Kazmareks Dorfschänke, in der es sonst immer bis in die frühen Morgenstunden hoch herging, drang kein einziger Laut auf die Straße. Ihr Herz überschlug sich fast in einem Strudel aus Sorgen und Hoffnung, die Angst kroch langsam über die Schultern und den Nacken mitten hinein in ihr Denken und Fühlen.

Vorsichtig schlich sie weiter und je tiefer sie in den Ort kam, desto bewusster wurde ihr, warum hier die Stille regierte. Der Dorfkern war, bevor sie zum Thumeck-Gut fuhr, nur leicht beschädigt, jetzt war er fast vollkommen zerstört. Nur der hohe Turm der katholischen Kirche ragte trotzig und relativ unbeschädigt über die Trümmer. Ein paar Kinder und alte Frauen saßen oder lagen schlafend zwischen den Resten ihrer Häuser auf Decken, Matratzen oder auf dem blanken Boden. Einige im Dunkel kauernde Gestalten wimmerten leise vor sich hin. Die Straßen und Plätze waren durch Granatkrater und Schutt nahezu unpassierbar.

Mit einem Aufschrei ließ Nadja das Rad fallen und rannte, so schnell sie konnte, zu ihrem Elternhaus. Aber schon nach wenigen Metern blieb sie atemlos stehen. Wo sollte sie hinlaufen, wo war es? Sie konnte sich nur noch mit Hilfe der wenigen Straßenschilder orientieren, die noch an irgendwelchen Mauerresten hingen. Es gab keine typischen Merkmale mehr, die Zerstörung des gewohnten Ortsbildes machte alles gleich, gleich schrecklich. Sogar der fast sechshundert Jahre alte Dorfbrunnen in der Mitte des Marktplatzes war nicht mehr vorhanden.

Dort drüben, hinter den zerzausten Linden, gleich neben dem winzigen Geschäft des jüdischen Schuhmachers Aaron Goldstein, musste es sein. Aber weder das kleine Geschäft noch ihr Elternhaus standen in der prächtigen einstöckigen Häuserzeile der Mickiewicz-Gasse 10, wo sie einmal die Attraktion der Straße waren. Stattdessen türmten sich vor einer zweihundert Meter breiten Lücke die Trümmer der in sich zusammengefallenen Häuser.

Sie stand fassungslos davor. Die Tränen suchten sich einen unaufhaltsamen Weg über ihr schmales Gesicht. Ein herumliegender Balken auf der anderen Straßenseite rauchte an einem Ende wie ein stummer Zeuge der Zerstörung vor sich hin. Sie kauerte sich daneben und vergrub ihr Gesicht von Weinkrämpfen geschüttelt in den Armen. Jetzt war alles vorbei. Es gab keine Zukunft und keine Vergangenheit mehr. Nur noch eine grausame, menschenverachtende Gegenwart.

Sie wusste nicht, wie lange sie so dagesessen hatte, leergeweint und verzweifelt, als eine zerbrechliche zitternde Stimme durch die Ohnmacht ihrer Depression drang. Es war, als wäre diese Stimme über die Kontinente und Ozeane der Erde bis zu ihr geflogen. Sie klang unwirklich, wie aus einer anderen, längst vergessenen Welt.

„Nadja? Kind, bist du es?"

Sie sah auf. Eine alte Frau, deren gütige Augen hinter einer dicken Brille riesig wirkten, stand vor ihr. Aber sie kannte diese riesigen Augen mit dem traurigen Blick.

„Frau Gomolka?"

„Mein Gott, was für ein Glück, dass du noch lebst. Komm weg hier von der Straße, Kind. Es treibt sich noch immer eine Unmenge von Gesindel und Soldaten in der Nähe herum. Jetzt sind es manchmal versprengte Russen. Aber die sind auch nicht besser als die Deutschen. Wir müssen von hier verschwinden. Rasch! Steh auf!"

„Was ist mit meiner Familie passiert, Frau Gomolka? Sind sie tot? Wie konnte es passieren, dass die Dorfmitte fast nicht mehr existiert? Ich war doch nur zwei Wochen weg!"

Eine dürre, aber überraschend kräftige Hand umschloss ihr rechtes Handgelenk und zog sie hoch. „Später erkläre ich dir alles, Kind. Jetzt ist dafür keine Zeit. Wir haben eine wundervolle Ruinenvilla etwas außerhalb des Dorfes gefunden. Ich bewohne sie ganz alleine mit meinem Bruder. Wir haben noch viel Platz, du wirst sehen. Es ist fast luxuriös."

Sie kicherte leise vor sich hin, während sie geschickt zwischen dem Schutt, verschiedenen Fahrzeugwracks und ausgeglühten T 34 hindurchkletterte. Nadja hatte Mühe, ihr zu folgen.

Zielsicher ging sie in südwestlicher Richtung aus dem Dorf. Schon nach ein paar hundert Metern hatte sich das Bild völlig verändert. Ein heller Sandweg führte durch die Heide. Hier gab es keine Trümmerhaufen und wimmernden Menschen mehr, sogar der Kriegslärm hörte sich zwischen Wacholderbüschen und den lichten Kiefernwäldern nicht mehr ganz so bedrohlich an. Nadja kannte den Weg.

„Geht es hier nicht zur Matejko-Villa?"

Die Alte nickte. „Ganz richtig, mein Kind. Aber von Matejkos Malereien ist leider nicht mehr viel übrig geblieben. Doch im Erdgeschoss und im Keller gibt es noch immer ein paar Räume, die einigermaßen bewohnbar sind. Und im Garten reifen riesige Kürbisse, und wenn wir ein wenig graben, finden wir bestimmt auch noch Kartoffeln und Schwarzwurzeln. Ist das etwa nichts?"

Nadja blieb stumm, aber die alte Frau erwartete anscheinend gar keine Antwort. Mit raumgreifenden Schritten flog sie förmlich über den sandigen Weg.

Zehn Minuten später tauchten die dunklen Umrisse der Villa auf. Zumindest das was von ihr noch übrig geblieben war. Das Dach und die beiden oberen Stockwerke existierten nicht mehr. Das Erdgeschoss sah noch einigermaßen heil aus. Bis auf die Rückseite, die unter dem Gewicht der Trümmer des oberen Teils zusammengebrochen war. Auch der Stall, kaum hundert Meter neben dem Haus, war vollkommen zerstört. Einige Balken und Metallstreben der ehemals modernen Dachkonstruktion ragten wie erstarrte, riesige Arme in die Nacht. Davor lag der verwilderte Garten, in dessen mörserdurchpflügter Erde Maria Gomolka ihre verborgenen Köstlichkeiten vermutete.

Plötzlich blieb sie stehen und pfiff mit spitzen Lippen die ersten Takte einer Melodie. Sie kam spontan, wie ein Echo zurück.

„Mein Bruder ist auf dem Posten," sagte die Alte lächelnd und steuerte auf die noch fast unbeschädigte Terrasse zu. Eine unscheinbare, mit Efeu überwachsene Tür auf der Seite öffnete sich einen Spalt und ein großer weißhaariger Mann zwängte sich heraus.

„Stanislaw", sagte sie knapp. „Ihr kennt euch ja noch nicht, soviel ich weiß. Darf ich vorstellen: Nadja Jablonski, Tochter von Jelena und Matuschek Jablonski."

Der alte Mann verneigte sich leicht und reichte Nadja eine kühle trockene Hand. „Ich heiße Sie herzlich willkommen in unserer Villa", sagte er. Die Ironie in seiner hellen, brüchigen Stimme war nicht zu überhören. „Kommt herein, ich sperre hinter euch gleich wieder ab. Im Moment treiben sich hier allerhand zwielichtige Gestalten herum. Vor allem Plünderer und gewaltbereite Wegelagerer."

Sie betraten einen nur durch zwei flackernde Kerzen beleuchteten Raum, dessen Fenster notdürftig mit ausgeschnittenen Kartonstücken verkleidet waren. Er war vielleicht sechzig Quadratmeter groß, relativ hoch und mit Stuckarbeiten an der Decke verziert. Unter einer Staubschicht waren noch ein paar Malereien zu erkennen. Ein Kamin, über dem ein angekohltes Porträt hing, gähnte wie ein großer, schwarzer Mund in den Raum.

Ein alter Schrank, eine barocke Stehlampe mit rotem Seidenschirm, aber ohne Glühbirne, vier Sessel und ein wuchtiges Sofa mit grüngoldener Stickerei waren durch Wasser- und Brandschäden mehr oder weniger lädiert. Aber sie wirkten auch in diesem jämmerlichen Zustand noch immer außergewöhnlich und kostbar.

„Gehört die Villa nicht seit Generationen der Familie des Grafen Roja?“, fragte Nadja und blickte voller Ehrfurcht auf das Bild über dem Kamin.

„Ja, sie gehörte bis vor drei Tagen der Familie Roja“, sagte Maria leise und senkte den Kopf. „Aber jetzt nicht mehr. Sie sind alle tot.“

„Wie meine Familie?“, brach es jetzt ungestüm aus Nadja heraus. Die Angst kehrte in einer riesigen Welle zurück. „Bitte, sagt mir endlich, was aus ihnen geworden ist.“

„Setz dich erst einmal“, antwortete die Alte und wies auf einen der zerschlissenen Sessel. „Stan, holst du uns noch eine Flasche Wein aus dem Keller?“

Er nickte ihnen nur zu und verschwand ohne ein Wort zu sagen wie ein schwarzes Gespenst durch eine unsichtbare Tür im hinteren Teil des großen Zimmers.

„Deine Mutter und deine beiden Brüder leben, Nadja. Sie haben sich bis nach Sejny durchgeschlagen. Erst heute Nachmittag habe ich vom alten Goldstein, euerem ehemaligen Nachbarn in der Mickiewizc-Gasse, davon erfahren. Er lebt mit seiner Familie jetzt auch in Sejny und hat sie dort getroffen. Die Deutschen sind seit ein paar Tagen weg und die Russen auf dem Vormarsch nach Ostpreußen. Aaron suchte in den Trümmern seines Ladens noch nach brauchbarem Werkzeug und Wertsachen. Über deinen Vater weiß er nur, dass er an die Front musste. Irgendwo in die Nähe des litauischen Jurbarkas. Auf jeden Fall befindet er sich noch immer unter den Lebenden. Und das ist in der heutigen Zeit eine ungewöhnlich gute Nachricht, finde ich.“

Nadja strahlte die alte Frau mit weit aufgerissenen Augen an und fiel ihr aufschluchzend in die Arme. „Mein Gott, ich danke dir. Ich glaube, er meint es trotz allem doch noch gut mit uns, Maria. Wo bleibt dein Stan nur mit dem Wein?“, lachte sie über das ganze Gesicht und wischte sich die Tränen weg. „Ich will mich endlich besaufen! So richtig besaufen, bis die Welt wieder schön wird!“

„Genau mein Kind, das machen wir jetzt!“, rief die Alte kichernd. „Aber ich befürchte, dazu brauchen wir ordentlich Nachschub. Hej, Stan! Du holst vielleicht besser gleich drei oder vier Flaschen aus dem Keller! Hörst du? Und zwar vom besten, wenn ich bitten darf. Wir haben einstimmig beschlossen, uns im Namen des Herrn zu besaufen! Und das solange, bis die Welt zumindest einigermaßen erträglich wird. Wenn es geht, noch heute Nacht! Also, beeil dich ein bisschen, alter Mann, wir haben noch was Wichtiges vor!“

„Ich kann ihnen leider nichts Erfreulicheres mitteilen, Herr Leutnant. Die Russen stehen mit ihrer 5. und 28. Armee vor Schirwindt und nicht nur das. Der Feind umfasst inzwischen fast ganz Ostpreußen. An manchen Stellen wurden unsere tapferen, aber zahlenmäßig und materiell hoffnungslos unterlegenen Kampfeinheiten sogar schon hinter die Grenze gedrängt. Und die verdammten Engländer und die russische Luftflotte bomben alles nieder, was mehr als fünf Zentimeter aus der Erde ragt.“

Olaf stand neben dem mit bunten Zahlenfähnchen gespickten Truppeneinsatzplan, der an der Wand neben der Tür hing und sah den Hauptmann ungläubig an. Er kannte Hermann Kaschnitz als einen zuverlässigen Offizier, der seine Eindrücke immer ohne glorifizierendes und national verbrämtes Pathos wiedergab. Aber wie war es möglich, dass sich nach einer Woche eine derart prekäre Situation ergab?

Noch am Tag seines genehmigten Genesungsurlaubs wegen der leichten Schussverletzung an der Schulter, waren Verstärkungen der 69. Infanterie- und der 5. Panzerdivision in den Raum Schirwindt/Schillfelde angekündigt worden. War selbst damit das weitere Vorrücken der Russen nicht mehr aufzuhalten?

Seine Gedanken wanderten voller Sorge nach Hause und von da weiter zu Nadja. Er griff kommentarlos zum Telefon.

Kaschnitz sah aus dem Fenster. Das harte Morgenlicht ließ sein Gesicht alt und verbraucht aussehen. Olaf wusste, dass der fünfzigjährige Hauptmann aus Allenstein die Schnauze schon lange voll hatte. Von der menschenverachtenden Zerstörungswut der Nazis, aber vor allem von den sogenannten linientreuen Offizieren und den unsäglichen Durchhalte- und Sieg-Heil-Parolen des Gauleiters.

Die Leitung zum Gut war tot. Eine heiße Welle überflutete seinen ganzen Körper. Kaschnitz drehte sich um. Vergessen sie's", sagte er bitter. „Seit gestern Nachmittag funktioniert nur noch der Funk. Große Teile der Fernmeldestationen in Königsberg und Allenstein haben ihren Geist aufgegeben. Und an eine Vermittlung nach Polen würde ich an ihrer Stelle nicht einmal denken."

Er stand mit verschränkten Armen an den Fenstersims gelehnt und sah Olaf mit ernsten Augen an. „Dachten Sie wirklich, dass man von ihrer polnischen Braut hier im Hauptquartier nichts erfährt?"

Ein leichtes Schwindelgefühl zwang Olaf auf den Stuhl zurück. „Sie ... Sie ... wissen über ... Bescheid?", kam es stockend zwischen seinen Lippen hervor.

Der Hauptmann nickte nur. „Vor zwei Tagen meldete ein besonders eifriger Bürger aus Klein-Rogonnen in typisch feinfühliger masurischer Art, dass der adelige Drecksack Olaf von Thumeck seine polnische Hurenbraut auf dem Gut versteckt. Er fragte vorsorglich auch gleich nach, was uns diese Nachricht wert sei." Kaschnitz sah auf die Uhr über der Tür. „Sie werden deswegen in einer knappen Stunde von Major von Hochstetten erwartet."

Der junge Leutnant wurde leichenblass. „Das Vorspiel zu einem Kriegsgerichtsverfahren?", war das einzige was er herausbrachte.

Kaschnitz setzte sich auf den Stuhl ihm gegenüber und lehnte sich weit zurück. Das ramponiert aussehende Möbel ächzte und knarrte, als würde es jeden Moment aus den Fugen gehen. Die schmalen, an einen Pianisten erinnernden Hände des Hauptmanns lagen wie im Gebet gefaltet auf dem Schreibtisch. Er hob den grauen Kopf und sah Olaf lächelnd an. „Ich würde das nicht ganz so pessimistisch sehen", sagte er bedächtig. „Der Denunziant aus ihrer Nachbarschaft weiß anscheinend nicht sehr viel und kennt keine Einzelheiten. Er kennt keinen Namen und keine genaue Herkunft. Vermutlich hat er sie und ihre polnische Freundin zufällig entdeckt, vielleicht auch belauscht. Ich weiß es nicht. Ich würde Ihnen auf jeden Fall raten, alles abzustreiten. Außer, dass diese junge Frau bei Ihnen auf dem Gut als Erntehelferin gearbeitet hat."

„Und woher wollen Sie wissen, dass ich ..."

„Was soll diese Frage, Thumeck? Wer Sie kennt, weiß die Antwort", unterbrach ihn Kaschnitz und schüttelte den Kopf. „Natürlich sind Sie bis über sämtliche Ohren verliebt in dieses Mädchen, ich bin ja nicht blind. Und selbstverständlich bleibt das selbst in diesem vergessenen Winkel Masurens nicht der gesamten Bevölkerung bis in alle Ewigkeit verborgen. Es gibt, mein Lieber, immer und überall einen Neider oder einen zufälligen Lauscher, der sich mit seinem Wissen wichtig machen möchte. Zumindest ist das nie auszuschließen, wie man hier wieder einmal sehen kann. Aber wenn Sie konsequent dabei bleiben, dass ihnen diese junge Polin nur bei der Ernte geholfen hat, dürften Sie mit einem Einsatz in vorderster Linie davonkommen. Das ist eine Strafe mit der Sie leben können. Wer weiß allerdings wie lange."

Er nickte sich wie in einem Selbstgespräch zu. „Aber polnische Erntehelfer unangemeldet während des Krieges auf dem Gut zu beschäftigen, ist ja auch kein Kavaliersdelikt, wenn ich das einmal so frei heraus bemerken darf. Auch wenn sie von ihrem Vater und nicht von ihnen persönlich eingestellt wurden. Oder sehe ich das vollkommen falsch?"

Er nahm seine große geblümte Teetasse vom Tisch und nahm einen kräftigen Schluck.

Ein schwacher Geruch von Branntwein entströmte der Tasse.

Olaf saß da und wusste nicht, was er dazu sagen sollte. Er konnte keinen klaren Gedanken fassen. Kaschnitz trat neben ihn und legte ihm seine rechte Hand auf die Schulter.

„Machen Sie es einfach so, wie ich es gesagt habe. Denunzianten haben auch in der Wehrmacht kein allzu hohes Ansehen. Sie kommen damit wahrscheinlich durch, wenn Sie es glaubwürdig vertreten. Strengen Sie sich an, Thumeck. Es geht um einiges, es geht um Ihren Kopf!"

Philipp von Hochstetten sah pikiert auf den vor ihm sitzenden Leutnant herunter. Er ging, die Hände hinter dem Rücken verschränkt, in dem großen, schlicht eingerichteten Raum hin und her und genoss es sichtlich, den jungen Offizier in einer „Armesünderposition" vor sich zu sehen. Er mochte den seiner Meinung nach total verweichlichten und verwöhnten Thumeckspross nicht.

„Was haben Sie sich eigentlich dabei gedacht, sich mit dieser Polin einzulassen?",giftete er mit seiner hellen unangenehmen Stimme. „Mit einer Feindin unseres Vaterlandes und nicht zu vergessen, als preußischer Offizier von Rang und Namen! Ist Ihnen nicht bewusst, was das für Sie bedeuten kann, Herr Leutnant?“

Olaf richtete sich kerzengerade auf. „Ich weiß nicht, von wem Sie dieses Märchen erfahren haben, Herr Major. Mein Vater hat nur ein paar Erntehelfer eingestellt. Darunter auch diese junge Polin, von der Sie sprechen. Das ist alles.“

Von Hochstetten beugte sich zynisch grinsend zu ihm hinunter. „Natürlich. Das hätte ich fast vergessen. Sie begatten ja am Ufer des Haschner Sees vorzugsweise nur junge polnische Erntehelferinnen.“

Olaf war schockiert. Der faulige, süßliche Atem des Majors wehte ihm unangenehm in die Nase. Er wich unwillkürlich etwas zurück.

„Habe ich Sie erschreckt, Leutnant?“ Von Hochstetten richtete sich wieder auf und schritt wie ein stolz erhabener Gockel zu einer Anrichte, auf der einige Gläser und ein paar Flaschen erlesener Tropfen standen. Er ließ eine hellbraune Flüssigkeit aus einer Karaffe in sein Glas gluckern und warf ein paar Eiswürfel hinein, die er aus einem silbernen Gefäß fingerte. „Auch von unserem Feind“, sagte er und probierte mit der verzückten Miene des Kenners. „Schottischer Malt Whisky, über 12 Jahre alt. Mögen Sie auch einen? Ich habe den Eindruck, Sie könnten im Moment leicht einen Doppelten vertragen.“

Olaf hörte die Worte kaum, er sah nur die fette, überhebliche Zufriedenheit im Gesicht von Hochstetten. Er fühlte sich wie ein angeschlagener Boxer. Wenn ihm jetzt nichts Vernünftiges einfiel, war alles verloren. „Da muss sich Ihr heimlicher Beobachter getäuscht haben, Herr Major“, sagte er nach einer kurzen Denkpause. „Ekatharina, die er bestimmt meint, ist mit einem jungen Polen verlobt, der ebenfalls als Erntehelfer bei uns gearbeitet hat. Und wenn die beiden am See waren, kann man ihn aus der Entfernung durchaus mit mir verwechseln. Er hat meine Statur und ist ebenfalls blond."

Das aufgesetzte Grinsen des Majors zerfiel übergangslos. „Was erzählen Sie da für einen Mist, Thumeck?!", rief er, als hätte man ihm gerade sein Lieblingsspielzeug weggenommen. „Diese Polin soll verlobt sein mit einem Kerl, der wie Sie aussieht? Wollen Sie mich verarschen Leutnant, oder wie soll ich das verstehen?"

Olaf blieb seiner Linie treu, er witterte eine kleine Chance, mit seiner Lüge durchzukommen. „Keineswegs, Herr Major", sagte er brüsk. „So etwas würde ich mir niemals erlauben. Es ist einfach so, wie ich es sage. Andrej sieht mir wirklich sehr ähnlich und wenn man ihn nicht aus nächster Nähe mit Ekatharina beobachtet hat ..."

„Selbstverständlich, selbstverständlich!", unterbrach ihn von Hochstetten wütend.

„Wie kann man nur glauben, dass Sie mit einer Polin .... Immer korrekt, der Herr Leutnant, immer nur im Dienste und zum Wohle des Vaterlandes! Was sonst!"

Die Verunsicherung des Majors war trotz seines zornroten Gesichts fast greifbar zu spüren. Kaschnitz hatte recht mit seiner Vermutung. Sie konnten ihm nichts beweisen. Und solange das so war, blieb eine Anklage vor einem Militärgericht nur das Wunschdenken von Hochstetten.

Er lief wie ein gefangener Tiger in seinem Käfig hin und her, die Hände wieder hinter dem Rücken verschränkt. „Sie haben mächtig Glück, Thumeck!", bellte er und seine rechte Augenbraue begann als Zeichen höchster Erregung unkontrolliert zu zucken. „Wenn von Ihren illegalen Erntehelfern oder von Ihrer Familie noch jemand zu erreichen wäre, sähe die Sache anders aus, das können Sie mir glauben. Sie werden morgen früh nach Schloßberg, zur

1. Infanteriedivision versetzt. Ihren Einsatzbefehl und die Papiere erhalten Sie noch heute Abend von Hauptmann Kaschnitz. Sie dürfen an vorderster Front für das Vaterland kämpfen, Herr Leutnant. Ich bin mir nicht sicher, ob Sie sich diese Ehre überhaupt verdient haben. Das wäre vorläufig alles. Sie können abtreten." Er schlug die Hacken zusammen und schmetterte Olaf ein markiges „Heil Hitler" hinterher.

Von einer Stunde auf die andere war nichts mehr so wie es einmal war, rund um den Haschner See und auf dem Thumeck-Gut. Noch im Morgengrauen fuhr ein Offizier der Wehrmacht in einem olivgrünen Mercedes auf den Hof und verkündete in loyalem Tonfall: „Ich komme Sie abholen von Thumeck. Sie und Ihre Leute dürfen das Gut vorerst verlassen. Ihre Verbindungen zur Heeresführung scheinen noch immer zu funktionieren. Die ersten russischen Panzer stehen keine dreißig Kilometer von hier und rücken fast täglich weiter nach vorne. Packen Sie das Nötigste zusammen, ein Militärlastwagen wartet eine Stunde lang hinter dem Schloss. Dann fährt er ab, mit oder ohne Sie."

Der schlanke, hochgewachsene Mann grüßte flüchtig, stieg wieder in seinen Wagen und eine Minute später war der Mercedes nur noch als winziger Punkt zwischen den abgeernteten Feldern zu sehen. Dietrich von Thumeck ging hinter das Schloss. Tatsächlich stand dort unter den mächtigen Ästen einer alten Linde ein schwerer Militär-Lkw. Am Steuer saß ein blutjunger Stabsgefreiter in eine Zeitung vertieft.

„Tachchen. Die Notausgabe der Osteroder Nachrichten", sagte er wie entschuldigend und hob die Zeitung in die Höhe. „Allerdings auch schon eine Woche alt." Dietrich von Thumeck nickte ihm zu und ging wieder ins

Haus zurück. Die Nachricht des Offiziers wirkte auf alle wie ein Schock. Doch kaum hatte der sich etwas gelegt, als ein hektisches Suchen, Packen und Fragen begann. Alle rannten planlos und in großer Eile durch das riesige Gebäude.

„Halt! So macht das keinen Sinn, Leute!", hallte die Stimme des Grafen plötzlich durch die Räume. „Kommt alle mal her! Ihr müsst euch koordinieren. Was ist wirklich wichtig, auf was kann man verzichten. Also, alle Dokumente, Pässe, Bescheinigungen, Urkunden usw. müsst Ihr mitnehmen. Steckt sie in einen Umschlag, dann ist alles zusammen. Umschläge gibt es im Verwalterbüro genug. Geld, Wertsachen, Schmuck und Andenken kommen in diese Truhe, die ich auf dem Dachboden gefunden habe. Sie ist groß genug für euch alle, wenn ihr euch auf das Wichtigste konzentriert, denke ich. Schreibt Euere Namen drauf, dann tut Ihr euch beim Auseinandertrennen leichter. Dann kommen die Kleidungsstücke und Schuhe dran. Denkt bitte daran, dass es nach dieser brütenden Hitze im Sommer auch einen kalten Winter geben wird! Werft die Klamotten im Speisesaal in die Mitte auf den Fußboden. Du Martin", wandte er sich an seinen Verwalter, „holst leere Getreidesäcke von der Tenne und packst alles hinein. Deine Erika löst dich in einer halben Stunde ab. Lebensmittel und Getränke können auch mitgenommen werden. In Maßen und nur gut verpackt. Und jetzt los, sammelt eure Sachen in dieser Reihenfolge zusammen, dann übersteht ihr die nächsten Wochen hoffentlich einigermaßen problemlos. Die fünf kräftigsten Pferde binde ich hinten an den Lastwagen. Vielleicht können sie euch noch gute Dienste leisten. Habt Ihr noch Fragen oder wurde alles verstanden?"

„Alles verstanden", kam es zögerlich zurück. Sekunden später verteilten sie sich auf die Zimmer, Gänge, den

Dachboden und den Keller. Moritz, der Hund des Grafen, verlor langsam den Überblick, jetzt wusste er endgültig nicht mehr, wem er nun neugierig hinterher laufen sollte. Unschlüssig saß er auf dem Gang, dem Knotenpunkt des hektischen Treibens, und sah „seinen" Menschen winselnd dabei zu, wie sie ihr Hab und Gut zusammenrafften.

Pünktlich nach einer Stunde erschien der Lkw-Fahrer in der Küche. „Wie sieht's aus?", sprach er Fritz Smolnik an, der sich gerade ein Treuburger Bier aus der Flasche genehmigte.

„Ich denke, es sieht gut aus. Wir sind abmarschbereit", antwortete der Alte und grinste den jungen Gefreiten an.

„Wunderbar, dann sagen Sie den Leuten bitte Bescheid, dass wir uns in spätestens fünf Minuten vor dem Lastwagen treffen. Wir müssen los."

„Wird gemacht, Herr General." Smolnik knallte die Flasche auf den Tisch, rumpelte von seinem Stuhl hoch und grüßte militärisch.

Der junge Mann verließ kopfschüttelnd die Küche. Ein paar Minuten später versammelten sich die Gutsbewohner vor dem riesigen Lkw und verstauten alles, was ihnen wichtig erschien, auf dem hinteren Teil der Ladefläche. Dann ließen sie sich in trauriger und aufgewühlter Stimmung auf ihren Decken, Kissen und leeren Getreidesäcken nieder. Die meisten von ihnen arbeiteten schon seit vielen Jahren hier im Schlossgut für die Thumecks. Es war wie der Abschied von einer glücklichen Zeit.

Der Graf band, wie versprochen, die fünf besten Pferde seines Stalls mit einer langen Leine an die hintere Stoßstange des Lastwagens. Aber er und Anna machten danach keinerlei Anstalten auf das Fahrzeug zu klettern.

„Was soll das heißen? Wollt ihr etwa hier bleiben?", fragte der alte Smolnik und sah Dietrich von Thumeck und seine Frau mit verkniffenen Augen an. „Du sagst es, alter Freund. Wir verlassen das Gut nicht mehr. Für uns kommt ein Neuanfang etwas zu spät. Wir bleiben hier und erwarten die Russen mit einer weißen Fahne, die wir aus dem Turmfenster hängen." Anna nickte nur und schmiegte sich weinend an die Schulter ihres Mannes.

„Ich glaube, dass ist keine besonders gute Idee. Unser junger Heißsporn da vorne im Fahrerhaus könnte das als eine neue Variante von Befehlsverweigerung auslegen."

Der Graf sah seinen langjährigen Freund, Fischer und Räucherexperten lange an, bevor er so leise sagte, dass nur es verstand: „Du wirst es nicht für möglich halten, Fritz. Aber das ist mir seit heute Morgen scheißegal."

„Na gut. Dann bleibe ich auch hier." Blitzschnell warf der Alte seine paar Sachen herunter und stand Sekundenbruchteile später vor den Thumecks.

„Bist du verrückt?!", donnerte ihn der Graf nach einem Moment der Überraschung an.

„Nicht mehr als ihr beide", kam es lachend zurück. Dann ging er zum Fahrer nach vorne. „Du kannst losfahren, General Wichtig. Ihr seid komplett. Aber nicht zu schnell, wenn ich bitten darf. An deiner hinteren Stoßstange hängen fünf edle Vollblüter. Du weißt schon; das sind ganz besonders wertvolle Pferde." Er schlug zweimal mit der flachen Hand auf die Motorhaube des riesigen Gefährts und gab mit einer weit ausholenden Geste und einer angedeuteten Verbeugung die Richtung an.

Der Motor brummte auf und heftig schaukelnd ging es in gemächlichem Tempo aus der Hofeinfahrt hinaus und dann etwas zügiger über den breiten bergauf führenden Feldweg nach Friedrichsheide. Die Blicke aller hingen an der immer kleiner werdenden Silhouette des Schlosses, bis der Lkw in den Wald eintauchte und das Gut nicht mehr zu sehen war. Kurz vor dem Dorf bog das schwere

Gefährt auf die Landstraße Richtung Herzogsmühle ab. Keiner sprach ein einziges Wort, nur der Geschützdonner, das metallische Jaulen der Stalinorgeln und die Granateinschläge im Sekundentakt waren in einer unbestimmbaren Entfernung zu hören. Ein unsichtbarer Gast schob sich langsam zwischen die eng zusammen sitzenden Leiber, drang fast unbemerkt in ihre Herzen und in ihre Gehirne. Die Angst.

Eine kleine Wehrmachtskaserne bei Seeburg war das Ziel. Aber kein endgültiges, wie sich schon bald herausstellen sollte. Nur ein kleiner Zwischenstopp, auf einem langen, gefahrvollen Weg ins Ungewisse.

3. Kapitel

Als alles anders wurde

Die hohen Wachtürme erhoben sich wie drohende Zeigefinger aus dem weißen Tuch der verschneiten Landschaft, in der es scheinbar nichts anderes gab, als die Weite der Unendlichkeit und Schnee.

Man machte sich hier nicht die Mühe einen besonders hohen Zaun oder eine Mauer um das Lager zu ziehen. Die baumlose Ebene, die auf der Ostseite bis an den Horizont und weiter reichte und die hohe zerklüftete Gebirgskette des Ural auf der Westseite, genügten vollkommen um jeden Gedanken an Flucht im Keim zu ersticken.

Dazu kam eine unbarmherzige Kälte von minus zweiundvierzig Grad und mehr und die blutrünstigen Lieblinge von Anatoly Zwerkow, dem Lagerkommandanten: Fünf grauschwarze Wolfshundmischlinge, auf den Menschen abgerichtet.

Erst vor zwei Jahren, im Sommer, brachten seine Hündchen eine paar Einzelteile von drei entflohenen Gefangenen zurück. Er belohnte sie überschwänglich mit Liebkosungen und besonderen Leckereien und ließ die Kadaverreste in einer Zinkwanne für alle Häftlinge sichtbar, sechs Tage lang vor dem Eingang zur Kantine vor sich hinmodern.

In den zwölf heruntergekommenen Baracken des russischen Arbeitslagers, irgendwo am Rand des westsibirischen Tieflands, lebten und starben seit Kriegsende fast neunhundert Gefangene. Niemand, außer dem Wachpersonal und dem Lagerkommandanten, nahm von ihrem Schicksal etwas wahr. Die Anzahl der Häftlinge veränderte sich seit acht Jahren kaum, denn die Toten wurden regelmäßig innerhalb weniger Tage ersetzt. Der größte Teil der Überlebenden schuftete seit 1944/45 im Bleibergwerk „Severnyj".

Nur wenige Auserwählte, die für Anatoly Zwerkow in irgendeiner Form von Vorteil waren oder Todkranke und Geläuterte, durften auch im Büro oder in der riesigen Kantine arbeiten. Die überwiegende Mehrheit bestand aus politischen Gefangenen, die aus verschiedenen Teilen der Sowjetunion hierher gebracht wurden. Aber auch 72 österreichische und deutsche Kriegsgefangene, die wegen „Spionage" verurteilt wurden, fristeten in „Severnyj" ihr klägliches Dasein.

Es war inzwischen November 1952 geworden. Anfangs waren es über vierhundert mehr oder weniger ausgemergelte Gestalten, die in und um Ostpreußen herum in Gefangenschaft gerieten und nach einer unzureichenden Genesung in dieses Musterlager des Moskauer Politbüros gekarrt wurden. Nur dieser kleine Rest von 72 Mann überlebte die Umerziehung zu politisch korrekt denkenden und handelnden Edelmenschen der sozialistischen Arbeiterklasse am Ende der Welt.

Außerdem befanden sich über zweihundert Frauen und Mädchen, in einem nur acht Kilometer östlich gelegenen Frauenlager. Es waren die Zähesten und Willensstärksten, die trotz brutalster Vergewaltigungen und anderer Gewaltexzesse den Transport bis hierher überstanden hatten. Sie waren für die Herstellung, Reparatur und das Waschen der Kleidung des Männerlagers verantwortlich. Außerdem wurden sie als kostenloses Lagerpuff für die Wachmannschaften und den Lagerkommandanten genutzt. Natürlich suchte man sich für diese „bevorzugte" Behandlung, bei der es manchmal kleine Geschenke, ein heißes Bad und ein menschenwürdiges Essen gab, nur die Jüngsten und Hübschesten aus. Einmal in der Woche kam die etwas dickliche aber mit einem „einnehmenden" Wesen gesegnete Lagerkommandantin Magdalena Kolnikowa mit ihrem Fahrer und zwei Helferinnen in einem Lastwagen mit Anhänger ins Lager, und holte neue Instruktionen und die schmutzige Wäsche ab, bevor sie wieder zurückfuhren. Das war für die Gefangenen in „Severnyj" die einzige Gelegenheiten einen Blick auf eine Frau, wenn auch nur aus der Entfernung, zu erhaschen. Aber das genügte für eine Woche Gesprächsstoff und verbotene Träume.

Anatoly Zwerkow war ein junger, ehrgeiziger Mann und überzeugtes Mitglied der KPdSU. Er wollte seine Planziele erfüllen. Aber nicht nur das, er wollte sie sogar übertreffen. Egal wie. Menschen als Arbeitsmasse gab es dafür genug. Und auch beim Nachschub hatte sich noch nie ein Problem ergeben. Der Leichenabtransport wurde nachts routinemäßig und schnell erledigt. Kaum jemand bekam mit, wie die steifgefrorenen Toten hinter der Offizierslatrine gesammelt und auf die bereitstehenden Lkw geworfen wurden. Die meisten Gefangenen waren mit ihrem eigenen Überleben beschäftigt. Das ging Olaf von Thumeck nicht anders.

Im März 1945 fiel er bei der Verteidigung von Königsberg, schwer verletzt in die Hände der Roten Armee. Dass man ihn nicht sofort erschoss, sondern hierher brachte, hatte er einzig und allein einer russischen Lazaretthelferin zu verdanken, die sich für ihn einsetzte. Er wusste nicht warum sie das tat und er hatte sie seitdem auch nie wieder gesehen. Inzwischen war er sich auch nicht mehr sicher, ob er ihr dafür dankbar sein sollte.

Seine tägliche Arbeit im Lager bestand darin, den Bleiglanz in den kilometerlangen Schächten aus dem Gestein zu sprengen oder mit schweren Pressluf thämmern herauszulösen und auf die Förderwägen zu laden. Neun, manchmal auch zehn Stunden, mussten sie diese Knochenarbeit bei mäßigem Licht und miserablen Luftverhältnissen verrichten. Manche waren inzwischen so geschwächt und psychisch am Ende, dass sie sich am Morgen nach der Schachteinfahrt einfach weigerten weiterzuarbeiten. Auf die ersehnte Hospitalverlegung warteten sie trotzdem meistens vergeblich. Der aufgesetzte Genickschuss nach einmal erfolgter Aufforderung die Arbeit wieder aufzunehmen, war wesentlich wahrscheinlicher. Aber das war inzwischen fast allen egal. In beiden Fällen bedeutete es erst einmal eine Ruhepause von der brutalen Schufterei. Im ersten Fall kam sogar ein deutlich besseres und reichhaltigeres Essen dazu, im zweiten war die Ruhepause länger aber dafür die bessere Verpflegung nicht mehr nötig.

Gerhard Petermann, ein zweiunddreißigjähriger Artilleriefeldwebel aus Hamburg und Musiklehrer im Privatberuf und Olaf von Thumeck, arbeiteten seit drei Wochen Schulter an Schulter auf der Nordseite der Mine. Für sie hatte sich Anatoly Zwerkow etwas Besonderes ausgedacht. Sozusagen als Belohnung für die Bitte um mehr Ruhepausen und eine bessere Verpflegung für alle. Sie rückten nach vorne, ganz nach vorne in die erste Reihe. Aber es gab niemanden hier im Lager, der sie um diesen „Karriereerfolg" beneidet hätte.

Bei einem neuen Stollen an vorderster Front zu arbeiten, bedeutete immer die Bohrlöcher für die Sprengungen anzulegen und den meisten Staub und Dreck zu schlucken. Außerdem musste man mit höchstem Kraftaufwand stundenlang den Schutt nach hinten transportieren, die mobilen Förderwägen mit den größten Brocken beladen und den Fels an den Seiten für eine Verbreiterung der Stollenröhre bearbeiten. In einer Woche sollten sie abgelöst werden. Dann war ein Monat unmenschlichste Sklavenarbeit vorbei. Vorausgesetzt sie würden bis dahin überleben.

Der Tag in „Severnyj" begann stets pünktlich um halbsieben Uhr mit dem Wecken. Dann wusch man sich so gut es ging und wurde zehn Minuten später von bewaffneten Lagermilizen in die Kantine begleitet, wo es ein sogenanntes „Bergwerks-Frühstück“ gab. Es bestand jeden Tag aus einem mit Wasser und Salz angerührten Schälchen Haferbrei und zwei dünnen Scheiben pampigem Schwarzbrot. Dazu gab es einen winzigen Würfel Margarine und etwas graugrünliche Marmelade, die schmeckte und aussah, als wäre sie vorher halbverdaut ausgekotzt worden, bevor sie hier auf die Tische kam. Wurst und Käse von annehmbarer Qualität, gab es nur am Sonntag. Maximal zwanzig Gramm insgesamt. Die restlichen zehn Gramm, die einem eigentlich auch zustanden, unterschlug in der Regel Alexander Kosygin, der Kantinenkalfaktor und damit einer der mächtigsten Männer im Lager. Der Herr über Essen und Trinken oder richtiger ausgedrückt, der Herr über Hunger und Durst.

In „Severnyj“ nannten ihn die Gefangenen nur „Alexander den Großen“, trotz seiner mäßigen einssiebzig. Wer es sich mit ihm verscherzte, und das war bei seinen unverschämten Forderungen normal, gehörte zu der überwiegenden Mehrheit, die an den Sonntagen nur 20 Gramm bekam. Alexander Kosygin konnte einem das Leben hier im Lager angenehmer machen oder schwerer. Je nachdem, ob man sein Angebot annahm, einen Brief an die Verwandten oder Bekannten zu schreiben, dass es einem gut ginge und sie doch bitte etwas Geld zu einer Privatadresse schicken sollten. Natürlich wurden die Briefe, bevor sie den Weg in Richtung Heimat nehmen konnten, von Zwerkow und seinen Vetrauten kontrolliert und bei Bedarf „korrigiert“. Jeder wusste das. Und es war ebenso bekannt, dass sich der Lagerkommandant mit Alexander dem Großen den überwiegenden Teil des eingehenden Geldes teilte.

An den höchsten russischen Feiertagen, an denen nicht gearbeitet werden musste, verirrte sich hin und wieder auch ein trockener Streifen geräucherter Schinken auf die Aluminiumteller und abends gab es manchmal auch ein kleines Stück Kaninchen oder Huhn mit Kohl und matschigen, halbverfaulten Kartoffeln.

Bis 22.00 Uhr durfte an diesen heißersehnten Tagen in der Kantine auch Schach, Karten oder Domino gespielt werden, im Sommer manchmal sogar Fußball gegen die Wachmannschaften auf dem Exerzierplatz. Der Sieger stand zwar von vornherein fest, aber für die fittesten, meist neu angekommenen Gefangenen war es trotzdem eine willkommene Abwechslung im eintönigen Lageralltag. Sogar etwas Musik rieselte leise aber noch vernehmbar aus den verborgenen Lautsprechern unter den Holzdecken der Schlafsäle. Ab und zu waren auch deutsche Volkslieder dabei, ohne Text. Man musste gar nicht genau zuhören, um das mitzubekommen. Es genügte nur ein Blick in die Gesichter der deutschen oder österreichischen Gefangenen. Wenn ihre Blicke zu glitzern begannen oder sich der eine oder andere verstohlen eine Träne aus den Augenwinkeln wischte, war klar, dass es eine Melodie aus der Heimat war, die tief ins Gemüt der Leute drang.

Nach einem langen schweren Arbeitstag und dem „Abendessen", gab es an jedem zweiten Tag in der Woche eine Stunde sozialistischen Politik- und Geschichtsunterricht. Dabei einzuschlafen wurde von einem bewaffneten „Lehrbegleiter" gründlich und vor allem schmerzhaft verhindert. Sein MG-Kolben, der schon so manche Rippe zum Knacken gebracht hatte, war gefürchtet.

Für Außenstehende musste es ein merkwürdiger Anblick sein, dass im Lager fast ausnahmslos kahlköpfige Männer zu sehen waren. Egal ob sie nun jung oder älter waren. Der entscheidende Unterschied war nur, wie lange man hier bereits in den Schächten der Mine wühlte und bohrte. Der tägliche Kontakt mit dem bleihaltigen Staub, der sich bei der schweißtreibenden Arbeit in jeder Pore festsetzte, wirkte sich verheerend auf die gesamte Körperbehaarung, Zähne und Nägel aus.

Die Gefangenen, die erst seit wenigen Wochen hier waren, erkannte man in der Regel schon von Weitem durch ihre noch vorhandene Haarpracht. Aber einige, die sich seit mehreren Jahren hier quälten, hatten sogar ihre Wimpern, Augenbrauen und Zähne verloren. Olaf hätte sich früher nie vorstellen können, wie ein menschliches Antlitz ohne diese markanten Selbstverständlichkeiten aussehen würde. Jetzt musste er am Morgen nur in den Spiegel schauen. Aber auch das Erschrecken vor seinem Spiegelbild gehörte längst der Vergangenheit an. Wie so vieles andere auch.

Wie sich draußen die Welt oder auch nur Russland nach dem Ende des Krieges entwickelte, bekamen die Gefangenen nicht mit. Sie hatten keinen Kontakt zur Außenwelt und im Lagerradio gab es niemals auch nur ein Wort regionaler oder internationaler Nachrichten zu hören. Man wusste mit absoluter Bestimmtheit nicht einmal, dass der Krieg bereits seit über sieben Jahren beendet war. Die Neuankömmlinge wurden zu vollkommenem Schweigen verdonnert. Bei Nichteinhaltung drohte man ihnen mit der sofortigen Exekution. Trotzdem sickerte das eine oder andere durch. Alles konnten selbst die schlimmsten Drohungen und Strafen nicht verhindern. Die mutigsten der „Neuen", die dem Apparatschick voller Hass und Wut entgegengetreten waren, und die deswegen hier im Lager landeten, sprachen in unbeobachteten Augenblicken manchmal von den gewaltigen politischen Geschehnissen die draußen, außerhalb Sibiriens, die Welt veränderten. Aber keiner wusste wirklich, was die Wahrheit war und was Propaganda der kommunistischen Spitzel, die immer wieder in ihre Reihen eingeschleust wurden, um die Stimmung unter den „Politischen" zu überprüfen. Anatoly

Zwerkow und das zuständige Politbüro hielten das für dringend notwendig, schließlich öffneten sich manchmal die Lagertore um einen noch lebenden und geläuterten Gefangenen aus dem Wiedereingliederungslager Severnyj in die „Freiheit" zu entlassen. Hin und wieder schaffte es auch einer dieser neu geschaffenen Sowjetbürger ins Fahrerhaus eines mächtigen Lkw, die den Bleiglanz zur Verhüttung nach Serov brachten. Aber die Hoffnung auf Entlassung oder jemals in einen dieser heißbegehrten Lkw zu kommen, hatten Olaf von Thumeck und die anderen deutschen und österreichischen Gefangenen längst aufgegeben. Sie wussten nichts von den Anstrengungen der neuen westdeutschen Regierung, um sie und andere Kriegsgefangene aus Russland frei zu bekommen. Und so war es kein Wunder, dass der junge preußische Leutnant, Feldwebel Gerhard Petermann, der Karlsruher Obergefreite Kurt Meinhardt und Dietmar Schubert, ein Unteroffizier aus Schlesien, seit gut vier Monaten ihre Flucht planten.

Im Früjahr 1953 wollten sie es riskieren, wenn alles gut ging und sie kein Spitzel schon vorher auffliegen ließ. Dass Dietmar Schubert seinen früheren Beruf als Kunstschlosser noch immer perfekt beherrschte, sollte sich dabei als sehr vorteilhaft erweisen.

Fritz Smolnik, der ehemalige Fischer und Räucherexperte der Familie von Thumeck, konnte das Leben seit fast acht Jahren nur noch mit täglich mindestens zwei Promille ertragen. Genau genommen seit dem Tag, als er mit ansehen musste, wie sein langjähriger Freund und Arbeitgeber Dietrich von Thumeck und seine Frau Anna Ende Oktober 1944 von einer Horde besoffener Rotarmisten an die eigenen Trakehner gebunden und gevierteilt wurden. Er konnte dieses schreckliche Bild in seiner Erinnerung seitdem nur noch mit Wodka und Unmengen von Bier einigermaßen verkraften. Vergessen konnte er es nie. Er saß schon am späten Vormittag sturzbetrunken in der heruntergekommenen Kneipe „Kapris“ in der Altstadt des ehemals ostpreußischen Lyck, das inzwischen in Polen lag und Elk hieß. Zusammen mit Pavel philosophierte er über den Sinn bzw. Unsinn des Lebens. Pavel Pokorny, der Wirt der Kneipe in Elk, war inzwischen sein Seelsorger und zugleich engster Vertrauter geworden. Er wusste, warum Fritz Smolnik seit über sieben Jahren sein bester Kunde war. Und er spendierte ihm großzügig aber stets mit einem tadelnden Wort auf den Lippen, jeden Tag den einen oder anderen hochprozentigen „Seelentröster“ zum Vergessen. Er hörte geduldig zu, wenn ihm der Alte, meist mit einem versonnen Lächeln, von der schönen heilen Welt von früher erzählte. Denn das alte Ostpreußen war 1945 im Sturm des schrecklichsten Krieges, den die Welt bis dahin überlebt hatte, untergegangen. Es existierte nur noch in seinen unvergleichlichen Landschaften, seinen Wäldern und Seen. Und manchmal auch in den Erinnerungen der Überlebenden.

1953 hatten die meisten Städte und Dörfer ihr ursprüngliches Gesicht noch nicht wieder erhalten. Es gab nur noch wenige Deutsche, die hier zwischen Polen, Russen, Litauern und Letten lebten. Das waren vor allem alte, fest verwurzelte Menschen, die sich bis zuletzt geweigert hatten ihre Heimat zu verlassen. Oder solche, die sich zu spät den Trecks in den Westen angeschlossen hatten. Viele wurden trotzdem abgeschoben oder zwangsweise ausgesiedelt. Andere bezahlten ihre Heimattreue mit dem Tod oder Sibirien. Das Land wurde geteilt. In eine Nord- und eine Südhälfte. Der Norden wurde von der Sowjetunion übernommen, der Süden von Polen. Das kulturelle und politische Zentrum Königsberg, wurde von den Russen fast vollständig ausradiert. Was im Krieg die Bombenteppiche überlebt hatte, wurde in den Jahren danach durch Sprengungen und mit der Abrissbirne platt gemacht.

Der kleine Rest der ostpreußischen Bevölkerung wurde enteignet, viele von den Behörden auch systematisch schikaniert und zum Ausreisen gedrängt. Und so gab es 1953 nur noch wenige, mit denen sich Fritz Smolnik auch als Mensch auf Deutsch unterhalten konnte. Pavel Pokorny, der polnische Wirt mit dem Herzen auf dem richtigen Fleck, war einer dieser wenigen, die auch in der neuen Welt nicht vergessen hatten, an welchem Ort alle Kriege beginnen und wo sie meistens enden.

Der „Alte Fritz" stieg nach einem wirklich letzten Kurzen trotz seiner unübersehbaren Schlagseite, wie jeden Tag auf sein altertümliches Fahrrad, das er hinter der Kneipe abgestellt hatte. In Schlangenlinien steuerte er die Landstraße nach Schwentainen an, wo er seit Kriegsende ein kleines Zimmer bei einem ukrainischen Bauern bewohnte, der ebenfalls vertrieben, hier eine neue Heimat gefunden hatte.

Die neuen polnischen Ortsnamen benutzte Fritz Smolnik nie, schon aus Prinzip nicht, obwohl er die Sprache inzwischen leidlich beherrschte.

Es waren immerhin an die zwanzig Kilometer zu fahren und ein böiger Gegenwind und die ständigen Steigungen taten ihr übriges. Entkräftet fuhr er schon nach der Hälfte der Strecke zu einem Heuschober, den er nicht weit von der Straße auf einem Feld entdeckte. Es war erst Mitte März und in den schattigen Winkeln der Häuser kauerten noch immer Schneereste, Nässe und Kälte. Aber momentan verspürte Fritz Smolnik nur eine große bleierne Müdigkeit. Er sehnte sich nach Schlaf und Ruhe.

In den Ecken der zugigen Holzhütte lagen noch ein paar Heureste. Sie waren feucht und faulten teilweise schon. Aber das war dem „Alten Fritz" in seinem Zustand ziemlich egal. Er schob alles so gut er konnte zusammen und ließ sich todmüde auf dem trügerischen Lager nieder. Schon nach wenigen Minuten schlief er ein. Doch er wurde trotz seines beachtlichen Rausches erneut von diesen unerträglichen Alpträumen heimgesucht. So, als ob es erst gestern gewesen wäre, sah er wieder die fünfzehn, zwanzig, russischen Soldaten gröhlend auf den Gutshof torkeln und wild um sich schießen. Plötzlich richten sie ihre MG's auf den bellenden Moritz, den schwarzweißen Setter der Familie. Hunderte von Kugeln pfeifen über den Hof, der Körper des treuen Tieres zuckt unter dem Lachen der enthemmten Mordbande auf. Jaulend schleppt sich der schwer verletzte Hund in den Stall. Erst als ein paar Magazine leergeschossen sind, hört die blindwütige Schießerei auf und die Soldaten widmen sich dem Wohntrakt.

Dietrich von Thumeck öffnet die Tür und tritt ihnen mit Anna neben sich entgegen. Smolnik liegt gegenüber unter einem Strohhaufen auf der Tenne und sieht von seinem Versteck alles. Der Graf hält eine weiße Fahne in der Hand.

Eine kurze Salve blitzt auf und die Fahne fällt durchlöchert vor seine Füße. Wieder ertönt ein grölendes Lachen aus zahlreichen Kehlen. Ein großer, schwarzhaariger Kerl löst sich aus der Meute und geht auf die beiden zu. Kurz vor ihnen bleibt er stehen, packt Anna am Arm und will sie mitzerren. Sie wehrt sich, aber der junge Soldat ist stärker. Plötzlich stellt sich Dietrich von Thumeck neben ihn und schlägt ansatzlos zu. Der Mann sackt nach vorne und bleibt bewusstlos auf dem Bauch liegen.

Es entsteht ein sekundenlanges, tödliches Schweigen. Dann stürmen mehrere Soldaten nach vorne, packen den Grafen und Anna an den Armen und zerren sie in die Mitte des Hofes. Vier andere kommen gleich darauf mit acht Trakehnern aus dem Stall, die sie ebenfalls auf den

Hof führen. Ein paar Worte fliegen in russischer Sprache hin und her, dann werden Anna und Dietrich auf den Boden geworfen und von fünf Männern niedergehalten. Noch immer weiß Smolnik nicht, was die Russen vorhaben. Als die beiden mit Armen und Beinen an jeweils vier Pferde gefesselt werden, ahnt er etwas. Aber er verwirft diesen schrecklichen Gedanken sofort wieder. Nein, das kann, das darf es nicht geben. Niemals wären Menschen im zwanzigsten Jahrhundert zu solch einer Barbarei fähig. Niemals. Erst als die Pferde mit Schüssen und Schlägen angetrieben losgaloppieren und die Körper der geliebten Menschen zerrissen werden, verabschiedet sich seine Naivität für immer und ewig.

Aber allmählich wurden die Bilder in seinen Träumen schwächer und blasser und verloren ihr Grauen. Ja, sie begannen sich sogar ganz, ganz langsam in einem immer heller und strahlender werdenden Licht zu verlieren. Und dann gab es nur noch Stille und ein unendliches Glücksgefühl.

Am nächsten Tag fanden ein paar spielende Kinder den alten Mann lächelnd auf einem dünnen Strohteppich in der Holzhütte liegen. Fritz Smolnik hatte am 19. März 1953 seinen langersehnten, endgültigen Frieden gefunden.

Der englische Pilot Henry Milton, verbrachte seit seiner Rückkehr nach England im Herbst 1944, zunächst zwei Jahre in einem Militärgefängnis in der Nähe von London.

Colonel John Terry hatte dafür gesorgt, dass man ihn wegen Desertion und dem Verrat militärischer Geheimnisse vor ein Kriegsgericht stellte. Am 30. April 1945, wenige Tage vor dem Ende des 2. Weltkriegs, verurteilte man ihn in der Berufungsverhandlung zu zwei Jahren Haft und anschließender unehrenhafter Entlassung aus der Armee.

Danach verdiente er sich seinen Unterhalt als Vertreter für eine große internationale Versicherungsgesellschaft. Gerne übte er diesen „Klinkenputzerjob“, wie er ihn selber nannte, nicht aus. Aber er hatte keine andere Wahl. Mehrere Boulevardblätter und sogar die „Times“ berichteten von dem skandalösen Fall des hochdekorierten Captain der Royal Air Force.

Henry Milton, der „feige Freund der Deutschen“, war nach dieser öffentlich geführten Schlammschlacht der meistgehasste Mann in Yorkshire, seiner heimatlichen Grafschaft. Vergessen und in den Zeitungen nie mehr erwähnt, war sein „heldenhafter“ Einsatz über dem Ruhrgebiet, wo er von der deutschen Luftabwehr nach der Zerstörung kriegswichtiger Produktionsstätten abgeschossen wurde und mit Mühe entkommen konnte. Vergessen, die fast vierzig Kampfeinsätze über London oder Hamburg gegen die weiterentwickelten Messerschmitt-Jäger BF 109, die ihnen an Schnelligkeit und Bewaffnung überlegen waren. Das einzige was blieb, war dieser blinde Hass, der nicht mehr differenzierte, der nicht danach fragte, warum er 1944 in Ostpreußen so und nicht anders handelte. Sogar die meisten seiner ehemaligen Freunde und Bekannten hatten sich von ihm abgewendet, wollten nichts mehr mit ihm zu tun haben. Auch von ihnen war keiner zu einem klärenden Gespräch bereit. Aber die größte Enttäuschung war das Verhalten seiner „besten Freunde“ Steven Cohen und Mark Barington. Mit den beiden wuchs er auf, sie gingen in dieselbe Schule, ruderten in Cambridge im selben Boot und feuerten im Old Trafford Manchester United an. Fast sein ganzes Leben waren sie zusammen. Und jetzt, in dieser schlimmsten Zeit die er bisher durchmachen musste, gaben sie ihm keine Chance. Die durch die Presse vollzogene „Hinrichtung“ wirkte wie ein weithin sichtbares Brandmal, wie eine ansteckende Krankheit.

Die Anfeindungen in York gingen so weit, dass er in den Pubs, in denen er vor dem Krieg immer ein gerngesehener Gast war, verprügelt oder rausgeschmissen wurde. Irgendwann im Sommer 1947 war es einfach genug und er entschloss sich schweren Herzens, in die anonymere Hauptstadt zu ziehen. Dort hoffte er eine Arbeit zu finden, von der er einigermaßen leben konnte. Aber auch in London war es nicht einfach, den Makel des vorverurteilten „Nazifreundes" abzustreifen.

Und so arbeitete Henry Milton trotz eines hervorragenden Cambridge-Abschlusses, als kleiner Versicherungsvertreter bei „Lloyds". Und das ohne festes Gehalt, sondern ausschließlich auf Erfolgsbasis. Außerdem legte ihm sein neuer Arbeitgeber vor der Vertragsunterzeichnung dringend ans Herz, sein Äußeres durch einen Bart oder dem Wechsel der Haarfarbe so zu verändern, dass er in Londons feiner Gesellschaft nicht sofort als der „Verräter" Henry Milton zu erkennen war. Sein so gut wie nie verwendeter zweiter Vorname, William, wurde aus der „Mottenkiste" gezaubert und zierte fortan seine Visitenkarte.

Über drei Jahre dauerte dieser unwürdige Lebensabschnitt, bevor es das Schicksal wieder etwas besser mit Henry Milton meinte. Mit seinem einzig verbliebenen Freund Frank Whitaker und seiner Sandkastenliebe Ellen Forsyt, gründete er ein Immobilienbüro in dem kleinen, malerischen Ort Thirsk, zwanzig Meilen nordwestlich von York. Nach anfänglichen Schwierigkeiten, lief das Geschäft ganz zufriedenstellend. Das bedeutete, dass am Ende des Monats meistens etwas für den Unterhalt des Rosebowl-Manorhouse, den alten Landsitz seiner Familie, und für ihn und seine Mutter zum „Leben" übrig blieb. Das war 1953, nach dem was er hier jahrelang erleben musste, nicht selbstverständlich. Aber die Zeit vor dem positiven Umschwung in seinem Leben hatte auch Spuren hinterlassen. Henry Milton war seit zwei Jahren alkoholabhängig. Das wusste und sah nicht jeder, denn er hatte seine Sucht während der Arbeitszeit einigermaßen im Griff. Und ein Mintbonbon half ihm hin und wieder auch über die wenigen „Aussetzer", die er sich während der Bürostunden oder dem Außendienst leistete.

Nur seine Mutter und Ellen Forsyt wussten, dass er sich vor allem Abends und an den Wochenenden fast bis zur Bewusstlosigkeit voll laufen ließ. Und nur sie ahnten, warum er das tat. Trotzdem hoffte Ellen nach Henrys Rückkehr darauf, dass ihre Zuneigung irgendwann von ihm erwidert wird.

Aber seine Gedanken kreisten auch nach acht Jahren immer wieder nur um ein fernes, weit entrücktes Gesicht, das er einfach nicht mehr aus seinem Gedächtnis, aber vor allem nicht mehr aus seinem Herzen streichen konnte. Nadja. Nadja Jablonski.

Erst als er in England im Gefängnis saß, wurde ihm bewusst, wie viel ihm diese junge, wunderschöne Polin bedeutete. Obwohl er wusste, dass Olaf von Thumeck mit ihr verlobt war, drehten sich seine Sehnsüchte nur noch um sie. Jahrelang konnte er die Gedanken an sie im Whisky ertränken oder in seinem stressigen Alltag verdrängen, aber sie kamen immer wieder zurück, immer heftiger, immer fantasiebeladener. Vielleicht war der junge Thumeck längst tot, gefallen in Russland oder vor Königsberg, wohin er nach seinem Genesungsurlaub musste? Vielleicht war ihre Familie in Polen ums Leben gekommen, in diesem wahnsinnigen, unmenschlichen Krieg, der auch viele Menschen verschlang, die nicht an ihm teilgenommen hatten? Und sie lebte schutz- und mittellos in irgendeiner kleinen, schmutzigen Absteige.

Schon seit Monaten quälte er sich mit diesen Fragen, die aber auch Hoffnungen in ihm schürten, die er nicht mehr bewusst steuern konnte, und die ihn nicht mehr ruhig schlafen ließen. Sie führten schließlich dazu, dass er damit begann, ernsthafte Pläne zu schmieden, um nach Polen zu reisen. Er wollte Gewissheit haben, Nadja und die Thumecks finden, noch einmal im Haschner See baden und vielleicht im Schloss übernachten.

Seine Mutter erklärte ihn kurzerhand für verrückt. Sie war strikt gegen diese, ihrer Meinung nach vollkommen unrealistischen und gefährlichen Pläne ihres Sohnes.

Aber er ließ sich nicht mehr davon abhalten, obwohl er wusste, wie schwer es in dieser Zeit war, als Westeuropäer eine Einreisegenehmigung nach Polen zu erhalten.

Und noch etwas beunruhigte Laura Milton. Ihr Sohn hatte vor, gegen einen Teil des damaligen Urteils des Militärgerichts vorzugehen. Seit er in Thirsk einen Immobilienkunden kennengelernt hatte, der Rechtsanwalt war, und der ihm anbot ihn in dieser Sache kostenneutral zu beraten und wenn nötig vor Gericht zu vertreten, war er nicht mehr davon abzubringen, sich noch einmal gegen das Unrecht, das ihm angetan wurde, zu stemmen. Die Grundlage dafür wurde aber schon drei Jahre zuvor geschaffen, als er von der Rentenbehörde den Bescheid bekam, dass wegen des Urteils von 1945 seine gesamte Militärzeit während des 2. Weltkriegs nicht angerechnet werden kann.

Laura Milton verstand die Erregung ihres Sohnes, trotzdem war sie dafür, die Sache nach fast acht Jahren endgültig auf sich beruhen zu lassen. Aber Henry ließ sich auch in dieser Angelegenheit nicht beirren. Er ging seinen Weg, und der sorgte wie immer dafür, dass es nie langweilig wurde.

Als er mit seiner Mutter an einem lauen Herbstabend auf der Terrasse saß und mit ihr über seine Zukunft sprach, verstand sie plötzlich, wie sehr ihn sein unerfüllter Traum nach dieser jungen Polin quälte und nach Ostpreußen zurückzog. Er war angetrunken und vielleicht deshalb offener als sonst. Und ihr war klar wie nie zuvor, dass er nur dann ein neues Leben beginnen konnte, wenn das alte abgeschlossen war. Endgültig ... und für immer. Seit diesem Tag sprachen sie nie mehr ein Wort über dieses Thema.

Denn es war alles gesagt, beantwortet und verstanden.

Es dauerte Monate, als Henry Milton endlich grünes Licht von den polnischen Behörden bekam. Ellen Forsyts Hoffnungen gingen damit zu Ende. Sie waren am Tag seiner Abreise „nur" noch gute Freunde und Kollegen.

Erika Buchwald starrte minutenlang auf den glatten Wasserspiegel des Haschner Sees, ganz so, als hätte sie dort endlich etwas gefunden, nach dem sie schon lange gesucht hatte. Fast zögerlich lösten sich ihre Blicke vom See und wanderten hinüber zu den Dächern nach Borken. Hinter ihr war der Lärm der nach Hause eilenden Kinder noch nicht verebbt.

Sie stand im zweiten Stock der Bierut-Schule am Fenster, die vor acht Jahren noch das Thumeck-Gut war. Heute war sie die Putzfrau und „rechte Hand" des polnischen Hausmeisters Karol Kaschinsky und verfügte damit über ein kleines aber regelmäßiges Einkommen. Das war wesentlich mehr, als es die meisten Deutschen, die nach dem Krieg hier geblieben waren, bekamen. Aber sie wurde in einer Woche dreiundfünfzig und die schwere Arbeit setzte dem kaputten Rücken der zierlichen Frau immer mehr zu. Sie hatte Angst vor dem Tag, an dem sie sich nicht mehr selbst versorgen konnte. Es gab weit und breit keine Bekannten oder Verwandten mehr, die sich um sie kümmern konnten und ihre Notgroschen waren schon lange aufgebraucht. Von den polnischen Behörden erwartete sie nichts. Obwohl ....

Sie dachte an die schrecklichen Tage zurück, an denen

sie im Januar 1945 kurz vor der polnischen Grenze kehrt machte und auf Umwegen hierher zurückkam. Fast der ganze Landstrich war von der Roten Armee und polnischen Widerstandskämpfern eingenommen worden. Und trotzdem hatte man sie auf der menschenleeren Landstraße, kurz vor Johannisburg, vollkommen entkräftet aufgelesen und nicht erschossen oder vergewaltigt, sondern übergab sie der russischen Militärführung. War das alleine nicht schon wie ein kleines Wunder?

Aber welche Schicksalsschläge mutete ihr das Leben zu, bis sie in der Lage war, dieses kleine Glück hier auch als solches zu empfinden? Und das, nachdem sie die Wahrheit über das grauenvolle Ende von Dietrich und Anna von Thumeck hier auf dem Hof des Gutes von Fritz Smolnik erfahren hatte.

Ebenso wie der im September 1944 mit ihnen in Sicherheit gebrachte Stallmeister Holger Garbrecht, mussten sie schon vier Monate nach ihrer Ankunft in Seeburg die kleine Stadt wieder verlassen. Der unaufhaltsame Vormarsch der Roten Armee zwang sie weiter Richtung Süden. Ein Gespann von zwei klapperdürren, schon reichlich betagten Pferden, die sie aus dem offenen Stall eines aufgegebenen Bauernhofs führten, zog sie brav aber unendlich langsam bis kurz vor Malga. Schier endlos schien der Flüchtlingstreck, der sich durch den Schneematsch und aufgewühlten Dreck der kleinen Straße zur polnischen Grenze wand. Manche Frauen schoben einen Kinderwagen über den knöcheltiefen Boden, auf dem Rücken einen vollgestopften Rucksack und um den Bauch eine Schnur gebunden, an der ein Leiterwagen mit ihren Habseligkeiten hing. Andere hatten alles was ihnen wichtig erschien, turmhoch auf einen Fuhrwagen gestapelt und sich, weil sie kein Pferd besaßen, zu zweit oder dritt selbst vor die Deichsel gespannt. Angst, Erschöpfung und die klirrende Kälte ließen den kilometerlangen Wurm aus Menschen, Pferden und Wagen, fast schweigend durch die weiß verschneite Landschaft kriechen. Es ging vorbei an verlassenen Bauernhöfen, durch menschenleere, schwer zerstörte Dörfer und Weiler und immer wieder wehte der Wind einen Hauch von Verwesung und Tod über die offenen Felder und Wiesen.

Plötzlich kamen wie aus dem Nichts, fünf Jagdbomber hinter dem Hartigswalder Forst hervorgestochen. Gegen die tiefstehende Sonne waren sie nur schwer zu erkennen. Als sie hintereinander gereiht zur Straße schwenkten, floh alles in wildem Durcheinander und lautem Geschrei in die Gräben, unter die Sträucher, Bäume oder unter die Wagen und warf sich flach auf den Boden. Die Maschinengewehrsalven ratterten auf Mensch und Tier herunter und mähten alles nieder, was sich nicht rechtzeitig in Sicherheit bringen konnte. Nach ein paar hundert Metern drehten sie um und flogen von der anderen Seite den nächsten Angriff. Diesmal überzogen sie die kleine Straße und die Gräben und Seitenstreifen mit Streubomben und Granaten. Nach zwei Minuten war alles vorbei. Die Flugzeuge verschwanden ebenso schnell, wie sie gekommen waren. Aber sie hinterließen eine unvorstellbare Szenerie. Riesige Blutlachen, Tote, Verwundete und Leichenteile übersäten die Straße, zahllose Frauen, alte Männer und Kinder lagen ohne Arme, Beine oder vollkommen zerfetzt in den Gräben und zwischen den Trümmern ihrer Wagen. Aus aufgerissenen Pferdebäuchen quollen zuckende Därme und andere Organe, die Augäpfel im Schmerz und Todeskampf verdreht, bis nur noch das Weiße die Augenhöhlen füllte. Die gurgelnden, abgehackten Laute der Schwerverletzten, das unaufhörliche Wimmern derer, die mit dem Schrecken davonkamen, und Kinder die voller Angst und Verzweiflung nach ihren Müttern schrien; das alles gellte wie eine schreckliche Sinfonie des Grauens über die Straße und die Felder und die schwächliche Januarsonne schien dazu, als würde sie das alles nicht berühren. Zwischen all dem Schreien, Sterben und Weinen lief alles durcheinander, jeder suchte nach den Seinen oder nach dem was von ihnen und seinem Hab und Gut noch übriggeblieben war. Auch die Buchwalds und Holger Garbrecht hatten sich in dem allgemeinen Chaos vor dem Fliegerangriff aus den Augen verloren. Erika Buchwald hatte nur ein paar Schrammen an der Hüfte abbekommen. Sie kramte ein Hemd ihres Mannes aus dem Rucksack, riss es in Streifen und goss hochprozentigen Doppelkorn darüber, bevor sie sich notdürftig damit verband.

Von ihrem Mann und Holger Garbrecht war auch nach einer Stunde Suche nichts zu entdecken. Erst als sie etwas abseits der Straße unter einem Gebüsch einen Fuß herausragen sah, war sie sicher, dass sie gefunden hatte nach was sie suchte. Sie kannte den Schuh und die grobgestrickten Strümpfe, die unter der zerfetzten Hose vorschauten. Sie hatte erst vor drei Wochen in Seeburg solche Schuhe und Strümpfe gegen ein Lebensmittelpaket bei einem Flüchtling eingetauscht. Die Schuhe waren fast neu und hatten eine Sohle aus dickem grauschwarzem Hartgummi. Voll schrecklicher Vorahnungen versuchte sie den Körper des Toten unter den verschneiten Zweigen des Strauchs hervorzuziehen. Sie wusste, wie schwer ihr Mann war und umklammerte mit beiden Händen den Fuß, bevor sie sich mit einem kräftigen Ruck weit nach hinten kippen ließ. Aber sie fiel, fast ohne ein Gegengewicht zu verspüren, auf den Rücken. Sie hielt nur ein abgetrenntes Bein in den Händen. Mit einem Aufschrei ließ sie es fallen und starrte mit weit aufgerissenen Augen auf den blutigen Torso. Mühsam rappelte sie sich hoch und bog mit zitternden Händen die Zweige des Strauchs auseinander. Erst jetzt wurde es zur endgültigen Gewissheit. Vor ihr lag regungslos, von getrockneten Blutkrusten überzogen, der Rest ihres Mannes. Auf seinen erstarrten Gesichtszügen lag ein ungläubiges Erstaunen, so, als wäre er überrascht darüber, gerade in diesem Augenblick sterben zu müssen. Nur wenige Meter daneben lag Holger Garbrecht. Rein äußerlich waren bei dem großen, muskulösen Mann keine Verletzungen zu erkennen. Aber Erika Buchwald wusste inzwischen, dass bei Bombenexplosionen durch die Druckwelle manchmal auch „nur" die Lunge zerplatzte. Sie war wie gelähmt. Panik, Angst und Verzweiflung schwemmten jede Hoffnung in einer einzigen großen Flut von Tränen fort. Regungslos blieb sie vor den Leichen sitzen, als der Treck seinen Weg wieder aufnahm. Warum sollte sie jetzt noch fliehen? Wofür? Ihr Mann war tot. Die Zukunft, der Glaube an einen Neubeginn, alles vorbei, alles gestorben. Die zwei klapperdürren Braunen standen zitternd, doch wie durch ein Wunder vollkommen unverletzt auf der inzwischen menschenleeren Straße vor dem schwerbeladenen Wagen und warteten auf sie. Es war fast vollkommen still. Nur das leise Röcheln zurückgelassener Sterbender war zu hören. Es vermischte sich mit dem Rauschen des Windes, der mit den Wolken über die Felder und Bäume strich, und dem fernen Kanonendonner, den das Ohr als normal empfundenes Geräusch fast schon aus dem Bewusstsein filterte.

Sie zerrte und schob die Leichen ihres Mannes und die von Holger Garbrecht in den Bombenkrater zwischen ihnen und begann wie mechanisch das Loch mit einer dünnen Schicht gefrorener Erde, Ästen, Kleiderfetzen und Laub zuzuschaufeln. Dann hob sie einige große Steine und herausgesprengte Teerbrocken von der Straße auf und legte sie auf das Grab. Als sie damit fertig war, blieb sie ein paar Minuten davor stehen. Die Augen waren geschlossen und ihre bleichen Lippen bewegten sich bebend zu einem stummen Gebet. Nach dem letzten Wort riss sie sich mit einem Ruck das winzige Medaillon mit dem Bildnis ihres Mannes vom Hals und warf es zusammen mit dem Goldkettchen an dem es hing, auf die groben Brocken des Grabhügels. Es glitt augenblicklich zwischen die Ritzen und Spalten und suchte sich einen Weg hinab zu den Toten. Aber kein Kreuz, kein Name gab Auskunft über die Männer, die hier direkt neben der Straße nach Malga beerdigt wurden.

Die Pferde wurden langsam unruhig. Sie löste das Geschirr, nahm sie an den Zügeln und ging wie in Trance mit ihnen zurück. Nach Hause zum Haschner See, zum Gut. Zurück zu Dietrich und Anna von Thumeck, zu ihrem Leben aus der Vergangenheit.

Denn die war das Einzige was ihr noch geblieben war. Den Wagen mit ihrem gesamten Besitz ließ sie einfach auf der Straße stehen. Er hatte jegliche Bedeutung für sie verloren.

Das kleine unscheinbare Haus sah aus, als wäre es aus Versehen am licht bebauten Ortsrand mit seinen kleinen Gärten und Wiesen verloren gegangen. Es war das mit viel Liebe und Fleiß wiederaufgebaute Haus von Maria und Stanislaw Gomolka. Den beiden freundlichen Alten, die Nadja nach ihrer Rückkehr ins zerstörte Karkliny, in die verlassene „Matejko-Villa" aufgenommen hatten. Auch jetzt, Jahre nach dem Ende des Kriegs, waren die tiefen Narben von Hass und Zerstörung im Heimatdorf Nadjas noch nicht vollkommen verheilt. Die Wunden in den Köpfen der Einwohner, waren dabei das größere Problem als die Ruinen und Abbruchhalden, die man teilweise noch zwischen den wiederaufgebauten und neuen Häusern sah.

Die Geschwister waren schon vor zwei beziehungsweise. drei Jahren gestorben. Maria erlag in Suwalki im Kreiskrankenhaus einem unheilbaren Krebsleiden, das sie seit eineinhalb Jahren ans Bett fesselte, und ihr Bruder starb nur ein Jahr später bei einem tragischen Verkehrsunfall. Er verlor mit seinem Fahrrad, an dessen Lenker ein schweres Einkaufsnetz hing, das Gleichgewicht. Ein nachfolgender Lastwagen konnte nicht mehr bremsen oder ausweichen und überrollte ihn.

Ihr bescheidenes Haus, ein paar guterhaltene Möbelstücke, zwei alt aussehende Ölgemälde von einem unbekannten tschechischen Maler und vierzehntausendfünfhundert mühsam zusammengesparte Zloty vermachten sie den Jablonskis. Kinder oder nähere Verwandte hatten die beiden nicht. Nicht mehr.

Es war nicht viel, aber für die beiden bescheiden lebenden Alten war es ein kleines Vermögen mit dem sie ihre Sympathie, ja uneingeschränkte Zuneigung zu Nadja zum Ausdruck brachten.

Oft saß die junge Polin in dieser Zeit im Garten neben ihrem graugewordenen Vater auf einer Bank und beobachtete Elena, die im Schatten der Apfelbäume mit ihrer Katze spielte. Es war einer jener wenigen Momente der sie spontan aufheiterte, der aber zugleich ihr Herz schwer werden ließ. Denn der Vater des siebenjährigen Mädchens galt in Russland noch immer als verschollen. Sie konnte ihn nicht vergessen, obwohl alle im Dorf sagten, dass er schon lange tot wäre.

Neben dem Kind mit den blonden Locken und den schwarzen Augen, spielte ein junger, bescheidener Mann, dem sie in der Dorfkirche vor zwei Jahren ihr Jawort gegeben hatte, die Hauptrolle in ihrem neuen Leben. Sie mochte Jan Kasperczak, er war gut zu ihr und dem Kind. Aber sie liebte ihn nicht. Er wusste das, aber es war ihm egal. Zumindest redete er sich und seinen Freunden das ständig ein, wenn sie ihn in der Kneipe auf den Arm nahmen. „Sie ist viel zu schön für dich, Jan. Such dir lieber eine andere, die genauso langweilig aussieht wie du," sagten sie mit ihrem derben Humor.

In letzter Zeit ging er öfter aus dem Haus, um seine angebliche „Gleichgültigkeit" zu vergessen. Sie wusste, bei wem er sich Trost suchte, sagte aber nichts dazu.

Er hatte Nadja schon seit Jahren umworben und hielt genau in einem jener Stimmungstäler um ihre Hand an, in denen sie selbst nicht mehr an eine Rückkehr Olafs glaubte.

Jan war ein sehr stiller, in sich gekehrter Mann, der nicht viel Aufhebens von sich und seinen Bedürfnissen machte. Er hatte eine gute Stellung bei einer Kolchose in Suwalki und den Ruf, eines begnadeten Mechanikers, der „goldene Hände" zu haben schien.

Es gab keine Maschinen und Motoren, die er nicht wieder zum Laufen brachte. Egal ob es Traktoren, Mähdrescher, Autos, Motorräder oder in der Industrie verwendete Turbinen waren.

Finanziell ging es ihnen nicht schlecht. Das Geld, das er heimbrachte, die Halbtagsstelle Nadjas im Gemeindebüro, das kleine Feld vor dem Haus auf dem sie Gemüse, Salat, Kohl und Kartoffeln anbauten, ein paar Hühner und die zwei stattlichen Milchkühe, die im Stall von Jans Eltern standen, genügten, um täglich satt zu werden. Ab und zu konnten sie sich sogar einen kleinen Luxus leisten. Einen Kinobesuch, ein schickes Kleid oder einen Ausflug ins Grüne, den sie mit dem seltsamen Fahrzeug Jans unternahmen, das er aus Teilen verschiedener Autos zusammengebaut hatte.

Und Nadjas Vater verdiente sich seinen Tabak und Wodka selbst, mit Weidenkörben und Besen, die er mit Geschick herstellte, im Dorf verkaufte und damit seine schmale Invalidenrente aufbesserte. Die Mutter und die beiden Brüder kamen auf dem Rückweg nach Karkliny, kurz vor dem Ende des Krieges ums Leben. Eine Mine auf der Landstraße, gleich hinter Sejny, wohin sie 1944 vor der deutschen Wehrmacht geflohen waren, zerriss alle Hoffnungen auf ein Wiedersehen mit dem verwundeten Vater und ihr. Aber sie beklagte sich nicht. Nur ihre Gefühle hatte sie nicht immer unter Kontrolle. Manchmal löste sie sich ganz unbewusst von ihrem Alltag und ihrem bescheidenen Leben und ihre Gedanken flohen in eine ganz andere Zeit. Es gab Tage, wo sie neben Elena und Jan saß, ohne die Zwei wirklich zu sehen. Ihr Vater kannte diese Tage, er wusste Bescheid. Aber akzeptieren konnte er das Verhalten seiner Tochter nie. Wann würde sie endlich wieder in der Gegenwart ankommen und sich ihrer neuen Familie widmen? Die Kleine und Jan hatten es wirklich verdient. Mehr als das. Aber gegen Gefühle konnte man nicht kämpfen wie gegen einen Rivalen aus Fleisch und Blut. Gegen Gefühle gab es nur ein wirksames Mittel: Die Zeit und das Vergessen.

„Tote sollte man ruhen lassen. Du lebst jetzt, nicht in der Vergangenheit“, beschwor sie ihr Vater immer wieder. „Jan und Elena brauchen dich.“

Sie sagte nie etwas dazu. Was sollte sie auch entgegnen? Aber ohne dass sie es verhindern konnte, traten ihr danach die Tränen in die Augen und die knochige Hand des Vaters strich ihr tröstend über den Kopf.

Solange sie nicht mit Sicherheit wusste, dass er tot war, glaubte sie daran, dass er zurückkäme. Und solange würde er für sie am Leben bleiben, egal was andere sagten und dachten. Ausgesprochen hatte sie diesen Gedanken nie. Das war auch nicht notwendig. Alle im Haus wussten, dass es so war.

Aber was wäre, wenn Olaf wirklich eines Tages vor ihrer Tür stehen würde? Was sollte dann aus Jan und Elena werden? Konnte sie nach dem, was in den letzten Jahren geschehen war, alles hinter sich lassen und mit Olaf ein neues Leben beginnen?

Sie wusste es nicht. Aber die aufkommenden Zweifel bewiesen, dass sie mit einem Bein bereits in der Gegenwart angekommen war. Noch vor sieben, acht Monaten hätte sie keine Sekunde mit einer Antwort gezögert.

Es wird kommen, wie es kommen muss. Kein Mensch kann sich gegen das ihm vorbestimmte Schicksal wehren. Sie empfand es fast als tröstend, dass sie inzwischen in der Lage war, so zu denken.

Das Gesicht ihres Vaters zersprang in zahlreiche kleine Falten und dehnte sich zu einem versteckten Lächeln, als er seine Tochter von der Seite her ansah. Die Gegenwart war manchmal doch noch in ihren Augen angekommen. Ihr Blick verlor sich nicht mehr so oft in weit zurückreichende Träume, sondern er richtete sich auf Jan und Elena, die noch immer im Garten mit der Katze spielten.

Es war gleich Mittag und die Golabki (Kohlrouladen) von Jans Mutter dufteten verführerisch bis zu ihnen hinaus. Als ihre energische Stimme ertönte: „Kommt rein! Das Essen ist fertig!“, schien ihre kleine Welt zumindest für einen kurzen Moment wieder ins Gleichgewicht zu kommen.

Die Hoffnungen von Myskina, jemals wieder lebend dem eisernen Griff des Krieges zu entkommen, sanken gegen null, als der verdreckte russische Militärwagen im Oktober 1944 mit ihr und zwei Soldaten, die zu ihrer Bewachung abgestellt wurden, aus der Kaserne fuhr.

Lazaretthelferinnen an der Front hatten erfahrungsgemäß eine sehr begrenzte Lebenserwartung. Und sie fuhren, so schien es ihr wenigstens, mitten hinein in die Hölle. Ihr wurde schon auf der Fahrt zu ihrem Einsatzort schlecht bei dem Gedanken, bei Amputationen und mehr oder weniger verstümmelten Körpern Hilfe leisten zu müssen. Aber ihre schrecklichsten Vorstellungen wurden noch übertroffen.

Nach nur vier Tagen „Einarbeit" an der Seite eines abgebrühten Stabsarztes, musste sie selbstständig zur Knochensäge greifen, abgetrennte Körperteile entsorgen und darüber entscheiden, wen sie sterben lassen soll und bei wem es sich noch lohnte den litauischen Arzt zu einer OP zu überreden.

Es gab Tage, an denen sie darum betete, im Granatfeuer der Deutschen von diesem Martyrium erlöst zu werden. Aber jener längst vergessene Gott im Himmel, an den sie schon lange nicht mehr glauben konnte, hatte anscheinend etwas anderes mit ihr vor. Sie überlebte dieses Inferno gegen ihren Willen, ja sie gewann nach einigen Wochen sogar das Vertrauen dieses merkwürdigen, nie ermüdenden Arztes Milan Dovydenas, der Gliedmaßen so unaufgeregt amputierte oder annähte, als würde es sich nur um die Arme und Beine von Plüschtieren handeln.

Eigentlich war Milan rein äußerlich überhaupt nicht der Typ, in den sie sich verlieben konnte. Glaubte sie. Er war hellblond, relativ klein und gedrungen. Aber in diesen Wochen und Monaten, die sie an seiner Seite versuchte, das unvorstellbare Leid der Verwundeten und Sterbenden zu lindern, kamen sie sich so nah, wie es in normalen Zeiten wohl nie möglich gewesen wäre. Sie erkannte schnell, dass es im Ernstfall nicht darauf ankam, ob ein Mann groß, klein, dunkelhaarig, schlank oder dicklich und blond war. Sondern nur darum, ob er bedingungslos ehrlich war, welchen Charakter und Mut er hatte und welche Entscheidungen er traf. Die Zuneigung zu Milan Dovydenas geschah gegen ihren Willen, es passierte einfach. Ihr blutiger Alltag scherte sich nicht im Geringsten um ihre gut gehüteten Vorurteile. Es begann reichlich unromantisch und wuchs wie selbstverständlich aus dem täglichen Neben- und Miteinander, zwischen Mullbinden, Krankenbetten und dem Geruch nach Blut und Äther. Als sie sich nach tagelangem vergeblichem Kampf gegen den Tod eines jungen Infanteristen, niedergeschlagen und erschöpft über die Leiche beugten, küsste sie Milan wie zum Trost auf die blutverschmierte Stirn. Er richtete sich auf und sah sie in einer Weise an, bei der sie sofort wusste, was er für sie empfand.

Mit müden schleppenden Schritten verließ er das große Zelt. Sie ging hinter ihm hinaus. Zigarettenpause, dachte sie und wunderte sich darüber, dass es schon dunkel war. Aber Milan zündete sich keine Zigarette an. Er stand vor einem tiefen Erdloch, das mit Zweigen und Brettern überdacht war. Es war sein Zuhause, sein Refugium, hier an der Front.

Er winkte ihr zu und verschwand wortlos in seiner Höhle. Als sie über eine Leiter zu ihm hinunterstieg, sah sie wie er einen kleinen Metallkoffer unter einem Berg von Unterlagen und alten Zeitungen hervorzerrte. Er öffnete den Koffer, suchte etwas darin und hielt plötzlich ein vergilbtes, von der Feuchtigkeit fast schon unkenntlich gemachtes Foto in den Händen.

„Das kann unsere gemeinsame Zukunft werden", sagte er mit einem Anflug von Stolz.

„Nach dem Krieg. Natürlich nur, wenn du das möchtest."

Sie sah auf das Foto. Es war ein großes, modernes Gebäude darauf zu erkennen. Umgeben von einem Park mit mächtigen Bäumen und einem gepflegten Rasen mit Blumenbeeten dazwischen.

„Und was ist das?", fragte sie.

„Das Universitätskrankenhaus in Vilnius. Meine zukünftige Arbeitsstätte. Ich habe dort als Chirurg vor dem Krieg gearbeitet. Und ich werde dort nach dem Krieg wieder arbeiten. Vielleicht mit dir?“ Myskina fiel aus allen Wolken. Im ersten Moment wusste sie nicht, was sie dazu sagen sollte. Es kam alles zu plötzlich, zu überraschend.

„Und wenn es im Krieg zerstört wurde und gar nicht mehr steht?“, sagte sie schließlich, mit einem kleinen bisschen Hoffnung, dass sie sich nicht sofort entscheiden musste. „Die Deutschen haben den Russen ein so großes Krankenhaus bestimmt nicht voll funktionsfähig überlassen. Wahrscheinlich wurde es schon bei ihrem Einmarsch in die Luft gesprengt.“

„Das würde auch nicht viel ändern“, antwortete er ungerührt. „Wenn du mich magst, findet sich immer ein Weg, den man gemeinsam gehen kann. Egal ob nach Vilnius oder woanders hin. Ärzte und gute Krankenschwestern werden gerade in dieser Zeit immer gesucht.“

Und es fand sich tatsächlich ein Weg. Das Krankenhaus war nur geringfügig beschädigt worden, und sie konnten dort beide im August 1945 ihre Arbeit aufnehmen. Milan als Chirurg und Myskina als Pflegerin. Aber dieser Titel und vor allem die Aufgaben, die ihr zugetraut wurden, genügten ihr schon bald nicht mehr. Im Krieg hatte sie Schwerstverletzte zu versorgen, deren Leben auch in ihrer Hand lag. Hier war sie nur noch für die Essensausgabe, Bettenmachen, Fieber messen und kleinere medizinische Hilfstätigkeiten zuständig. Selbst Injektionen oder das Setzen einer Kanüle wurde von einer Krankenschwester kontrolliert. Und darum drückte sie abends unverdrossen die Schulbank, denn sie hatte ein Minimalziel vor Augen: sie wollte eine gelernte Schwester werden, mit qualifiziertem Abschluss und einem Zeugnis, auf das Milan und sie selbst stolz sein konnten.

Ein knappes Jahr später, am 5. Mai 1946, heirateten sie in der Dorfkirche von Jonava. Es war eine kleine bescheidene

Hochzeit, zu der nur Milans Vater und ein paar Freunde kamen. Von Myskinas Familie war keiner da. Die Mutter war an Typhus erkrankt und so konnte auch ihre Schwester nicht kommen. Aber schon drei Wochen nach der Hochzeit erreichte sie ein schon nicht mehr erwarteter Brief, dass sich die Mutter von der schweren Krankheit erholte und wieder gesund wurde.

Zehn Monate später machte die Geburt eines gesunden Jungen ihr Glück fast komplett. Sie nannten den Kleinen Alexander. Das einzige, was damals noch zur vollkommenen Glückseligkeit fehlte, waren eine eigene Wohnung und ein Gehalt von Milan, das der kleinen Familie ein sorgenfreies Leben ermöglichen würde.

Sie wohnten seit der Rückkehr nach Vilnius in der kleinen Zwei-Zimmer-Wohnung von Milans Vater, in der es nach der Geburt von Alexander natürlich noch enger wurde. Magnus Dovydenas arbeitete in einer neu aufgebauten Konservenfabrik. Er konnte sich darum kaum um das Kind kümmern. Myskina musste ihren Job im Krankenhaus schweren Herzens aufgeben. Ihre Hoffnungen, sich dadurch intensiver ihrer Weiterbildung widmen zu können, lösten sich schon bald in Luft auf. Die notwendige Rund-um-die-Uhr-Betreuung des Kindes und der Haushalt ließen ihr viel zu wenig Zeit dafür und so gab sie nach zwei Jahren ihren Traum von einem Abschluss mit gutem Zeugnis auf. Milans Vater hatte schon von Anfang an ein Problem damit, dass er nach dem Einzug von Myskina nicht mehr die unbestrittene Nummer eins im Alltag seines Sohnes war. Er ließ sie das immer wieder spüren. Wenn Milan nicht zu Hause war, half er ihr nur widerwillig beim Erlernen der litauischen und russischen Sprache und unterstützte sie so gut wie nie bei der Hausarbeit. Stattdessen trieb er sich nach seiner Schicht lieber in fragwürdigen Kneipen herum, hörte stundenlang Westradio und ließ sich dabei auch noch bedienen. Und so war es abzusehen, dass die Streitereien zwischen Sohn und Vater irgendwann so eskalierten, dass sie ausziehen mussten. Magnus gab Myskina die alleinige Schuld für den Bruch mit seinem Sohn und die junge Polin tat sich lange sehr schwer mit dieser Situation fertig zu werden.

Sie wohnten nach ihrem überstürzten Auszug in einem leer stehenden Bauernhof vor den Toren der Hauptstadt. Ohne Strom und fließendes Wasser. Die feuchten Räume ließen sich im Winter nur unzureichend mit Kohle- und Holzöfen beheizen, die Toilette war ein Plumpsklo über dem Hof. Die Miete, die sie an einen russischen Kolchosebonzen bezahlen mussten, war zwar gering, aber die dafür gebotene Wohnqualität noch weitaus geringer.

Alexander war ständig erkältet, Milan kam fast jeden Tag spät und schlecht gelaunt nach Hause und ihr junges Glück bekam unter dem sozialen Druck die ersten Risse.

Als er an einem Abend im Herbst erst gegen neun Uhr angetrunken ins Wohnzimmer polterte und die Tür hinter sich zuknallte, nahm sie ihren ganzen Mut zusammen und stellte ihn zur Rede, obwohl sie instinktiv wusste, dass der Augenblick dafür ungünstig war: „Sag mir bitte endlich, was los ist mit dir. Warum bist du in letzter Zeit ständig schlecht gelaunt und so aggressiv? Hat es etwas mit mir oder dem Kind zu tun?"

Er sah sie an, als wolle er jeden Moment auf sie einprügeln. Sein Gesicht wirkte kalt, die Mundwinkel zogen sich verächtlich nach unten.

„Mit dir? Wie kommst du denn auf so eine verrückte Idee, mein Liebling!?", brüllte er heiser. „Dass ich mich bei meinem Vater nicht mehr sehen lassen kann und dass wir hier mitten in der Scheiße stecken, ist doch nicht deine Schuld. Ich arbeite zwar jeden Tag zwölf bis vierzehn Stunden bis zur Erschöpfung, während du zu Hause mit dem

Balg ein beschauliches Leben führst, aber natürlich würde ich niemals behaupten, dass du an irgendetwas Schuld bist." Seine Stimme troff vor Hohn.

Sie wusste von einer Sekunde zur anderen, dass dieser Abend das Ende ihrer Ehe bedeutete. Aber sie wollte wenigstens wissen warum. Sie fragte, sie bohrte, sie ließ es nicht zu, dass er ihr mit Halbwahrheiten auswich. Doch das Gespräch wurde von Anfang an von seiner Seite aggressiv und beleidigend geführt, bis er sie schließlich mit Faustschlägen unter den Tisch prügelte. Anschließend ging er seelenruhig ins Bett, so als ob nichts gewesen wäre.

Sie saß stundenlang mit dem Jungen, der neben ihr auf dem Sofa eingeschlafen war, im Zimmer, sah dem flackernden Schein des Feuers im Ofen zu und heulte sich die Augen aus dem Kopf. Der Entschluss Milan zusammen mit Alexander zu verlassen, reifte seit diesem Abend langsam aber unaufhörlich in ihr. Monatelang bereitete sie alles für den Tag X vor. Der Ausreiseantrag wegen eines Verwandtschaftsbesuchs nach Bakalarzewo wurde Anfang April 1950 bewilligt. Ihre Mutter und die jüngere Schwester erwarteten sie.

Am 12. April des gleichen Jahres verließ sie Milan, der ahnungslos in der Klinik arbeitete und fuhr mit Alexander, dem nötigsten Gepäck und etwas Geld das sie gespart hatte, in einem Pferdewagen zum kleinen Bahnhof in Trakai.

Als Milan wie immer erst gegen halb zehn Uhr abends nach Hause kam und vor Wut bebend den Zettel las, den sie ihm auf den Küchentisch gelegt hatte, war sie bereits in Polen angekommen. Sie war jung und die Welt stand ihr für einen Neubeginn offen. Das glaubte sie zumindest an diesem Tag, an dem sie mit den Ihren am Tisch saß und jeder von seinem Schicksal seit dem Herbst 1944 erzählte, als sich ihre Wege jahrelang so unerwartet getrennt hatten. Die Tränen, die dabei vergossen wurden, überwogen dabei

bei Weitem dem Lachen. Aber was sie alle beseelte, war ein nie versiegender Lebenswille und Optimismus, die gestärkt aus dem unendlichen Leid des überstandenen Krieges entstanden waren.

4. Kapitel

Die Flucht

Wie zwei überdimensionale Lanzen tasteten sich die Lichtkegel der Scheinwerfer durch das Halbdunkel zwischen den Baracken. Irgendwo an zwei Punkten am Rande des Lagers kreuzten sich ihre Bahnen, die Schnittstellen leuchteten für Sekundenbruchteile grell auf, bevor sie wieder in das fahle Licht der Lagerbeleuchtung zurückfielen und ihren kreisenden Weg von vorne begannen. In der Kantine saßen über 900 Gefangene beim Abendessen. Trotzdem war es fast still in dem riesigen Saal. An den Tischen wurde nicht gesprochen. Zumindest nicht offiziell.

„Was glaubt ihr? Können wir es schon in dieser Woche riskieren, oder sollen wir noch warten?“ Kurt Meinhardt flüsterte diesen bedeutungsvollen Satz mit fast unbeweglichen Lippen, bevor er sich unauffällig zu Olaf wandte. Den beiden gegenüber saßen der Schlesier Dietmar Schubert und Gerhard Petermann. Die Dienstgrade, die vor sieben Jahren bei der persönlichen Anrede noch selbstverständlich waren, hatten im Lager schon lange ihre Bedeutung verloren. Hier zählte einzig und allein, welche Kraft und welchen Mut man sich erhalten konnte, um zu überleben oder den Sprung in die Freiheit zu wagen. Alles andere war vollkommen unwichtig geworden.

„Ich wäre soweit. In zwei Tagen könnten wir loslegen, wenn ihr wollt,“ antwortete Schubert und holte vorsichtig mit Daumen und Zeigefinger eine noch zappelnde Fliege aus seiner bohnenverzierten Wassersuppe. „Der Nachschlüssel für das Waffendepot ist jedenfalls so gut wie fertig.“

„Lass sie drin“, kicherte Petermann bei der Beobachtung

der Rettungsaktion seines Nachbarn. „Um soviel Fleischeinlage würde dich das halbe Lager beneiden."

„Du brauchst nicht neidisch auf mich zu sein, Kamerad", meinte Schubert ironisch und schnippte die Fliege zielsicher in Petermanns Teller. Kurt Meinhardt schüttelte den Kopf. „Manche Männer bleiben ein Leben lang Kinder", sagte er. „Auch wenn sie täglich in einem sibirischen Bleibergwerk bis aufs Blut geschunden werden."

„Vorsicht! Haltet die Klappe, Tschingis ist auf uns aufmerksam geworden", raunte Olaf wie ein Bauchredner und wies mit dem Kopf nach rechts. Alle saßen sofort wieder stumm vor ihren Tellern und löffelten brav ihre Suppe, als wäre nichts geschehen. Aber es war schon zu spät, um unauffällig in die Anonymität der vollbesetzten Kantine abzutauchen.

Tschingis, ein großer kräftiger Mongole und gefürchteter „Ordnungshüter" zwischen den Tischreihen, hatte anscheinend etwas von ihrer Unterhaltung mitbekommen. Der mit mächtigem Schnurrbart, einem langen tiefschwarzen Pferdeschwanz und einem bemerkenswerten Bauchumfang ausgestattete Hüne kam langsam aber zielorientiert den breiten Hauptgang entlang getapst, der zwischen den Tischen offengehalten wurde. Er baute sich direkt vor ihnen auf. In der näheren Umgebung hörten die meisten zu essen auf und sahen gespannt herüber.

Jeder wusste, dass es ein Schauspiel der besonderen Art geben würde.

Das Grinsen des Mongolen entblößte zwei lückenhafte Reihen schwarzbrauner Zahnstummel. „Was gibt es hier so Interessantes zu erzählen!", dröhnte sein Bass Olaf in gebrochenem Russisch entgegen. Der stand vorsichtshalber auf und verschränkte die Arme hinter dem Rücken. Tschingis war berühmt berüchtigt dafür, dass er von oben blitzschnell mit einem kurzen Hirschfänger nach unten stach, um die

Hand eines Gefangenen auf den Tisch zu nageln. Er konnte sich wie ein kleines Kind an den Schmerzensschreien seiner hilflosen Opfer ergötzen.

„Wir haben nur die fette Fliege in der Suppe von Petermann bewundert“, sagte Olaf und deutete kurz auf den Teller seines Gegenübers, bevor er die Hand schnell wieder hinter dem Rücken verschwinden ließ. Seine Worte schienen förmlich durch den riesigen Saal zu hallen, es war so still, dass jedes Wort wie eine Lärmbelästigung wirkte.

Das Pfannkuchengesicht des Mongolen näherte sich Petermanns Teller. Sein Grinsen wurde breiter und breiter. Ein flinker Griff in die lauwarme Suppe des Hamburgers und die Fliege war zwischen seinen langsam mahlenden Zahnruinen verschwunden. „Weitermachen! Aber diesmal ohne zu quatschen!“, rief er sichtlich zufrieden und entfernte sich wieder.

„Glück gehabt“, seufzte Petermann erleichtert, als die Luft wieder rein war. „Diese gottverdammte Mongolensau kann einen ganz schön nervös machen.“

„Immer die Ruhe behalten“, flüsterte Schubert und strich sich fast zärtlich mit der rechten Hand über den kahlen Schädel. „Auch Mongolenschweine haben an die sechs Liter Blut zu verlieren. Und der hier zusätzlich noch zehn Liter Tran.“ Seine auf den Tisch zurückgekehrten Finger umklammerten den Löffel, der neben seinem Suppenteller lag, bis die Knöchel weiß hervortraten. Sein boshaftes Grinsen ging sogar Olaf unter die Haut.

„Also, wie geht es weiter?“, knüpfte Meinhardt an seine vorherige Frage an. „Sollen wir, oder sollen wir nicht?“

„Wenn ihr mich fragt, übermorgen Nacht wäre ein idealer Tag“, antwortete Schubert. „Mit dem bis dahin fertigen Nachschlüssel fürs Waffen- und Werkzeugdepot holen wir uns Munition, Pistolen und eine Zange für den Zaun und Gerhard hat seit vier Monaten unter dem Dach der Latrine Lebensmittel gehortet, die nicht so schnell verderben. Das Lager ist voll, mehr geht nicht rein. Die Seiten einer russischen Generalkarte habe ich schon vor drei Wochen aus einem sozialistischen Propagandaschinken der Bücherei abgezeichnet. Sie wartet schon ungeduldig auf uns, in einer Wandspalte hinter meinem Bett. Es ist Anfang Mai und Genosse Zwerkow hat am Mittwoch seinen gewohnten Einsatz im Frauenlager. Wie wir wissen, kommt er danach immer sehr spät und sehr geschwächt zurück. „Alexander der Große“ ist also auf sich alleine gestellt und mit Sicherheit vor allem mit Saufen und Geldzählen beschäftigt. Wir müssen nur versuchen, dass wir noch in der Nacht ...“ Schubert verstummte mitten im Satz. Tschingis hatte erneut zu ihrem Tisch Blickkontakt aufgenommen. Die drei anderen verstanden die Situation sofort und widmeten sich den kläglichen Resten ihrer erziehungsreduzierten Mahlzeit. Jedem der vier Deutschen schlug das Herz bis zum Hals, ihre Augen bekamen einen Glanz, als hätten sie Fieber. Dazu genügte allein der Gedanke an die bevorstehende Flucht, an die so lang ersehnte Freiheit.

Gegen 20.00 Uhr verließen sie in Zweierreihen geordnet die Kantine und wurden von ein paar Soldaten der Wachmannschaft zu ihren Baracken begleitet.

Olaf saß schon seit fast zwanzig Minuten vor einem selbst gemachten Schachbrett und schob seine stark dezimierten Figuren wie geistesabwesend über die braunweißen Felder.

„Mensch, jetzt reiß dich endlich zusammen!“, schimpfte Schubert und knurrte ihm ein unfreundliches „Gardé“ entgegen. „Ich wollte eigentlich einen Gegner, kein vor sich hinträumendes Opfer.“

Olaf sah aufgeschreckt vom Brett auf. „Tut mir leid, aber ich kann nur noch an übermorgen denken“, raunte er wie zur Entschuldigung. „Mir ist es schleierhaft, wie du dich noch auf was anderes konzentrieren kannst."

„Etwas leiser, Leute, Weinberger kriegt bereits lange Ohren", zischte Petermann warnend von seinem Bett herunter. Unter ihm saß Kurt Meinhardt und studierte die halb aufgeklappte Fluchtkarte, die er durch seinen ausgemergelten Körper vor den neugierigen Blicken des politisch geläuterten Nachbarn abschirmte.

„Also, noch einmal für alle, die es noch immer nicht mitbekommen haben sollten", flüsterte Olaf. „Ich denke auch, dass es günstig wäre, wenn wir es übermorgen gegen 22.00 Uhr angehen. Da pennen die meisten unserer Leidensgenossen schon tief und fest und unsere Aufpasser sind bis dahin längst ins Wodkanirwana abgetaucht. Wir nehmen den Weg aus dem Westfenster unserer Baracke, das liegt im Flur und es fällt kaum auf, wenn wir uns da durchquetschen. Dann schleichen wir uns zwischen den beiden Südtürmen durch, bis zum Waffendepot und bedienen uns mit Hilfe des Nachschlüssels. Aber wir dürfen nicht übertreiben, Leute. Jedes Gramm, das wir zusätzlich mitschleppen kostet uns Abstand. Schubert holt den Lebensmittelsack aus der Latrine und weiter geht es in westlicher Richtung. Wir treffen uns an der Kantine. Der Mond- und Scheinwerferschatten ist hier an die sechzig Meter lang. Wenn wir hinter dem Gebäude nach Süden abbiegen, kommen wir erstmals nach weiteren fünfzig Metern ins direkte Sichtfeld der Wachtposten. Zu diesem Zeitpunkt liegen also schätzungsweise hundertfünfzig Meter zwischen uns und ihnen. Dazu kommt, dass wir ab morgen Neumond haben. Viel Licht um durchzublicken, wird es für unsere besoffenen Aufpasser also nicht geben. Wenn wir uns durch den Zaun geschnitten haben, müssen wir in südwestlicher Richtung weiter. Nach drei, vierhundert Metern kommen die ersten flachen Hügel, die uns genügend

Deckung geben bis wir endgültig aus dem Blickfeld der Wachtürme sind. Von da an nehmen wir den Weg durchs Bachbett, um den empfindlichen Nasen von Zwerkows Bluthunden ein paar Rätsel aufzugeben. Der Bach verläuft sowieso fast ideal in unserer Fluchtrichtung."

Meinhardt schob die Landkarte zwischen seine Beine, holte ein dünnes Stück Holz das in regelmäßigen Abständen kleine Einkerbungen zierte unter seiner Matratze hervor und legte es punktgenau auf eine bestimmte Stelle der Karte.

„Ich schätze, es sind etwa fünfzig Kilometer bis zum Srednij-Massiv", flüsterte er und schielte vorsichtig nach hinten, wo sich im Bett daneben Weinberger schon wieder mit dem unter ihm liegenden Bachmann in der Wolle hatte. Der junge Allensteiner konnte seinen „geläuterten" Bettgenossen aus dem österreichischen Graz nicht ausstehen und es gab fast jeden Tag eine emotionell ausufernde Auseinandersetzung zwischen den beiden. Aber noch nie zuvor empfanden das die vier so passend und angenehm wie gerade jetzt.

„Vom Srednij sind es noch einmal zweihundert Kilometer bis nach Perm oder Molotow, wie es die Genossen derzeit nennen", fuhr Meinhardt fort und verschob seinen winzigen Meterstab auf der Karte. „Wenn wir in Perm angekommen sind, haben wir die größten Kraftanstrengungen erst einmal hinter uns, denn dann geht es mit der Bahn weiter bis nach Kazan und nach Penza. Perm ist eine außerordentlich lebendige Großstadt, die uns wie ein Schwamm aufsaugen wird. Olaf spricht von uns allen das akzentfreieste Russisch, also wäre es das Beste, wenn er das Wort für uns alle führt, wenn uns jemand anquatschen sollte. Aber wir müssen es vor dem Morgengrauen auf jeden Fall bis ins Gebirge schaffen. Wenn uns am Tag jemand in den auffälligen Sträflingsklamotten sieht, sind wir geliefert. Auf dem südlichen Berghang des Osjanka soll auf etwa tausendeinhundert Metern Höhe die Jagdhütte liegen, die uns Gregorjew geschildert hat. Sie gehörte bis vor drei Monaten seinem im Lager verstorbenen Vater. Er sagt, dass es dort weit und breit keine Ansiedlung oder so was gibt und dass außer ihm niemand die Hütte kennt. Er hasst die roten Menschenschinder bis aufs Blut, wie wir wissen. Und darum können wir uns darauf verlassen, dass er uns nicht bescheißen wird. In der Hütte gibt es Kleidung und Wasser. Trotzdem sollten wir uns dort nur ein paar Stunden ausruhen, bevor es in der Dämmerung weiter in Richtung Perm geht. Die zweihundert Kilometer bis dahin sollten wir trotz des schwierigen Geländes in etwa vier Tagen und Nächten schaffen. Natürlich auch unter der Berücksichtigung unseres beschissenen Zustands."

Es trat eine sekundenlange Pause ein in der alle schwiegen. Jeder hing gedanklich an seinen Sehnsüchten, Hoffnungen und Ängsten. Die bevorstehende Flucht war ein notwendiger aber extrem gefährlicher Schritt, der ihre Zukunft entscheidend beeinflussen würde. Ein Leben in Freiheit ... oder das Ende.

Der nächste Tag begann mit einem Donnerschlag. Olaf stand am frühen Vormittag neben Schubert in der ersten Reihe eines neu entstandenen Stollens, als hinter ihm die gehässige Stimme von Jewgenij Steinmeier seinen Namen durch das Bergwerks-Labyrinth kreischte.

„Ein bisschen schneller Thumeck, ein bisschen mehr Krafteinsatz, wenn ich bitten darf! Oder heißt es von Thumeck?! Hier wird im Gegensatz zu deinem vorherigen Kuraufenthalt wirklich gearbeitet, gräfliche Hoheit!" Die schrille Stimme und der Zynismus waren typisch für Steinmeiers Anwesenheit. Olaf drehte sich um, aber er konnte den Wolgadeutschen mit der perversen Neigung seine

Landsleute zu quälen, nicht entdecken. Erst jetzt wurde ihm bewusst, dass Steinmeier gar nicht ihn meinte. Er wusste, dass am Vormittag neue Häftlinge erwartet worden waren. Hatte einer von ihnen zufällig den gleichen Namen wie er? Oder ... Plötzlich schoss ihm eine heiße Welle durch den Kopf, die ihm fast den Verstand raubte.

„Carsten? Carsten! Bist du hier?!“, schrie er in den Stollen hinein und warf die Dynamitstangen, die er gerade in den Händen hielt achtlos beiseite. Dann stürmte er an den schwitzenden und verdreckten Leibern hinter sich vorbei und ignorierte sogar die scharfe Warnung der Aufseher, wieder auf seinen Platz zurück zu gehen. Erst nach dreißig, vierzig Metern blieb er wie angewurzelt stehen. Von hinten traf ihn ein Gewehrkolben ins Kreuz, der ihn indie Knie gehen ließ. Der Schmerz fraß sich blitzartig zwischen seinen Schulterblättern in den Kopf, in Arme und Beine und über den gesamten Rücken. Mühsam und leicht benommen rappelte er sich wieder nach oben und sah in das tränenüberströmte Gesicht seines Bruders. Sie umarmten sich wortlos und heulten los wie die Schlosshunde. Selbst Steinmeier und zwei hinzu geeilten Wachtposten gelang es nicht, sie zu trennen. Sie wurden von einigen Sträflingen mit sanfter Gewalt von den Brüdern weggedrängt. Es herrschte eine atemlose Stille, alle im Stollen hatten die Arbeit eingestellt. Einige der neben den engumschlungenen Brüdern stehenden Gefangenen heulten einfach mit, sogar der grobschlächtige Nikolajewitsch Brodin, der Olaf gerade noch den Gewehrkolben ins Kreuz hieb, bekam nasse Augen. Und plötzlich schwoll ein erst schüchternes und dann aus zahlreichen Kehlen geschmettertes „Hoch sollen sie leben“ an, das immer wieder ohrenbetäubend durch das Stollengewirr der Mine hallte.

Steinmeier sprach sich spontan mit Brodin ab, ob die beiden Brüder den Rest der Schicht weiter hinten nebeneinander arbeiten durften. Sie waren sich schnell einig. Das Redeverbot wurde zum ersten Mal in Severnyj vorübergehend nicht ganz so streng ausgelegt.

Es war ein Augenblick, den die Anwesenden nie mehr in ihrem Leben vergessen sollten. Zwei Brüder hatten sich acht Jahre nach dem Kriegsende in einem russischen Bleibergwerk in Westsibirien wiedergefunden. Vollkommen unerwartet und von niemandem geplant. Höchstens von einem schon lange nicht mehr dagewesenen Gott, der aber noch immer in der Lage war ihr Schicksal zu bestimmen. Und eines war klar: einer würde ohne den anderen dieses Lager nicht mehr verlassen. Zumindest nicht lebend.

Endlich saßen sie nach dem annähernd schweigend verlaufenen „Abendessen" mit Schubert, Petermann und Meinhardt in ihrer Schlafbaracke zusammen und konnten miteinander reden. Wenn auch nur sehr leise und vorsichtig, damit Weinberger ja nichts mitbekommen konnte. Aber sie empfanden es trotzdem wie ein Wunder. Jeder erzählte von dem was ihn bewegte, was seit den Kriegstagen passiert war. Selbst jetzt, nach den ersten Stunden des Wiedersehens, sah einer den anderen an, als wäre er von den Toten auferstanden. Carsten war sehr schlank und blass, aber längst nicht so ausgezehrt aussehend wie Olaf, er hatte im Gegensatz zu seinem kahlköpfigen Bruder einen dichten blonden Haarschopf, der extrem kurz geschnitten war, und eine große Narbe am Hals.

„Das Andenken eines weißrussischen Bajonetts", grinste er, als Olaf darauf sah. „Aber dafür flickte mich ein weißrussischer Lazarettarzt wieder zusammen. Es steht derzeit also fast Unentschieden zwischen meiner Wut und meiner Dankbarkeit den Russen gegenüber." Olaf lächelte still vor sich hin. „Deinen Sarkasmus haben sie dir immerhin nicht nehmen können. Und wo haben sie dich erwischt?"

„Kurz hinter Smolensk, im Juli 43. Ich war als Teil eines Spähtrupps zurück auf dem Weg zu meiner Einheit, als mein Fahrer, zwei Kameraden und ich in einem Wäldchen von russischer Infanterie umzingelt wurden. Wir schlugen uns noch in die Büsche und versuchten zu entkommen, aber es war zwecklos. Ein junger Kerl, der aussah als könne er keiner Fliege etwas zu leide tun, stieß mir sein Bajonett schadenfroh und gut gelaunt durch den Hals, als ich mich gerade hinter einem Baum aufrichten wollte, um die Lage zu peilen. Eigentlich war ich schon tot, elendiglich verblutet, aber dann fand mich kurz vor dem Abnibbeln ein russischer Sanitäter und schleppte mich in ein Zelt, wo mich so wie etliche andere Deutsche ein Arzt und eine Lazarettschwester wieder ins Leben zurückholten. Warum sie das taten, wurde mir bald klar. Denn kaum war ich wieder einigermaßen auf den Beinen, durfte ich in einem Gefangenenlager irgendwo bei Kalinin Gleise verlegen. Mit zwei- oder dreitausend anderen armen Schweinen."

„Und warum haben sie dich ausgerechnet hierher verfrachtet?"

„Das wissen nur die Götter", flüsterte Carsten. „Eigentlich bin ich nie irgendwie aufgefallen. Weder positiv noch negativ. Und die Gleisstrecke, die wir bauen sollten, war noch lange nicht fertiggestellt. Aber ich vermute, dass sie für den notwendigen Nachschub für Severnyj etliche Lager abgrasen."

„Hast du was von unseren Eltern und den anderen auf dem Gut in Erfahrung bringen können?"

Carsten schüttelte den Kopf und sah seinen Bruder aus traurigen Augen an. „Nein, nicht das Geringste. Es ist zum Verzweifeln. Wir hatten in unserem Lager aber auch keine Möglichkeiten nach Hause zu schreiben. Die einzigen einigermaßen zuverlässigen Informationsquellen waren Gerüchte, Erzählungen neu angekommener Sträflinge, zufällig gefundene alte Zeitungen oder aufgeschnappte Gesprächsfetzen der Wachmannschaften. Ich weiß mit ziemlicher Sicherheit nur, dass es Ostpreußen in seiner bisherigen Form nicht mehr gibt. Lutschenko, ein fieser Typ, der auf einem unserer Wachtürme saß, warf uns vor ein paar Wochen total besoffen eine russische Zeitung zu. „Deutschland tot, Nazis tot, alles tot!“, grölte er zynisch herunter. Ein russischer Leidensgenosse übersetzte uns die wichtigsten Artikel. Der Krieg ist seit Mai 1945 zu Ende. Den nördlichen Teil Ostpreußens, mit dem vollkommen plattgemachten Königsberg, das jetzt Kaliningrad heißt, haben sich die Russen unter den Nagel gerissen, den südlichen Teil Polen. Dazu gehört das Gebiet um den Haschner See, also auch unsere Ländereien und das Schloss. Die deutsche Bevölkerung ist größtenteils geflohen, viele sind ums Leben gekommen, wurden ausgesiedelt oder in Arbeitslager verschleppt, so wie wir. Es leben nur noch sehr wenige Landsleute in Ostpreußen. Die Russen haben sich große Teile von Polen einverleibt, dafür haben die Polen deutsche Staatsgebiete übernommen. Schlesien, Ost- und Westpreußen, Böhmen, das Sudetenland, alles futsch, alles weg. Nur der Westen ist noch so etwas wie ein freier Teil von Deutschland. Hitler ist tot und die Naziherrschaft endlich vorbei. Habt ihr denn hier in Severnyj darüber gar nichts erfahren?“

Olaf saß geschockt und zu keinem Wort fähig auf seinem Bett und ohne dass er es wollte fing er zu heulen an. Erst leise und unterdrückt, dann immer heftiger. Seine Schultern zuckten, er verbarg das Gesicht hinter den Händen. Carsten legte einen Arm um ihn und wartete bis er sich einigermaßen beruhigt hatte.

Aber Weinberger bekam natürlich alles sofort mit. „Was hat denn der Kleine?“, rief er spöttisch herüber. „Hat ihm die Mama keinen Gutenachtkuss gegeben?“

„Halt einfach einmal für zwei Minuten deine blöde Fresse", fauchte ihn Bachmann an. Damit war sofort die nächste Runde in ihrem täglichen Streit eingeläutet.

„Wir dürfen uns keine allzu großen Hoffnungen machen, dass die Eltern oder irgendwer vom Gut überlebt hat", flüsterte Carsten. „Und das Schloss und unsere Ländereien gehören uns mit Sicherheit auch nicht mehr. Da sitzt jetzt ein Verwalter im Dienste der Volksrepublik Polen drauf."

Olaf war noch immer geschockt. „Und ich liebe eine wundervolle junge Frau aus dieser Volksrepublik mehr als alles andere", schluchzte er schließlich und wischte sich mit dem Ärmel die Augen trocken. „Nur der Gedanke an sie hat mich bisher in diesem gottverdammten Lager am Leben gehalten. Wenn ich sie auch noch verloren habe, kann ich gleich hier bleiben."

Carsten sah seinen Bruder misstrauisch an. „Was heißt das, dann kann ich gleich hier bleiben? Ihr habt doch nicht vor zu fliehen, oder?"

Olaf nickte nur. Schubert rückte näher an die beiden heran. „Haltet jetzt bloß die Klappe", raunte er. „Weinbergers langer Hals wandert immer weiter in euere Richtung. Wenn dieser Mistköter etwas über unseren Plan erfährt, können wir gleich einpacken. Ich stachle Bachmann auf, mit mir zusammen noch einen kleinen Streit gegen ihn vom Zaun zu brechen. Dann könnt ihr euch etwas unbeobachteter weiter unterhalten. Der Typ ist so strohdoof, der merkt in tausend Jahren nicht, dass wir ihn nur ablenken wollen."

Schubert stand auf und ging zum Stockbett hinüber auf dem ihre Nachbarn lagen. Der junge Allensteiner kramte schon wieder den Brief hervor, den er 1940 an der Front von seiner Mutter bekommen hatte und Weinberger saß auf dem oberen Bett und ließ gelangweilt die Beine herunterbaumeln. Wer ihn kannte, konnte jedoch seine Angespanntheit erkennen. Der Oberkörper war steif nach vorne gerichtet, die Augen tasteten den Raum unentwegt nach interessanten Begebenheiten ab.

„Na, Bach. Stört dich der Käsegeruch von Weinbergers ungepflegten Quanten gar nicht beim Lesen? Also, ich könnte mich bei dieser Geruchsbelästigung auf keine einzige Zeile konzentrieren."

Weinbergers pendelnde Beine hielten in der Bewegung inne, er richtete sich auf und zischte Schubert an: „So wie du aus dem Maul stinkst, solltest du dich lieber auf deine eigenen Gerüche konzentrieren, Schubert."

Der streitbare Schlesier ging langsam um das Bettgestell herum und baute sich drohend vor Weinberger auf. „Was meinst du Bach? Soll ich ihm die Chance für eine Entschuldigung geben, oder soll ich ihn gleich von da oben runterprügeln?"

Weinberger brachte flink seine Beine in Sicherheit. „Ich würde sagen, dass du ihn vorläufig noch am Leben lässt", kicherte Bachmann. „Seine modernden Treter hat er ja schon zurückgezogen. Das ist ein guter Anfang."

„Das wird euch beiden teuer zu stehen kommen", ätzte Weinberger von oben herunter. „Das hat ein Nachspiel, das kann ich euch heute schon versprechen."

„Warum hat das ein Nachspiel?", frage Bachmann naiv. „Du willst uns doch wegen dieser Lapalie nicht gleich bei deinem Busenfreund Steinmeier verpfeifen, oder? Du weißt doch, wie wir dich dafür bestrafen würden. Erst schneidet dir Schubert den Sack ab und dann sticht dir Petermann die neugierigen Glubschaugen aus. Du kannst dir nicht einmal die Reihenfolge wünschen."

Schuberts Plan ging voll auf. Es entwickelte sich einer jener typischen Dialoge zwischen Bachmann und seinem Bettgenossen. Ein Hin und Her von Drohungen,

Gegendrohungen, Entschuldigungen, Erklärungen, Wutausbrüchen und philosophisch politischen Belehrungen. Schubert ging grinsend zu seinem Platz zurück.

Carsten und Olaf fanden jetzt genügend Zeit sich wieder ihrem angefangenen Gespräch zu widmen.

„Wir wollen morgen ab 22.00 Uhr unseren schon lange entwickelten Plan in die Tat umsetzen", flüsterte Olaf. „Und du kommst selbstverständlich mit. Wir haben genügend Lebensmittel gehortet, besitzen die Kopie einer ziemlich genauen Generalkarte und können uns mit einem Nachschlüssel aus dem Waffendepot bedienen. Zwerkow, der Lagerkommandant, ist am Mittwoch im Frauenlager und von dort kommt er nie vor drei oder vier Uhr morgens zurück. Das bedeutet, dass er uns auch seine Bluthunde erst sechs Stunden später auf den Hals hetzen kann. Außerdem haben wir auf dem Osjanka Zugang zu einer einsamen Berghütte, wo wir unsere Lagerklamotten wechseln können. Und wenn wir erst einmal im zweihundert Kilometer entfernt gelegenen Perm angekommen sind, geht es mit dem Güterzug weiter nach Kazan. Wir nehmen eine südliche Route über die Ukraine und dann weiter Richtung Westen. Eigentlich hatten wir vor, uns dann nach Ostpreußen durchzuschlagen, aber nach deinen Schilderungen wird es wohl besser sein, erst einmal in diesen westlichen Teil von Deutschland zu kommen, von dem du gesprochen hast."

Carstens Augen wurden immer größer, je weiter Olaf in seiner Schilderung fortfuhr. „Ist dir eigentlich bewusst, was ihr da vorhabt? Das sind mit Sicherheit weit über dreitausend Kilometer! Und das ausschließlich über feindliches Land!"

„Wieso über feindliches Land?" Olaf sah seinen Bruder irritiert an. „Ich dachte, dass der Krieg inzwischen beendet ist? Das hast du doch gesagt, oder? Und in Friedenszeiten gibt es kein feindliches Land, soviel ich weiß. Außer Russland natürlich."

„Ich sehe schon, dass ihr hier anscheinend wirklich von jeder Information abgeschnitten ward. Ihr habt keine Ahnung von dem, was sich außerhalb eueres Lagers in den letzten Jahren verändert hat", sagte Carsten und schüttelte ungläubig den Kopf. „Es gibt inzwischen zwei große ideologische und geografische Blöcke, die sich in den Jahren nach dem Krieg gebildet haben. Einen Ostblock und einen Westblock. Sie stehen sich in feindseliger, waffenstarrender Haltung gegenüber. Dem Ostblock gehören die Sowjetunion und ihre baltischen Länder, Polen, Ungarn, Bulgarien, die Tschechoslowakei, Rumänien und Ostdeutschland an. Die Amerikaner, Westdeutschland, Engländer, Skandinavier, Franzosen, die Beneluxländer, Italien, Spanien usw. gehören dem Westblock an. Die feindlichen Gebiete, durch die wir fliehen müssten, enden also auch in Friedenszeiten erst kurz vor Lübeck, Helmstedt, Eisenach oder vor dem bayerischen Hof. Wenn uns irgendein Scheißkerl aus einem dieser Ostblockländer enttarnen oder aufgreifen sollte, werden wir mit hundertprozentiger Sicherheit nach Sibirien zurückgekarrt. Und was das bedeutet, weißt du mit Sicherheit besser als ich."

Olafs Optimismus wurde auf eine harte Probe gestellt. „In einem Punkt hast du vollkommen recht: wir haben anscheinend doch eine ganze Menge nicht mitbekommen, hier am Arsch der Welt", sagte er niedergeschlagen.

Es folgte eine kurze Pause. Carsten sah, welche Gedanken in seinem Bruder tobten. Auch er war sich nicht mehr sicher, ob er sich morgen Nacht diesem riskanten Abenteuer anschließen würde.

„Wir machen es trotzdem", flüsterte der sonst so stille Petermann in die aufkommenden Zweifel hinein. Olaf sah überrascht zu ihm hinüber. Der junge Hamburger stieg von seinem Bett herunter und kauerte sich neben Olaf. „Wenn sie uns irgendwo in diesen Ostblockländern erwischen sollten, ist das unser Ende. Meinetwegen, wenn es so sein soll. Aber wenn wir nicht von hier abhauen, genauso. Du weißt noch nicht viel von Severnyj, Carsten. Aber eines kannst du mir schon jetzt glauben: das Blei frisst hier früher oder später jeden auf. Erst die Schwächeren, dann die Starken. Oder die Brutalität von Zwerkow und seinen habgierigen Spießgesellen. Wenn ihr es euch anders überlegt, ist das eure ganz persönliche Angelegenheit, die ich nicht kritisieren werde. Mein Entschluss steht jedenfalls fest. Zur Not haue ich auch nur mit Schubert und Meinhardt ab." Er sah zu dem Schlesier hinüber und fing von diesem ein zustimmendes Nicken auf.

„Gerd hat absolut Recht", sagte Olaf jetzt wieder mit sicherer Stimme. Er schielte vorsichtshalber noch einmal zu Weinberger und Bachmann hinüber. Die zwei waren noch immer mit sich und ihren gegenseitigen Sympathiebezeugungen beschäftigt. „Um zu überleben müssen wir es einfach riskieren. Wenn wir hierbleiben, gehen wir elendiglich vor die Hunde. Es dauert vielleicht etwas länger, als wenn sie uns auf der Flucht erwischen, aber so haben wir wenigstens eine Chance zu überleben. Wenn wir hierbleiben, weiß jeder wie es enden wird. Aber eines, Carsten, sollst du wissen, bevor du dich entscheidest: Ohne dich werde ich das Lager nicht verlassen."

Carsten saß da und schüttelte immer wieder den Kopf. „Einfach klasse, in welche Situation du mich manövrierst, Brüderchen. Sage ich nein, bin ich auch noch schuld, wenn wir beide in einem oder zwei Jahren hier ins Gras beißen, sage ich ja und es geht daneben, ist es ..."

„Dann bist du trotzdem mein großer Bruder, der mir so wie früher klug und vorausschauend sagt wo es langgeht", unterbrach ihn Olaf. Petermann hielt spontan seine Rechte in die Mitte, Olaf legte seine Hand darüber, Schubert und der nachrückende Meinhardt taten das Gleiche. Carsten vollendete etwas zögerlich den stummen Schwur. Von nun an waren sie miteinander verbunden, wenn es sein musste bis in den Tod.

Die Stunden am Tag der geplanten Flucht verrannen zäh und alltagsgewohnt. Die ungewöhnliche Sonderbehandlung die Steinmeier Olaf und seinem neugewonnenen Bruder gestern noch gewährte, gehörte der Vergangenheit an. Carsten schuftete, von Nikolajewitsch Brodin immer wieder brutal angetrieben, ziemlich weit vorne im Stollen und Olaf, Schubert, Petermann und Meinhardt hatten die „Ehre" fast in vorderster Front die Drecksarbeit zu leisten. Carsten war schon nach den ersten Stunden hier unten überzeugt davon, dass seine gestrige Entscheidung auf jeden Fall die richtige war. Man verlor jedes Zeitgefühl in dieser Düsternis, zweihundert Meter unter der Erdoberfläche. War es Mittag oder schon später, schien die Sonne oder regnete es? Als Steinmeier endlich zum Schichtende durch seine Trillerpfeife pfiff, war es fast 17.00 Uhr. In langen Kolonnen verließen sie das Bergwerk und wurden von einzelnen MP-bewaffneten Wachposten zu den Waschbaracken begleitet.

„Heute haben wir früher Schluss, weil um 18.00 Uhr noch eine Stunde sozialistische Bürgerkunde auf dem Programm steht", spottete Olaf. „Und noch was wirklich Wichtiges: Wasch dir den Kopf und die Augen besonders gründlich, Bruderherz. Da hängt sich der Bleistaub besonders hartnäckig rein."

„Und die Achseln, Füße und den Schwanzbereich nicht vergessen!", riet Schubert, zog sich aus und warf seine verdreckte Arbeitskleidung zielsicher in einen Trog, der vor der Dusche stand. „Blei macht nicht nur kahl, sondern auch impotent! Was sollten die liebeshungrigen Frauen, die in Scharen auf uns warten, von dir denken, wenn du keinen mehr hochkriegst? Außerdem ist man ohne Blei entschieden leichter, wenn du verstehst, was ich meine."

Petermann und der daneben stehende Meinhardt brachten ein gequältes Grinsen zustande, während sie sich neben der spärlich rieselnden Dusche einseiften. Nach ein paar Minuten waren sie fertig und schlüpften in die an der Wand hängenden „Freizeitklamotten" mit den rotweißen Querstreifen. In einem großen Vorraum versammelten sich die Umgezogenen, um von einzelnen Uniformierten der Wachmannschaft gruppenweise in die Kantine gebracht zu werden.

„An den Lehrabenden gibt es immer was ganz besonderes", flüsterte Schubert Carsten zu. „Heute Erbsensuppe mit Würstchen und eine Scheibe Brot." Er verzog das Gesicht. „Wetten, dass bei jedem von uns weniger als zehn Erbsen in einer trüben Wasserbrühe schwimmen? Und das Würstchen wird ein lederähnlicher Knochen von fünf Zentimetern Länge sein. Da viele von uns eh keine Zähne mehr haben, wird das Würstchen nicht zerkaut sondern gelutscht. Schade, dass wir uns dieses Schauspiel nicht von unserer schönen Frauenlager-Kommandantin Magdalena Kolnikowa anschauen können."

Er lachte ordinär auf und erntete dafür einen warnenden Blick von einem Soldaten der Wachmannschaft. „Der krönende Abschluss unseres Menüs wird dann Obst von der Krim sein. Serviert mit einem Pfefferminzblättchen aus Kasachstan." Er rollte mit den Augen, seine Brauen bogen sich weit nach oben und seine Miene nahm einen gespielt vornehmen Ausdruck an. „Wahrscheinlich handelt es sich dabei um zwei Weintrauben und eine Birne, die sich auf einem Birkenblatt der Fäulnis hingeben. Aber immerhin." Die Kantine war schon zur Hälfte gefüllt. Sie gingen mit ein paar „politischen Russen“ zu ihrem Tisch, Block III, auf die linke Seite. Weinberger und Bachmann saßen bereits vor ihren Tellern beim Essen. Sie würdigten sich keines Blickes. „Aha, ihr durchlauft gerade Phase drei, wie ich sehe“, stänkerte Schubert, als er sich neben Bachmann setzte. „Verachtung, bis dass der Tod euch scheidet.“

Weinberger durchbohrte ihn förmlich mit seinen Blicken. „Halt du bloß das Maul, Arschloch. Dich kriege ich schon noch soweit, dass du einen Fehler machst. Und dann bin ich an der Reihe, über dich zu lachen.“

„Du kannst lachen? Wer hätte das gedacht?“ Schubert ging vorsichtshalber nicht weiter auf Weinbergers Provokationen ein. „An der Essensausgabe ist gerade wenig los“, stellte er fest und stand auf. „Wer kommt mit?“

Petermann und Meinhardt begleiteten ihn zu der langen mit Essensresten versauten Ausgabetheke an der Pjotr, Victor und „Rachmaninov“ standen und die hingereichten Teller mehr oder weniger reichlich mit dem Fraß des Tages beluden. „Rachmaninov“, wie immer geistesabwesend aber ein Thema aus einer Sinfonie seines Idols summend. Die Thumeckbrüder blieben noch am Tisch sitzen. Olaf musste Carsten erst noch die wichtigsten Verhaltensregeln in der Kantine erklären. Warum er das nur in gewohnt lippenunbeweglicher Art tat, wurde Carsten schneller bewusst, als er es wollte. Tschingis kam von hinten angestapft und donnerte seine mächtigen Fäuste auf den Tisch, dass die Teller von Bachmann und Weinberger fast herunterfielen. „Haltet endlich die Fresse, Ihr Hurensöhne!!!“, donnerte er die Brüder an. „Ihr könnt gehen! Für euch ist das Essen heute Abend gestrichen!“

Weinberger quittierte den emotionellen Auftritt des Mongolen mit einem beiläufigen Grinsen. Als Schubert mit Meinhardt und Petermann im Gefolge wieder am Tisch erschien, gab er bereitwillig Auskunft, wo die anderen geblieben sind.

„Olaf und sein unbedarfter Bruder sind leider unangenehm aufgefallen“, sagte er. „Heute Abend wird euch wahrscheinlich ihr Magenknurren am Schlaf hindern. Dabei gibt es diesmal eine wirklich leckere Erbsensuppe mit großen, knackigen Würstchen.“ Er fingerte tatsächlich eine relativ große Wurst, die diesen Namen auch verdiente, aus dem Rest seiner Suppe und biss herzhaft hinein. Bachmann sah ihm neidvoll dabei zu. „So ist das Leben. Unser Weinbergerlein hat nach seiner erfolgreichen Umerziehung eben manche Vorteile, die wir normal Sterbliche nicht haben.“ Er hob seinen Löffel aus der Wassersuppe. Ein lederartiges kleines Würstchen lag wie zur optischen Bestätigung darauf. Sie setzten sich neben Bachmann und versuchten ihr Essen durch das Umgehen der wichtigsten Geschmacksnerven, zu bewältigen. Das gelang in der Regel nur dann, wenn man wenig kaute und schnell schluckte. So hatte der Zungen-Gaumenbereich nur wenig Zeit seine empfindlichen Geschmackszonen zu aktivieren.

„Aber dafür können wir in der Früh noch in den Spiegel schauen, ohne dass wir sofort kotzen müssen“, meinte Schubert boshaft.

„Dann ist ja alles in Ordnung“, antwortete Weinberger überraschend gelassen. „Wer hätte gedacht, dass ihr nur vom Schauen satt werdet? Aber das müsst ihr selber wissen.“ Er schob sich schmatzend das nächste Wurststück in den Mund und kaute behaglich darauf. „Ich benutze meinen Kopf lieber zum Denken. Das macht in unserem Fall wahrscheinlich den größten Unterschied zwischen uns aus.“

„Gut, dass wir schon heute Abend abhauen“, raunte Schubert auf dem Weg zum Unterricht Carsten zu. „Ich würde dieses elende Schwein am liebsten sofort durch den Fleischwolf drehen, egal was unsere russischen Vollblutsadisten dann mit mir vorhaben.“

„Beherrsche dich nur noch drei Stunden“, flüsterte Meinhardt in seinem typisch badischen Dialekt hinter ihnen. „Ab 22.00 Uhr haben wir nur noch unsere Freiheit vor Augen. Und dann kann uns auch ein Exemplar wie Weinberger am Arsch lecken.“

„Genau so ist es“, sagte Petermann. „Wenn uns diese drei Stunden wahrscheinlich auch als die längsten unseres Lebens erscheinen werden.“

„Ich kann es schon jetzt kaum mehr erwarten“, meinte Olaf. „Aber die letzte Stunde in dieser geistigen Folterkammer werden wir auch noch überstehen.“

Sie erreichten die hell erleuchtete Unterrichtsbaracke schon nach ein paar Minuten am südlichen Rand des Lagers, von den Gefangenen respektlos als „Hirnwaschanlage“ bezeichnet.

Marat Surminski, ein kleiner, drahtiger Königsberger mit roten Wangen, einer hellblonden Bürstenfrisur und einem langen Stock in der Hand, wartete bereits vor einer Wandkarte, die über der Tafel hing, auf ihr Eintreffen. Er wippte unternehmungslustig auf und nieder und lächelte den Ankommenden „freundlich“ entgegen.

Wenn jemand während der Unterrichtsstunde einschlief, was nach einem harten Arbeitstag relativ oft geschah, zog er demjenigen seinen Stock mit geübter Präzision übers Gesicht. Es gab zahlreiche Gefangene in Severnyj, die nicht durch Kampfhandlungen im Krieg, sondern durch den Unterricht bei Marat Surminski ein vernarbtes Gesicht aufwiesen.

„Setzen Sie sich, meine Herren.“ Es war der übliche zynische Satz den Marat auch heute Abend in sein Mikrofon schmetterte, als sie eintraten. Und es war der Startschuss für das Gerangel um einen relativ „ungefährlichen“ Platz. Jeder versuchte instinktiv eine Bank in den hinteren Reihen zu ergattern. Aber diese Regionen waren heiß begehrt.

Noch bevor man bis zwei zählen konnte, waren nur noch die Reihen im vorderen Bereich frei.

„Heute Abend beschäftigen wir uns mit der autonomen sowjetischen Republik Jakutien im mittelsibirischen Bergland. Wer kann uns darüber etwas berichten?“ Surminskis wasserblaue Augen wischten über die Köpfe seiner riesigen „Zuhörerschar“. Ganz vorne saß Weinberger. Sein Arm und der von ein paar anderen „Erleuchteten“ zuckten blitzartig nach oben. Marat nahm es mit einem wohlwollenden Lächeln zur Kenntnis. „Ihr heute ausnahmsweise nicht, Genossen. Bei euch weiß ich, dass mein Unterricht auf einen fruchtbaren Boden fällt. Aber wie wäre es diesmal mit einem unserer wissbegierigen Schüler aus den hinteren Reihen?“

Wie auf Kommando tauchte fast der gesamte Saal ab. Aber Surminskis Adleraugen pickten sich gezielt ein Opfer aus der Masse.

„Genosse Gregorjew!“, hallte es durch den Raum. „Du kannst uns doch bestimmt etwas zur Republik Jakutien und seinen fleißigen Bewohnern sagen! Steh auf, mein Freund. Wir hören dir gerne zu.“

Der junge Russe stand auf. Sein Blick flackerte, seine Hände begannen zu zittern, aber seine Stimme wirkte fest, als er laut nach vorne rief: „Das wichtigste, was ich über Jakutien weiß, ist, dass es von Moskau genauso unterdrückt und gegängelt wird, wie alle anderen Republiken!“

Die Müdigkeit war nach diesem Satz bei allen aus den Gliedern geflogen. Marats Lächeln versteinerte sich. „Könntest du das für uns alle noch einmal wiederholen, Genosse Gregorjew?“

Jeder im Saal konnte die massive Warnung hinter dieser Frage förmlich mit den Händen greifen. Aber der junge Hitzkopf aus Perm ließ sich nicht einschüchtern. Er war schon lange mit seinen Kräften am Ende, alle wussten das.

Die Schläge und Demütigungen, die er täglich wegen Arbeitsverweigerung einstecken musste, hatten ihn irgendwann gleichgültig gemacht. Gleichgültig, ob er heute oder morgen sterben würde. Er wollte nur noch eines: einen würdigen, aufrechten Abgang. „Ihr seid alle gewissenlose Hurensöhne, Marat! Du und deine blödgesoffenen Sklaventreiber! Ihr sollt ewig in der Hölle schmoren! Hast du es jetzt verstanden, du sadistischer Vollidiot?"

Es wurde schlagartig still. Zwei schwer bewaffnete Posten pflügten durch die hinteren Bankreihen und zerrten Gregorjew aus dem Saal. Alle wussten, was jetzt folgen würde. Drei Minuten später hallte auf dem Exekutionsplatz hinter der Baracke eine kurze MG-Salve auf. Das Kapitel Gregorjew war damit beendet, der Unterricht ging ohne weitere Zwischenfälle weiter.

Kurz nach 19.00 Uhr fluteten die Gefangenenreihen in die Schlafbaracken. Fast alle waren hundemüde. Sozialistischer Unterricht nach einem brutal harten Tag, tief unter der Erde, wirkte in der Regel wie eine Überdosis Schlaftabletten. Trotz dieses Dramas, das sich heute Abend abgespielt hatte.

Auch im Block III waren zwei Stunden später nur noch die üblichen Schlafgeräusche zu hören. Nur die fünf fluchtbereiten Deutschen lagen hellwach in ihren Betten und lauerten auf den günstigsten Moment.

Gegen 22.00 Uhr war es endlich so weit. Schubert kroch als erster von seiner Schlafstätte.

Er war bereits komplett angezogen. Vorsichtig überprüfte er seine nächste Umgebung. Weinbergers Bett galt dabei seine bevorzugte Aufmerksamkeit. Aber der Österreicher schlief anscheinend tief und fest. Seine regelmäßigen Atemzüge waren deutlich zu hören, immer wieder nur kurz unterbrochen von einem schmatzenden Geräusch aus dem offenstehenden Mund.

Schubert zog die Landkarte aus dem Versteck und gab den anderen ein Zeichen mit der Hand. Olaf, Carsten, Meinhardt und Gerhard Petermann glitten vorsichtig aus ihren Betten. Sie zogen nur das Allernötigste an. Den Rest ihrer Kleidung und ihre Stiefel nahmen sie in die Hand und huschten lautlos auf den Flur hinaus, wo sie sich komplett anzogen. Als Olaf die Tür zum Schlafsaal leise hinter sich zudrückte, war Schubert schon aus dem Flurfenster gestiegen und auf dem Weg zur Latrine, um den Lebensmittelsack zu holen.

Der breite Lichtkegel von einem der beiden großen Turmscheinwerfer tastete sich langsam zum Fenster heran. Wie auf Kommando duckten sie sich. Kaum war der Lichtstrahl weiter gewandert, stieg einer nach dem anderen aus dem Fenster. Sie mussten sich beeilen, denn schon riss der zweite Strahl die Gasse zwischen dem Schlafsaal und den Waschbaracken aus ihrer Dunkelheit. Eng an die Holzwand und in ihren Halbschatten gedrängt schlichen sie weiter. Der Weg zwischen den beiden Südtürmen hindurch zum Waffendepot war besonders riskant. Nur wenn die Wachtposten, wie vermutet, bereits ihre gewohnte Ladung Wodka intus hatten, kamen sie an dieser Stelle relativ sicher vorbei. Das Sichtfeld zwischen den Türmen betrug gut zweihundert Meter. Es war für einen an der Balustrade stehenden Posten, der in den Innenbereich des Lagers sah, leicht zu überblicken. Olaf sah nach oben, wartete einen Moment und hob dann die Hand. Sie liefen in gebückter Haltung los und blieben erst unter dem Vordach des Waffendepots stehen. Von dem näheren der beiden Türme war ein unterdrücktes Lachen zu hören. Eine stockende Stimme fiel ein und plötzlich vermengten sich die zwei Stimmen zu einem glucksenden Gackern und Husten. Sie hatten Glück. Der blutjunge Kaputin und sein kaum zwei Jahre älterer Freund Federenko hatten Dienst auf den Türmen.

Die zwei waren bekannt für ihre wüsten Saufgelage. Olaf nahm den Nachschlüssel den Schubert angefertigt hatte in die Hand und schloss die Tür zum Depot problemlos auf. Nacheinander zwängten sich alle vier in den großen fensterlosen Raum, in den nur das spärliche Lagerlicht von draußen durch einige Ritzen und Fugen drang.

„Kurt, wir warten auf deine Kerze“, raunte Olaf ins Dunkel. Es dauerte ein paar Sekunden, ein Streichholz blitzte auf, plötzlich wurde der Raum in ein schwaches, flackerndes Licht getaucht. Meinhardt schirmte es mit der rechten Hand Richtung Südtürme ab. Sein Gesicht wirkte über der Kerzenflamme wie ein hohläugiges Gespenst.

„Mensch, schaut euch das an!“, platzte Petermann heraus und ging staunend zwischen Kisten und teilweise bereits geöffneten Truhen in den riesigen Raum hinein.

„Handgranaten, MPs, die unterschiedlichsten Karabiner und Schnellfeuergewehre, Pistolen, Minen, die Zünder dazu und sogar Haubitzen, Flakgeschütze und jede Menge Munition.“

„Die haben hier mehr Waffen gelagert, als die gesamte Deutsche Wehrmacht im Winter 45 noch zur Verfügung hatte“, sagte Olaf. „Aber wir nehmen nur fünf Makarows und die dazugehörige Munition mit und dann ...“ er grinste vielsagend und deutete auf die Kiste mit den Tellerminen ... „und dann haben wir hier noch etwas ganz besonders Schickes für Anatoly und seine Bluthündchen. Die Dinger könnten wir kurz hinter dem Lager eingraben, dann müssen wir sie nicht lange herumschleppen. Ich würde sagen, jeder nimmt eine und den Zünder mit. In einem halben Meter nebeneinander platziert könnte das für unsere Verfolger eine sehr unangenehme Überraschung werden. Einen Spaten dürfen wir also nicht vergessen, die Drahtzange für den Zaun und eine MP kann auch nicht schaden. Das genügt. Alles andere bleibt unberührt. Wir haben mit dem Lebensmittelsack schon genug zu schleppen. Wir brauchen einen sicheren Vorsprung."

Sie rafften alles so schnell es ging zusammen und schlichen zum Ausgang zurück. Meinhardt löschte seine Kerze, öffnete vorsichtig die schwere Tür und schob seinen kahlen Schädel in die kühle Nacht hinaus. Draußen war noch immer das Lachen und Gestammel der beiden russischen Turmwachen zu hören.

Einer nach dem anderen quetschte sich durch den engen Türspalt, dann ging es weiter in Richtung Kantine, an deren Rückseite sie sich mit Schubert treffen wollten.

Aber plötzlich geschah etwas vollkommen Unerwartetes. Gerade in dem Moment, als sie sich wieder unter einem der beiden Südtürme befanden, fiel etwas mit einem dumpfen Klirren direkt vor die Füße von Carsten. Erschrocken blieb er stehen und bückte sich. Eine offene Wodkaflasche lag vor ihm, ihr Inhalt gluckerte langsam auf den Rasen. Vom Turm drang die helle Stimme von Kaputin, der sich selbst beschimpfte: „So ... so eine ... eine Scheiße! Ich ... Idiot! Meine ... Flasche ist runter ... runtergefallen. Jetzt ... jetzt habe ich die gan ... ganze Nacht nichts mehr ... zu ... zu saufen.

Ich ... geh runter ... und ... und schau nach, ob ... wenigstens ... ob noch ein ... ein klei ... kleiner Rest in ... der Flasche geblieben ist!"

Eine Taschenlampe flammte auf und ihr Lichtkegel richtete sich hin- und herfahrend auf den Boden unter dem Turm. Die vier Flüchtlinge sprangen sofort auf die andere Seite und legten sich flach auf den Boden.

„Wa ... warum regst du dich auf, Brü ... Brüderchen?", lallte es von der anderen Seite herunter. „Wir ... wir sind so voll, dass es ... mindestens für zwei ... zwei Nächte reicht. Min ... Mindestens." Ihr Gelächter zeigte an, dass sie sich schnell wieder einig waren. Und sie hatten offensichtlich noch nichts von den vier Gefangenen unter dem Turm mitbekommen.

„Los Männer, hier wird es langsam ungemütlich. Rüber zur Kantine“, flüsterte Olaf, der wie selbstverständlich das Kommando übernommen hatte. „Um den Hundezwinger sollten wir einen großen Bogen machen damit uns die Biester nicht wittern und ein riesiges Gekläffe veranstalten. Lasst uns den Weg über Block IV nehmen und dann über die Ostseite des Russenbaus weiter zur Kantine.“

Die drei anderen nickten nur. Tief in den Gebäudeschatten der Schlafbaracke gedrängt liefen sie weiter. Immer auf der Hut den ständig durchs Lager wandernden Lichtkegeln der Turmscheinwerfer zu entgehen. Ein paar Minuten später kamen sie endlich auf der Rückseite der Kantine an. Ein unterdrücktes Husten, so als ob sich jemand verschluckt hätte, drang aus dem gekippten Fenster der Vorratskammer und jagte ihnen die nächsten Schauer über den Rücken. Meinhardt, der direkt neben dem Fenster stand, legte warnend einen Finger auf den Mund. Sofort blieben alle stehen und horchten an die Wand gepresst ins Innere des Gebäudes. Dem Husten folgte das Poltern herunterfallender Dosen und ein schmerzhafter Aufschrei.

„Kein Grund zur Panik, Leute. Das kann nur Tschingis sein“, flüsterte Olaf. „Wahrscheinlich hat er mitten in der Nacht wieder einmal Hunger bekommen und stellt sich wie immer wie ein Elefant im Porzellanladen an.“

Er setzte seinen Weg unbeeindruckt fort, die anderen folgten ihm. Sekunden später erreichten sie das Ende der Kantinenbaracke. Von Schubert war nichts zu sehen. Sie schlichen nervös geworden zur anderen Schmalseite hinüber. Aber auch die Lagergasse zwischen der Kantine und Block V zeigte sich leer und totenstill. Es musste etwas passiert sein.

„Verdammt“, fluchte Carsten mit gedämpfter Stimme.

„Der müsste doch längst hier sein. Was machen wir jetzt?“

„Abhauen, was sonst?“, drang es leise hinter dem einzigen Strauch neben der Kantine hervor. „Ihr müsst schon entschuldigen, dass ich meinen Posten kurz verlassen habe, aber ich musste ein dringendes Geschäft erledigen.“

Schuberts lange Gestalt schälte sich aus dem Schatten des Buschs. Er schloss noch im Gehen seine Hose und warf den gutgefüllten Lebensmittelsack über die Schulter.

„Mann, du hast uns einen gehörigen Schrecken eingejagt“, raunte Petermann. „Ohne deinen Sack wären wir nicht weit gekommen ...“

„Sagte das Mädchen zu ihrem Geliebten“, unterbrach ihn der Schlesier grinsend. „Alte Sau“, war der trockene Kommentar von Petermann.

„Also, dann können wir unsere Reise endlich beginnen.“ Olaf drückte Schubert eine der Minen in die Hand. „Bevor wir endgültig in der Taiga verschwinden, graben wir noch einen kleinen, aber feinen Minengürtel hinter dem Lager ein. Für Anatoly und seine heißgeliebten Schoßhündchen.“

„Nicht schlecht“, meinte Schubert anerkennend und besah sich das explosive „Geschenk“ etwas genauer. „So was könnten sich glatt meine boshaften Gehirnwindungen ausgedacht haben. Aber lasst uns weitergehen. Ich fühle so ein seltsames Kribbeln in den Fingern. Das kleine kühle Ding in meiner Hand wartet schon sehnsüchtig darauf, Anatolys Fleischfetzen durch die Luft zu jagen.“

Vorsichtig schlichen sie weiter, innehaltend, lauschend und die Wachtürme nie aus den Augen lassend. Ohne weitere Zwischenfälle kamen sie an den Rand des Lagers. Alles war still. Wahrscheinlich waren Kaputin und Federenko inzwischen eingeschlafen. Nur die Lichtkegel der elektrisch gesteuerten Turmscheinwerfer wanderten unaufhörlich durch die Barackengassen und über die leeren Plätze. Hinter ihnen lagen der Westturm und der Einfahrtschacht zur Bleimine, vor ihnen ein drei Meter hoher Stacheldrahtzaun und dahinter eine fast baum- und strauchlose Ebene, die von flachen Hügeln und Senken gewellt wurde und sich irgendwo in der Nacht verloren. Der Zaun war mit der neuen, noch scharfen Zange und Schuberts Kraft nur drei Minuten lang ein Hindernis.

Die fünf Tellerminen wurden kurz hinter dem Lagerausgang schnell und routiniert scharfgemacht und nur zentimetertief eingegraben. Dann ging es weiter in südwestlicher Richtung. Keiner sprach ein Wort, jeder wusste, dass er mit seinen Kräften haushalten musste. Nach etwa zwei Kilometern trafen sie auf den breiten aber flach dahinfließenden Bach der aus dem Srednij-Ural kommend ihre Spuren für Zwerkows Bluthunde verwischen sollte. Es lagen fast 50 Kilometer Marsch, zum größten Teil in diesem Bachbett, vor ihnen. Viel Zeit blieb nicht mehr. Es war bestimmt schon eine Stunde seit ihrem Aufbruch aus der Schlafbaracke vergangen. Bis zum Morgengrauen mussten sie den Srednij erreichen. Egal wie. Am Tage konnten sie in ihren auffälligen rotweißgestreiften Sträflingsklamotten keinen Meter riskieren.

Die blasse Sichel des Neumondes wies ihnen den Weg. Vielleicht einen Weg in die Freiheit. Wenn alles gut ging. Aber keiner dachte in diesem Augenblick auch nur eine Sekunde an die Möglichkeit eines Scheiterns. Und das war gut so. Es war die Vorraussetzung für das Gelingen ihrer waghalsigen Flucht.

Schon nach wenigen Kilometern fing zuerst Carsten, dann Petermann und schließlich auch noch Meinhardt zu jammern an, wie kalt das Wasser im Bach war. Olaf und Schubert hielten es auch nur zwei, drei Kilometer länger aus. Es hatte keinen Sinn mit vor Nässe und Kälte erstarrten Füßen weiter zu marschieren. Aber Schubert machte aus der Not fast umgehend eine Tugend. Als sie schlotternd ans Ufer staksten, stieg er in den nächstbesten Rentierfladen und schmierte sich damit die Schuhe und die Waden ein. Die anderen sahen ihm sprachlos dabei zu.

„Ich wusste bisher noch gar nicht, dass Scheiße für dich so anziehend ist", witzelte Meinhardt, der als erster wieder die Fassung fand.

„Wenn es vorteilhaft für uns ist, mache ich noch ganz andere Dinge", meinte der Schlesier bierernst. „Das sollte eigentlich auch für euch gelten. Also Männer, rein in die Scheiße! Dass Anatolys Hündchen Rentiere jagen sollen, darauf sind sie bestimmt nicht vorbereitet worden. Er hält ihnen mit Sicherheit unsere abgelegten Klamotten zum Schnüffelstart unter die Nasen. Und wenn die unsere edlen Körpergerüche nicht mehr wittern, dürften sie relativ dumm in der Gegend rumstehen."

„Ich denke, da könntest du absolut recht haben", stimmte ihm Olaf zu. „Manchmal kann eine Scheißidee, auch eine sehr gute Idee sein. Außerdem ist mir erstunken ehrlich gesagt auch lieber als erfroren."

„Und die Fladen sind teilweise auch noch warm!", rief Petermann begeistert. Er schien sich mitten in der vor ihm liegenden „Pracht" ganz wohl zu fühlen.

Und damit machten sich auch Carsten und Meinhardt naserümpfend ans Werk. Es lag genug herum für alle. Bestens eingeschmiert und mehrere Kilometer gegen den Wind stinkend marschierten sie weiter. Die Füße erwärmten sich schnell und alle waren zufrieden. Von nun an ging es wesentlich rascher vorwärts. Trotzdem drehten sie sich immer wieder um und lauschten in die Nacht hinaus. Noch war von ihren Verfolgern nichts zu hören und zu sehen.

Schweigend legten sie Kilometer um Kilometer zurück.

Die horizontlose Ebene schien sie mit ihrer Stille einfach verschluckt zu haben. Nur ab und zu hörten sie das ferne Klagen einiger Wölfe in der Dunkelheit und das leise Murmeln des immer wieder kreuzenden Bachlaufs. Nach weiteren vier Stunden verfärbte sich der Himmel langsam in ein fleckiges dunkelgrau. Das Srednij-Massiv zeichnete sich schwarz und fern vor ihnen ab.

„Wir müssen noch zulegen, Leute", durchbrach Olaf nach einer Ewigkeit des Schweigens die Stille. „In zwei Stunden wird es hell. In der Ebene können wir uns nirgendwo verstecken. Und in diesem Gelände haben es Anatolys vierbeinige Lieblinge auch wesentlich einfacher, uns aufzustöbern."

„Wenn sie sich nicht in kleine Stückchen verwandelt haben oder den Trick mit der Rentierscheiße erkannt haben", meinte Schubert.

„Glaube ich ... eher nicht", keuchte Petermann. „Diese Hürden haben sie .... nicht genommen." Die Anstrengung war ihm deutlich anzusehen. Er stand mit dem Oberkörper nach vorne gebeugt da und stützte sich mit den Händen an den Schenkeln ab. Sein Atem ging stoßweise, der Schweiß tropfte von der Nasenspitze ins Gras. „Aber ... wir sollten uns vorsichtshalber immer auf den ungünstigsten Fall ... einstellen."

„So ist es", sagte Olaf. „Außerdem müssen wir unsere Klamotten dringend gegen etwas unauffälligere eintauschen. Wir laufen wie wandelnde Litfaßsäulen herum."

„Und darum würde ich vorschlagen, ... dass wir unsere Jacken links ... herum tragen", ächzte Meinhardt und schnappte wie ein Fisch auf dem Trockenen nach Luft. „Dann sehen unsere Streifen zumindest blasser aus und sind von Weitem wahrscheinlich gar nicht mehr zu erkennen."

„Eine gute Idee", lobte Carsten und ging sofort mit gutem

Beispiel voran. Die anderen blieben ebenfalls stehen und stülpten ihre Jacken um. Jeder schnaufte und stöhnte wie ein Walross. Fast alle waren nach diesem Gewaltmarsch mit ihren Kräften am Ende. Nur Schubert schien noch Reserven zu haben. Er legte den Lebensmittelsack, den er seit Stunden geschultert hatte, auf den Boden und lockerte die Munitionsgürtel, die er um den Bauch trug. Seine Makarow nahm er aus der Jackentasche bevor er sie wendete und steckte sie ebenfalls in den Sack.

„Lasst uns was essen und trinken", schlug er vor und fing damit an eine große Papiertüte aus dem Sack hervorzukramen. Er nahm einige Hartwurstscheiben und etwas Brot heraus und legte alles auf die flachgedrückte Tüte. Eine leere Wodkaflasche wurde im nahen Bachbett gefüllt. „Das ganze riecht jetzt vielleicht ein bisschen unappetitlich", meinte er achselzuckend. „Aber wenn ich an ‚Rachmaninovs' versiffte Pfoten denke ... Und eine Gabel zum Servieren habe ich leider im Lager vergessen. Also, greift zu, in spätestens zehn Minuten müssen wir weiter. Dein Gewehr Gerd, kannst du mir überlassen. Das schaffe ich noch."

„Danke für das Angebot", röchelte Petermann noch immer ganz weiß um die Nase. Er nahm einen kleinen Schluck aus der hingereichten Flasche. „Aber .. übernimm dich bloß nicht. Der Prügel ist im ersten Moment gar nicht so schwer, ... aber nach ein paar Kilometern scheint er ... eine Tonne zu wiegen."

Schubert lachte mit vollem Mund. „Das tragen eines schweren Prügels bin ich von Geburt an gewöhnt, mein Junge. Also, nur her damit."

Sie waren alle zu schwach, um näher auf Schuberts dreckige Witze einzugehen. Nur Olaf bekam zwischen zwei Bissen ein müdes Lächeln zustande. Der Humor Schuberts war selbst auf der Flucht nicht klein zu kriegen. Jeder aß wort- und kraftlos seine Miniportion. Meinhardt versuchte anschließend noch einige Dehn- und Streckübungen. Er gab nach zwei kläglichen Versuchen auf.

Zehn Minuten später verstaute der kantige Schlesier die Reste des kargen Mahls wieder und schon ging es weiter. Er übernahm mit langen gleichmäßigen Schritten die Führung. Wie eine etwas zu kurz geratene Raupe zogen sie durch das Ende der Nacht. Fast alle waren nach zwei weiteren Stunden über ihre persönliche Leistungsgrenze gekommen. Durch die jahrelange Schufterei unter Tage und das unzureichende Essen waren die ausgemergelten Körper zu keiner weiteren Kraftanstrengung fähig.

Als es schon seit einer halben Stunde hell geworden war, hatten sie gerade noch die flachen Ausläufer des Bergmassivs erreicht. Hier gab es genügend Bäume und Sträucher, die ihnen ausreichend Deckung boten. Ein leichter Wind kam auf und spielte in den Zweigen und Ästen, strich kühlend über die schweißnassen Köpfe. Voller Ehrfurcht sahen sie zu den hoch über ihnen aufragenden Bergkämmen hinauf. Auf den höheren Gipfeln weiter im Süden, breiteten sich in der aufgehenden Sonne weißglänzende Schneefelder aus, unterbrochen von den dunkel- und hellgrünen Vegetationsgürteln der Tannen und Laubbäume.

Olaf, der den Schluss ihrer Reihe bildete, entdeckte kurz vor dem ersten Anstieg eine größere Buschinsel zwischen einer Felsformation. Sie schien für ein erstes Ruhelager geeignet. Er machte seine Kameraden darauf aufmerksam. Todmüde und abgekämpft schlichen sie auf das Versteck zu. Kurz vor dem Erreichen der ersten Sträucher sprang plötzlich etwas großes Braunes unter den Zweigen hervor und bahnte sich zwischen ihnen einen Weg in die hinter ihnen liegende Ebene. Petermann kippte vor Schreck und Schwäche nach hinten und landete wie ein Maikäfer auf dem Rücken. Auch Schubert erschrak im ersten Moment, aber dann erkannte er, was da an ihnen vorbeiflüchtete: „Nur ein Reh! Ein harmloses Reh!", beruhigte er die Kameraden. „Dass es sich hier versteckt hielt, ist das beste Zeichen dafür, dass wir an dieser Stelle unsere Ruhe haben werden."

Olaf nickte nur und ging tiefer zwischen die dicht stehenden Büsche und Jungfichten. Vor einem Felskegel, der wie ein Vorbote der mächtigen Berge hinter ihm wirkte, blieb er stehen. Er drehte sich zu den anderen um. „Ich denke, hier wäre ein geeigneter Platz für eine Pause. Was meint ihr?"

„Finde ich auch", sagte Schubert und warf seinen Lebensmittelsack und Petermanns Schießprügel auf den weichen, mit Moos und Gras bewachsenen Boden. Dann erkundete er die nähere Umgebung. Die anderen ließen sich halb tot ins Gras sinken.

„Da hinten ist eine kleine Lücke zwischen den Felsen, die uns zur Flucht dienen könnte, wenn es brenzlig werden sollte!", hörten sie Schubert rufen. Zerzaust und mit Fichtennadeln auf dem Kopf kam er wieder aus dem Unterholz hervor. Die erwartete Antwort blieb aus. Jeder machte sich ein kleines Lager zurecht, das er mit Zweigen, Blättern und Moos auspolsterte, bevor er sich ächzend und stöhnend darauf legte.

„Tut mir leid, dass ich euch noch einmal stören muss", meinte Olaf mitten in die Schlafvorbereitungen hinein. „Aber es wäre gut, wenn einer die erste Wache hält. Vorsichtshalber. Wenigstens für die nächsten zwei Stunden."

„Kein Problem, das mache ich", meldete sich Petermann zu Wort. „Schlaft ihr mal in aller Ruhe. Mir ist sowieso saumäßig übel. Ich glaube, ich bin nahe am Kotzen."

„Meinetwegen. Wenn du dir sicher bist, dass du nicht einschläfst, soll es mir recht sein", antwortete Olaf und legte sich neben seinen Bruder. Es dauerte keine drei Minuten und alle, bis auf Petermann, versanken ins Reich der Träume. Es wurde keinem von ihnen bewusst, dass es seit acht Jahren der erste Schlaf außerhalb des Lagers war. Zwar auf der Flucht, aber in Freiheit.

Erst fing es leicht, dann immer stärker zu regnen an. Die Tropfen klatschten auf die Zweige und Blätter und von dem Felsen über ihnen lief das Wasser in unzähligen kleinen Rinnsalen auf den Boden und die schlafenden Männer.

Schubert fuhr als erster tropfnass von seinem Lager hoch. „Verdammt, es schifft aus allen Rohren! Gerd, warum hast du uns nicht rechtzeitig geweckt", fluchte er und wischte sich das Wasser fahrig aus dem Gesicht bevor er unter den tiefhängenden Zweigen einer Esche Schutz suchte. Aber der Gescholtene war gar nicht zu sehen.

„Weil ich euch schlafen lassen wollte", kam die Antwort von Petermann aus dem Verborgenen. Er kauerte in einer Felsnische, die von einem Brombeerstrauch fast völlig verdeckt wurde. „Nass waren wir nach fünf Sekunden. Es hätte sowieso nichts mehr geändert, wenn ich euch geweckt hätte."

„Hauptsache wir konnten ein bisschen Kraft tanken", meldete sich jetzt auch Olaf zu Wort und warf sich die unhandliche Kalaschnikow über die Schulter. „Wir müssen sowieso weiter, egal ob es Kuhfladen regnet oder nicht. Aber es hat auch was Gutes, dass es so schüttet. Der Regen wird unsere Spuren verwischen. Anatolys Hündchen bekommen zu den von uns gestellten Rätseln noch ein weiteres dazu."

Mühsam rappelten sie sich hoch. Der Schlaf umhüllte die meisten noch immer wie eine wärmende Decke, trotz der Schleusen, die sich über ihnen geöffnet hatten. Die rot-weißen Sträflingsklamotten klebten nass an ihren dürren, dampfenden Körpern. Die Pause war zwar relativ kurz, hatte aber trotzdem allen gut getan. Sogar ins kreidebleiche Gesicht des wacheschiebenden Hamburgers hatte sich etwas Farbe geschlichen.

Schubert kramte die Landkarte hervor und stellte sich damit in Petermanns Nische. Die anderen rückten nach. „Also, ... wir sind etwa hier", sagte er und deutete mit dem rechten Zeigefinger auf eine Stelle der aufgefalteten Karte, die Meinhardt und er an die Felswand drückten. „Bis zum Osjanka können es höchstens noch fünf Kilometer sein. In südwestlicher Richtung." Er fuhr mit dem Finger langsam nach unten. „Dann wird es leider noch mal anstrengend. Zumindest für solch abgetakelte Schabracken wie wir es sind. Wir müssen einen ziemlich steilen Hang bis auf 1.100 Meter hinauf, um zu Gregorjews Hütte zu gelangen. Wenn wir das geschafft haben und unsere Sträflingsklamotten los sind, ist eine erste wichtige Hürde überwunden."

„Ja, wenn", seufzte Meinhardt. „Ich habe Blasen so groß wie Tomaten. Und mein Kreuz besteht nur noch aus Stechen, Brennen und Ziehen." Er lächelte säuerlich.

„Mir geht es kaum besser", stimmte Petermann in das Klagelied seines Kumpels ein.

„Ich habe mich inzwischen zwar ausgekotzt, bis ich dachte dass ich keinen Magen mehr habe, aber ich fühle mich vollkommen kraft- und saftlos. Dazu kommen Muskelkrämpfe, sobald ich nur an eine Bewegung denke."

„Was Du jetzt bräuchtest, wäre Magnesium", folgerte Carsten. „Eine Menge Magnesium und Kohlehydrate."

„Und was habe ich?"

„Blei", antwortete Schubert trocken. „Blei unter der Haut, in den Organen und im Blut. Trotzdem, jammern hilft auch nichts. Keiner von uns ist jetzt noch taufrisch. Kommt, wir müssen los. Bis zum letzten Atemzug. Das war doch unsere Devise, als wir uns zur Flucht vor einem halben Jahr entschieden haben. Erinnert ihr euch? Denkt an die armen Schweine die seit heute morgen wieder in den Schacht einfahren müssen! Ich schwöre euch, jeder von denen würde sein Leben opfern, um mit uns tauschen zu können."

„Das sehe ich ähnlich", sagte Olaf. „Was sind unsere Blasen und Muskelkrämpfe gegen die Schläge von Steinmeier oder die zynische Fresse von Weinberger?"

Meinhardt und Petermann zuckten nur mit den Schultern. Das Thema einer längeren Pause war beendet, bevor es begonnen hatte.

Langsam stieg das Gelände an. Einen Weg gab es hier nicht. Sie gingen über Wiesen, durch dichtes Unterholz und überquerten Bäche und kleine Täler. Unmittelbar vor dem Osjanka war Petermann mit seinen Kräften am Ende. Er ließ sich am Rande einer Lichtung ins Gras fallen und blieb wie tot liegen. Es dauerte mehrere Minuten bis Olaf bemerkte, dass der Hamburger den Anschluss nicht mehr halten konnte.

„Bleibt alle mal kurz stehen", rief er nach vorne. Die anderen drehten sich um.

„Gerd ist zurückgeblieben. Wartet ein paar Minuten. Ich komme mit ihm nach!" Schubert gab noch ein Zeichen mit der Hand, dass er verstanden hatte und schon war Olaf zwischen den Bäumen verschwunden.

Nach kaum dreihundert Metern hielt er inne. Zwischen dem aufgeregten Gekreische einiger Krähen drang ein merkwürdiges Geräusch zu ihm. Es hörte sich an wie ein Grunzen und Schmatzen, es knackten trockene Äste, aber von einer Sekunde zur anderen war es wieder still. Ein paar Krähen flatterten an ihm vorbei. Gab es hier Wildschweine? Vorsichtig schlich er weiter. Als Deckung nahm er eine kleine Gruppe von Jungfichten, durch die er sich drängte. Und dann war der Blick plötzlich frei zum

Rand der Lichtung, die sie vor ein paar Minuten hinter sich gelassen hatten. Was er sah, raubte ihm im ersten Moment den Atem. Keine fünfzig Meter vor ihm kauerte ein riesiger Braunbär vor der Leiche von Petermann und riss Fleischfetzen und Knochen aus dem ausgemergelten Körper. Olaf war wie erstarrt. Der Bär sah ihn an und richtete sich langsam auf. Ein drohendes Brummen drang aus seinem Maul. Erst jetzt löste die aufkommende Panik die scheinbar einbetonierten Füße. Olaf lief um sein Leben. Er sah sich nicht um, sondern er rannte und rannte, was der geschwächte Körper noch hergab. Schon nach fünf Minuten hatte er die Gruppe um Schubert erreicht. „Haut ab! Ein Bär ist hinter mir her!", schrie er schon von Weitem. Aber die drei blieben wie angewurzelt stehen. „Ein Bär, Ihr Idioten! Macht, dass Ihr verschwindet!"

Er überholte sie und drehte sich nach hundert Metern zu ihnen um. Sie standen noch immer an der gleichen Stelle. Zwischen Schubert und Carsten konnte er den Weg hinunterblicken den er gerade gekommen war. Von einem Bären war weit und breit nichts zu sehen. Schwer atmend wankte er zurück, die Augen waren weit aufgerissen und sahen voller Entsetzen auf die Kameraden.

„Was um Himmels Willen ist passiert?", fragte ihn Carsten, als er bei ihnen angekommen war. „Du siehst aus, als wäre dir der Teufel höchstpersönlich begegnet."

„Petermann wird keine vierhundert Meter von hier gerade von einem Braunbären gefressen", flüsterte Olaf noch immer kreidebleich.

„Mein Gott, was sagst du da? Dietmar, du musst sofort den Karabiner und die MP gefechtsklar machen!", brüllte Meinhardt. „Wenn das Biest hier auftauchen sollte, haben wir keine Zeit zu verlieren!"

Schubert holte die Munition aus dem Lebensmittelsack und lud die Waffen stumm und routiniert. Jetzt machte es sich positiv bemerkbar, dass er auch unter Zeitdruck jeden Handgriff blind beherrschte. „Ich hoffe für ihn und noch mehr für uns, dass er uns in Ruhe lässt", sagte er. „Ein Schuss wäre kilometerweit zu hören."

„Das mag schon sein. Aber lieber verpasse ich diesem Monster hundert Kugeln, bevor ich ihm als zweites Frühstück diene", rief Meinhardt und sah zu der Stelle hinunter wo Petermanns zerrissener Leichnam liegen musste.

„Lasst uns weitergehen, für Gerd können wir nichts mehr tun." Selbst bei diesem kurzen Satz konnte jeder hören, dass Schuberts sonst so feste, bestimmende Stimme zitterte. Jeder von ihnen wusste, warum. Der sensible Petermann stand im Lager von Anfang an unter seinem besonderen Schutz. Warum das so war, wusste allerdings keiner.

„Ich sichere mit dem Karabiner das Ende", fuhr er fort und man sah ihm an, dass er sich dazu zwang ruhig zu bleiben. „Einer von euch sollte die MP übernehmen und vorne für unsere Sicherheit sorgen."

„Das übernehme ich", antwortete Olaf spontan und nahm den hingereichten Munitionsgürtel für die Kalaschnikow in Empfang. „Von nun an müssen wir noch vorsichtiger sein. Ich hoffe nur, dass Gregorjews Hütte stabil genug ist, damit wir uns dort problemlos bis zum Abend aufhalten können."

Nach einem letzten Blick zurück, gingen sie schweigend weiter. Das Gelände wurde steiler und unzugänglicher. Der Regen ließ nach und sie näherten sich langsam den Schneeflächen, die fast den gesamten Gipfel umgaben. Es wurde immer anstrengender, immer quälender. Als sich die Wolkendecke allmählich lockerte und die Sonne schüchtern dazwischen hervorblinzelte, tauchte die Hütte unvermittelt zwischen ein paar Krüppelkiefern auf. Sie schmiegte sich flach und breit in den Hang, eine hoch aufragende Felswand hinter ihr machte sie durch ihr graubraunes Muster aus der Entfernung fast unsichtbar.

Es mochte inzwischen Mittag geworden sein. Vorsichtig und auf jedes Geräusch achtend, schlichen sie von hinten näher heran. Die Hütte machte einen soliden Eindruck. Sie war aus unbehauenen Baumstämmen gefügt, die Ritzen mit Moos, Gras, Lehm und kleinen Steinen verstopft. Das Dach bestand aus massiven Fichtenbrettern, die mit Teerpappe und Blech verkleidet wurden. Große Felsbrocken lagen schwer und massig darüber. Es gab nur zwei kleine Fenster zur Westseite, die durch Läden geschlossen waren, und eine Tür.

Schubert sah sich alles noch genauer an, als die anderen. Er rüttelte an den Fensterläden, fuhr mit den Fingern über die Fugen und klopfte an die Tür. Dabei legte er ein Ohr direkt an das hellbraune Holz, wie ein Arzt, der den Rücken eines Patienten abklopft und mit dem Stethoskop auf verdächtige Geräusche hört. „Diese Hütte wird auch von einem gefräßigen Bären nicht so ohne Weiteres geknackt“, stellte er zufrieden fest. „Jetzt müssen wir nur noch reinkommen. Hat einer von euch eine Ahnung, wo der Schlüssel ist?“

„Er müsste unter der Sitzfläche der Bank, gleich neben der Tür, befestigt sein“, sagte Olaf. „Das hat mir Gregorjew wenigstens so erklärt, einen Tag bevor sie ihn erschossen haben.“

„Ist es normal, dass ein Mann wie er eine solche Hütte besitzt?“, fragte Carsten.

„Es war die Hütte eines Freundes von seinem Vater“, antwortete Olaf. „Und der war linientreu und ein höheres Tier bei den Bolschewiken. Der hat sie ihnen vererbt.“

Meinhardt tastete die untere Seite der Bank ab. Sein Nicken zeigte den anderen, dass er fündig geworden war. Sie sperrten problemlos auf und betraten die Hütte.

Ein großer dunkler Raum lag vor ihnen, das Tageslicht, das durch die Tür einfiel, schaffte es nicht bis zu seinem gegenüberliegenden Ende. Carsten öffnete die Fensterläden. Erst jetzt konnten sie erkennen, dass der Raum gemütlich, ja sogar geschmackvoll eingerichtet war. Im Hintergrund befand sich ein großer, aus Natursteinen gemauerter Kamin, neben dem in einem Weidenkorb gespaltene Holzscheite für ein Feuer bereit lagen. Auf dem Kaminsims standen mehrere eingerahmte Fotos, kleine Vasen mit Trockenblumen und ein rotbraun bemaltes Porzellanpferd mit Sattel und reich verziertem Zaumzeug.

Die fensterlose Seite wurde von einem schweren Eichenschrank eingenommen, in dem sich Frauen und Männerkleidung befanden und einem Wandteppich mit mongolischen Reitermotiven. Eine bequeme, aber schon etwas in Mitleidenschaft gezogene Sitzecke aus dunkelbraunem Cord und ein dazugehörendes Tischchen, sowie eine altmodisch wirkende Stehlampe mit einem gelben, gehäkelten Lampenschirm, nahmen die Mitte des Raums ein. Zwischen den beiden Fenstern stand ein schmales Regal in dem sich Bücher und Atlanten bis fast unter die Decke stapelten. Olaf ging neugierig näher, um die Titel zu lesen. Er war überrascht. Neben Tolstoj, Gogol, Puschkin, Dostejewskij und Marx waren unter anderem auch Werke von Hegel, Schopenhauer, Thomas Mann und ein Gedichtband von Rainer Maria Rilke zu finden. In deutscher Sprache. Der junge Gregorjew und sein Vater schienen aus einer gebildeten Familie zu stammen. Kein Wunder, dass sie den schlicht gestrickten Stalinisten in Moskau irgendwann unbequem wurden.

Rechts neben der Tür befand sich ein niedriger Schrank, vollgestopft mit Geschirr und bestickten Tischdecken. Die angrenzenden kleineren Räume wollten sie später inspizieren. Fürs Erste waren ausschließlich Ruhe, Essen und

Regeneration angesagt. Sie ließen sich erschöpft und noch immer vom grausamen Tod Petermanns geschockt auf die Sitzecke sinken. Schubert legte den Lebensmittelsack und seinen Karabiner neben den kleinen Couchtisch, holte vier Teller aus dem Schrank und legte jedem ein zu ranzigem Leder gewordenes Stück Hammelfleisch und eine dicke Scheibe Schwarzbrot darauf. Olaf stellte Biergläser daneben, die er mit dem restlichen Bachwasser aus der Wodkaflasche füllte und dann begannen sie zu essen und zu trinken. Stumm und jeder seinen Gedanken nachhängend. Olaf und Meinhardt schliefen schon während des Essens ein. „Gerd hat erst kurz vor Kriegsbeginn geheiratet", hörte Olaf Schubert wie aus großer Entfernung sagen, als er irgendwann nach ein paar Stunden aus einem todähnlichen Schlaf erwachte. Er rappelte sich mühsam auf und sah Carsten und Schubert im Gespräch vor dem erkalteten Kamin sitzen. Jeder hatte ein Glas mit einer dunkelroten Flüssigkeit und eine Flasche vor sich stehen. Das war doch nicht...?

„Trinkt ihr da etwa Rotwein, Leute?", fragte er schlaftrunken.

Carsten drehte sich grinsend zu ihm um. „Allerdings. Französischen, wenn du es ganz genau wissen willst."

„Ein Wunder", hauchte Olaf andachtsvoll. „Wer hätte gedacht, dass wir hier in der rauen Bergwelt des Urals Rotwein zu trinken bekommen?"

„Französischen Rotwein, wenn ich bitten darf", berichtigte Schubert. „Soviel Zeit zur Genauigkeit muss sein."

„Meinetwegen französischen! Habt ihr noch was übrig?"

„Die Flasche hier auf dem Tisch genügt, um uns alle ins Nirwana zu bringen. Übernimm dich nicht!", flüsterte Schubert, um den schlafenden Kurt Meinhardt nicht aufzuwecken. „Was glaubst du, was du nach acht Jahren

Gefangenenlager verträgst? Zwei oder sogar drei Schlucke? Nebenan, in der Küche befindet sich noch ein beachtliches Regal mit verschiedenen Spirituosen. Wir sollten davon aber besser die Finger lassen. Komm, setz dich zu uns. Ich erzähle Deinem Bruder gerade etwas über Petermann. Ich glaube, allzu viel wirst du über ihn auch nicht wissen."

„Stimmt. Was bei unserem offiziellen Redeverbot im Lager nicht weiter verwunderlich ist", entgegnete Olaf, schnappte sich ein Kissen von der Couch und setzte sich zu den beiden auf den Boden. Carsten hielt ihm sein Glas hin. Er nahm es in beide Hände, um ja nichts zu verschütten und versuchte vorsichtig. „Unglaublich", murmelte er und leckte sich die Lippen ab. Schubert verkorkte die Flasche wieder und stellte sie neben sich.

„Seine Frau, ich meine ... seine Witwe, stammt übrigens wie Ihr zwei aus Ostpreußen", fuhr der Schlesier fort. „Aus der Nähe von Allenstein. Er hat als Musik- und Klavierlehrer in Hamburg gearbeitet. Seine Eltern hatten vor dem Krieg eine kleine Buchdruckerei in Harburg. Ein jüngerer Bruder und eine ältere Schwester lebten zuletzt in Berlin-Spandau. Wer weiß, ob noch. Was Carsten über die Zerstörung Berlins erzählt hat, macht einen da reichlich unsicher." Er schob den Kopf in den Nacken. Es sah aus, als würde er jeden Augenblick den Mund aufreißen und laut zu schreien beginnen. Die Muskeln unter dem eckigen Kinn begannen sich zu straffen, der wutverzerrte Mund öffnete sich einen Spalt und ließ einen kurzen Blick in die fast zahnlose Mundhöhle zu. Aber die schmalen Lippen im lichten Bartgestrüpp seines Gesichts entspannten sich wieder.

„Erwischt haben sie ihn im Januar 45 kurz hinter der Memel. Die meisten anderen seiner Einheit haben nicht überlebt. Er kam leicht verletzt nach Severnyj und durfte schon nach zwei Wochen in den Berg einfahren. Ich habe nicht geglaubt, dass unser zartes Jüngelchen acht Jahre in dieser gottverdammten Mine überleben würde. So kann man sich täuschen. Und ausgerechnet jetzt, wo er dieser Hölle endlich entronnen ist, kommt so ein dämlicher Bär ..." Schubert stockte. Er nahm sein Gesicht in die Hände und konnte nur mühsam die Tränen unterdrücken. „Tut mir leid Leute. Aber er war von Anfang an mein Zögling", murmelte er. „Ich habe ihn im Lager beschützt, gefüttert und ..." Jetzt war es mit seiner Beherrschung vorbei. Ein heftiger Weinkrampf schüttelte seine knochigen Schultern. Olaf und Carsten saßen betroffen daneben. Nach ein paar Sekunden hatte sich der nach außen hin so grobschlächtig wirkende Mann wieder im Griff.

„Durch ihn hörte ich zum ersten Mal von Musikgenies wie Beethoven, Tschaikowsky, Brahms und vielen anderen Klassikern. Er hat mir so begeistert, so intensiv über ihr Leben und ihre Werke erzählt, dass ich irgendwann glaubte, ich wäre selbst ein Mitglied ihrer Familien."

Es entstand ein Augenblick des Schweigens. Sie saßen mit gesenkten Köpfen vor ihren leeren Gläsern. Schubert schenkte mit zitternden Händen jedem einen kleinen Schluck nach.

„Und Du, Dietmar? Von dir weiß ich auch so gut wie nichts. Was gibt es über dich zu berichten?", fragte Carsten in die Stille hinein.

Der Schlesier winkte kopfschüttelnd ab. „Über mich? Da gibt es nicht viel zu erzählen. Vor fünfunddreißig Jahren geboren, mehr oder weniger bescheiden gelebt, fünf Jahre im Krieg verloren, acht Jahre Gefangenschaft in Sibirien, Flucht, Ende."

Carsten schmunzelte. „Na komm, ein bisschen mehr kannst du uns schon erzählen. Wo kommst du her, hast du Geschwister, was machen deine Eltern?"

„Neugierig bist du ja gar nicht", antwortete Schubert

mit belegter Stimme. „Nur wer fragt, stirbt nicht dumm. Meistens wenigstens."

„So was Ähnliches habe ich doch schon einmal gehört. Von einem Pauker in der Schule, wenn ich mich nicht irre. Also meinetwegen, wenn es dich glücklicher und schlauer macht. Ich bin das zweitälteste von sechs Kindern einer ganz normalen Familie aus Breslau. Mein Vater starb schon als ich zehn war an einer Staublunge. Er war Hauer in einem Kohlenbergwerk. Meine Mutter gab mich mit vierzehn zu einem Schlosser aus der Nachbarschaft in die Lehre. Gegen meinen Willen, denn ich wollte wie mein Vater in der Zeche arbeiten. Aber es war eine gute Entscheidung, die ich damals nur nicht richtig einzuschätzen wusste. So blieb mir wenigstens das Schicksal meines Vaters erspart. Mit neunzehn fühlte ich mich zu Höherem berufen, wollte das Abitur nachholen und studieren. Medizin. Aber natürlich ging das voll in die Hose und ich arbeitete anschließend mal als Kellner, Gärtner, Rausschmeißer oder im Straßenbau. Dann kam der Krieg und beendete meine Erfolg versprechenden Karrieren. Derzeit bin ich ledig, unbeweibt und ohne Kinder, soviel ich weiß."

„Du hast einiges hinter Dir", meinte Olaf. „Und dich nie unterkriegen lassen." In seiner Stimme schwang so etwas wie Respekt mit. „Weißt Du, ob von Deiner Familie noch jemand am Leben ist?"

„Keine Ahnung. Im Lager habe ich keinen Schlesier aus Breslau angetroffen. Und wenn, es hätte schon ein riesengroßer Zufall sein müssen, wenn jemand ausgerechnet meine Familie gekannt hätte. Breslau ist kein Dorf."

„Wir zwei wissen auch nichts über unsere Leute", sagte Olaf. „Und in Severnyj waren bestimmt an die fünfzig Gefangene aus Ostpreußen. Manche kamen sogar aus unserer Gegend."

„Und was ist mit Kurt?", fragte Carsten und deutet mit

dem Kopf auf den leise vor sich hinschnarchenden Obergefreiten aus Karlsruhe.

Schubert zuckte mit den Schultern. „Der ist ähnlich gesprächig wie ich. Ich weiß nur, dass er eine jüngere Schwester hat, die, soviel ich mitbekommen habe, in Baden-Baden verheiratet ist oder war. Seine Mutter lebt in Durlach, der Vater ist zwei oder drei Jahre vor dem Krieg bei einem Unfall ums Leben gekommen. Ob er verlobt, verheiratet, verwitwet ist, keine Ahnung. Zumindest hat er darüber nie etwas erwähnt. Und was er beruflich machte weiß ich auch nicht genau. Er hat öfter mal von Sechszylinder-Motoren geschwärmt. So, als wenn ich was über eine überirdische Frau erzählen würde. Mit glänzenden Augen und einer Begeisterung, als wäre er glücklich mit einer dieser Maschinen verheiratet. Auf jeden Fall kennt er sich anscheinend ganz gut damit aus. Auch über seine Eltern hat er nie was raus gelassen. Aber ich hatte immer den Eindruck, dass er sich mit ihnen nicht besonders verstand."

„Genau so ist es", drang plötzlich Meinhardts müde Stimme zu ihnen. Er war aufgewacht, saß schlaftrunken auf der Couch und hielt sich mit der Rechten an der Rückenlehne fest.

„Lust auf ein Schlückchen Rotwein? Französischen?" Schubert hielt sein Glas in die Höhe.

„Schlückchen? Eher auf eine ganze Flasche", kam es schon weitaus munterer zurück. Meinhardt kam noch leicht verknittert zu ihnen und ließ sich schwerfällig neben Olaf nieder. Schubert goss zwei Finger hoch ein und reichte ihm das Glas. Der Karlsruher leerte es in einem Zug. „Hoppala, der haut aber ganz schön rein", stellte er verwundert fest und besah sich das Etikett der Flasche etwas genauer. „Tatsächlich: französischer Rotwein aus der Provence. Mein Vater war schon in meiner Kindheit und Jugend ein sehr schwer zu ertragender Zeitgenosse", fuhr er in breitestem Badisch fort. „Er tyrannisierte die ganze Familie mit seiner Pingeligkeit und seinen Wutanfällen. Immer musste alles auf seinem Platz liegen, gerade ausgerichtet und korrekt. Wehe ein Bleistift lag etwas schräg auf dem Schreibtisch oder sogar irgendwo in der Küche, wo er natürlich nie und nimmer liegen durfte, dann war uns allen ein Hauskrach gewiss, der sich gewaschen hatte. Und genau so richtete er sein und unser ganzes Leben ein. Um 12.00 Uhr wurde an den Wochenenden zu Mittag gegessen! Nicht um 12.03 Uhr oder um 11.59 Uhr! Undenkbar. Um Punkt 6.30 Uhr ging er jeden Morgen aus dem Haus. Mit einem Wurst- und einem Käseweck in der Vesperdose. Um 9.00 Uhr und um 18.00 Uhr musste der Hund gefüttert werden und um 18.30 Uhr wurde zu Abend gegessen. Mutter ordnete an, dass wir von 14.00 bis 16.00 Uhr unsere Hausaufgaben machten und auch das Gassi gehen mit dem Hund war natürlich zeitlich ganz genau abgestimmt. Wahrscheinlich hielt er sich auch an irgendeinen Zeitplan, wann er mit ihr schlief oder sprach. Muckte sie auch nur ein klein wenig auf oder bat um etwas, außerhalb seiner vorgeschriebenen Normen, wurde sie blöd angemacht und wenn nötig auch mal geschlagen. Auch unsere Nachbarn nervte er ständig mit irgendwelchen Belehrungen und seinen hausgemachten Vorschriften. Von Beruf war er ein kleiner städtischer Beamter irgendwo in einer Zulassungsbehörde. Wir Kinder haben uns nie genau dafür interessiert. Ich gehe jede Wette ein, dass die meisten Hausbewohner aufatmeten, als er im Sommer 1937 beim Aussteigen aus der Straßenbahn von einem schweren Mercedes Cabriolet überrollt wurde und zwei Tage später im Krankenhaus starb. Wir waren jedenfalls nicht traurig darüber, das könnt ihr mit glauben!" „Und deine Mutter?", fragte Carsten. „Hattet ihr wenigstens zu ihr ein normales Verhältnis?"

„Meine Mutter? Die konntest du genauso vergessen.“ Meinhardt zog die Mundwinkel verächtlich nach unten. „Erstens hat sie uns nie gegen seine ungerechten Wutanfälle verteidigt und als er endlich unter der Erde lag, gab es für ihren Lebenshunger kein Halten mehr. Gut, wir waren inzwischen erwachsen, längst ausgezogen und konnten uns selbst versorgen. Aber dass sie sich nach seinem Tod nicht mehr blicken ließ, weder mit einem von uns telefonierte noch einen Brief schrieb, kann ich bis heute nicht verstehen. Sie war doch trotz allem unsere Mutter.“

„Und was hast du beruflich gemacht?“ wollte Olaf wissen.

„Ich habe Maschinenbau studiert. Nach dem Studium ging ich zu Daimler nach Untertürkheim. Meine Schwester arbeitete bei der ‚Badischen Beamtenbank‘ und hat im Frühjahr 1937 nach Baden-Baden geheiratet. Ihren stinkreichen Mann, einen Einzelhandelskaufmann mit eigenen Geschäften, habe ich nur einmal auf ihrer Hochzeit gesehen. Ich war entsetzt. Er war wie unser Vater.“

Schubert lachte heiser und prostete dem Karlsruher zu. „Ja, wo die Liebe hinfällt. Manchmal verstehen das selbst die Betroffenen nicht. Und du? Bist du verheiratet?“

„Meinhardt hob die Hände und sah die anderen mit großen Augen an. „Wer weiß das nach so vielen Jahren der Trennung schon? Vielleicht bin ich inzwischen Witwer oder meine Frau hat mich für tot erklären lassen und einen anderen geheiratet? Vergiss nicht, dass der Krieg offiziell seit über 8 Jahren vorbei ist. Aber zurück in die Gegenwart. Ich würde vorschlagen, dass wir morgen in aller Früh weiter marschieren in Richtung Molotow. Heute Nacht bringt das nichts mehr. Wir würden nur über unsere eigenen Beine stolpern, bei dieser Dunkelheit. Die schweren, auffälligen Waffen lassen wir hier in der Hütte zurück. Die Kalaschnikow, den Karabiner und die dazugehörige

Munition. Dann hat jeder von uns noch seine Pistole und zweihundert Schuss Munition. Das müsste genügen."

„Klingt vernünftig", sagte Olaf. „Alles was schon von Weitem irgendwie auffällig und noch dazu unhandlich und schwer ist, sollten wir zurücklassen. Vorsichtshalber wäre es auch gut, wenn wir unsere Marschverpflegung unter den Jacken tragen, damit niemand auf die Idee kommt, dass wir noch einen langen Weg vor uns haben. Je weniger man uns unser Vorhaben ansehen kann, umso besser."

„Und der Bär?", warf Carsten ein.

„Der Bär? Was soll mit ihm sein? Willst du ihn als Wegzehrung mitnehmen?"

„Ich nicht. Aber vielleicht er uns. Wenn wir keine Schusswaffen mehr bei uns haben, mit denen wir ihn auf Distanz halten können, wird es womöglich ungemütlich für uns, sobald wir wieder draußen in den Bergwäldern unterwegs sind. Eine Makarow wird ihn kaum beeindrucken."

„Da könntest du absolut Recht haben", stimmte ihm Meinhardt zu. „Das Biest ist ziemlich aggressiv und hat Hunger. Und menschenscheu scheint er auch nicht zu sein. Er könnte auf den Gedanken kommen ..."

„Na ja, auszuschließen ist das natürlich nicht", lenkte Olaf ein. „Wir nehmen also zumindest den Karabiner und ein paar Schuss Munition dafür mit. Wenn wir aus den Bergen rauskommen, graben wir ihn ein. Sollte uns bis dahin jemand mit dem Gewehr sehen, können wir immer noch sagen, dass wir auf der Jagd sind. Mit einer MP auf dem Rücken würde uns das wahrscheinlich keiner abnehmen. In der Küche gibt es auch noch einige Konserven. Jeder nimmt sich drei, vier Stück mit. Nicht mehr. Die zweihundert Kilometer bis nach Perm können wir in vier Tagen schaffen. Die Konserven und die Reste aus unserem Lebensmittelsack reichen bis dahin. Zu trinken brauchen wir nichts mitzunehmen. Der gesamte Ural und das anschließende Kamskoe-Gebiet hat genug Wasser für durstige Kehlen. Und jetzt legen wir uns am besten noch für ein paar Stunden aufs Ohr und pflegen unsere Wehwehchen bis zum Sonnenaufgang. Wenn wir Perm unbeschadet erreichen, haben wir vermutlich zumindest unsere Verfolger abgeschüttelt. Wascht und rasiert euch ordentlich, damit die Leute, die uns in der Zivilisation begegnen, nicht in Ohnmacht fallen wenn sie uns sehen oder riechen. Ab morgen früh gibt es gewaschene Kleider für alle."

Schubert verschwand als erster mit ein paar Decken ausgestattet in das kleine Schlafzimmer neben der Küche, Carsten folgte kurz darauf mehr oder weniger nüchtern. Nur Meinhardt und Olaf blieben noch eine Weile auf. Meinhardt um seine Blasen mit Essig und einem undefinierbaren Fett, dass er in der Küche gefunden hatte, zu versorgen, und Olaf um die Karte zu studieren. Die erste Etappe auf dem Weg nach Perm schien der geografisch schwierigste Teil. Danach wurde es flacher. Zumindest auf der Karte.

Ein erster fahler Sonnenstrahl, der sich in die Hütte schlich, genügte, um Schubert zu wecken. Leise und vorsichtig stand er auf, um den neben ihm liegenden Meinhardt nicht zu stören. Er tastete sich durch den halbdunklen Raum, vorbei an den Thumeck-Brüdern und ging hinaus auf die kleine Terrasse vor der Tür.

Der Wald unter ihm dampfte und funkelte, eingehüllt in einen glitzernden Tropfenteppich, die Luft war kalt und klar, ein paar Sterne standen blass und langsam verlöschend an einem blauer werdenden Himmel.

Die Felsformationen von gegenüber, die aus den Steilhängen zu wachsen schienen, begannen ihr düsteres Grau gegen ein freundlicheres Rosa einzutauschen. Er atmete tief durch, streckte und dehnte sich, bevor er wieder andächtig vor der erwachenden Natur innehielt.

„Ein schönes Land!" hörte er plötzlich die Stimme von Olaf hinter sich.

„Ja, ein wunderschönes Land. Wenn es keine Russen darin gäbe", antwortete Schubert, ohne sich umzudrehen. Olaf stellte sich neben ihn. Er hatte bereits ein hellgrünes Hemd von Gregorjew an und roch nach einer aufdringlichen Lavendelseife, mit der er sich in einem Wassertrog vor der Hütte gewaschen hatte. „Wir haben dir viel zu verdanken", sagte er. „Deiner Kraft und Stärke. Und deinem Überlebenswillen."

„Mach nicht so viel Wind darum. Für Gerd hat es trotzdem nicht gereicht", murmelte Schubert und wandte sich Olaf zu.

Die neben ihnen aufgehende Sonne meißelte jede Falte überdeutlich in sein kantiges Gesicht.

„Es werden vielleicht auch jetzt, wo wir alle wieder etwas zu Kräften gekommen sind, nicht alle gesund und munter zu Hause ankommen", erwiderte Olaf. „Und gegen das Schicksal ist sowieso kein Kraut gewachsen."

Schubert sah an ihm vorbei. Seine Augen begannen verdächtig zu glitzern. „Vielleicht ist es so. Vielleicht zappeln wir wirklich alle an irgendwelchen unsichtbaren Fäden und glauben nur, dass wir alles selber tun. Aber bevor wir philosophisch werden, lass uns lieber reingehen, die anderen aufwecken und Frühstück machen. Es wird Zeit, dass wir weiterkommen."

Meinhardt und Carsten waren schon auf und mit ihrer Morgentoilette beschäftigt, als sie die Hütte wieder betraten. Olaf goss kaltes Wasser in einen Topf und warf ein paar vertrocknete Teeblätter hinein, die er in der Küche in einer Blechdose fand und Schubert stellte ein durchaus annehmbares Frühstück zusammen. Nach fünfzehn Minuten waren sie fertig damit und jeder begann im Kleiderschrank nach passenden Hosen, Hemden, Jacken und Socken zu wühlen. Auch zwei schwarze Schafwollpullover befanden sich in einem Fach. Sie wanderten von Hand zu Hand. Carsten und Olaf hatten Glück. Ihnen passten die warmen Kleidungsstücke, als wären sie nur für sie gestrickt worden.

Die Sträflingskleidung und die Kalaschnikow vergruben sie hinter der Hütte, jeder packte seine eiserne Ration platzsparend zusammen und verstaute sie unter seiner Jacke. Dann ging es los.

Olaf gab mit der Hand die Richtung an. Südwest, den ganzen Tag lang nach Südwest.

Die Sonne, die langsam das halbe Tal ausfüllte, im Rücken, ging es meistens bergab, bis in einen nahen Mischwald. Es roch nach Erde, Harz und Pilzen, dazu kam der leicht modrige Geruch von feuchtem Moos. Olaf schlug an der Spitze ein forsches Tempo an, Schubert bildete mit dem Karabiner den Schluss. Keiner sprach ein Wort, um Kräfte zu sparen. Es war wichtig, die erste schwere Etappe zu schaffen. Aber das ständige Bergabgehen, unterbrochen von kurzen giftigen Anstiegen, belastete die Kniegelenke und Oberschenkelmuskulatur extrem.

Als die Sonne bereits hoch am Himmel stand, kamen sie an eine Bergwiese, die sich zum größten Teil flach an einen Abhang schmiegte. Ein schmaler Bach wand sich zwischen Steinen, Moos und bunten Blumen talabwärts. Unter anderen Umständen hätte man das Bild, das sich ihnen bot, fast idyllisch bezeichnen können. „Lasst uns hier eine Stunde Pause machen, Leute“, rief Olaf. „Die Tannen da hinten spenden Schatten und der Bach liefert sauberes Trinkwasser.“

Müde und erschöpft steuerten sie die Baumgruppe in der Wiesenmitte an. Meinhardt und Carsten hatten ihre

Proviantbeutel schon hervorgekramt und wollten sich im Halbschatten der vordersten Bäume niederlassen, als urplötzlich eine dunkle massige Gestalt zwischen den tief hängenden Ästen hervorbrach. Der Bär!

Carsten und Meinhardt ließen entsetzt ihren Proviant fallen und verdrückten sich kreidebleich nach hinten. Schubert ging drei Schritte nach vorne, entsicherte das Gewehr und legte wortlos an. Der Bär war vielleicht sechs Meter entfernt. Er hatte sich aufgerichtet, die mächtigen Pranken mit ihren messerscharfen Krallen zeigten nach vorne, das Maul war halb geöffnet. Er war gut über zwei Meter groß. Kein einziger Laut drang aus seinem Rachen, die kleinen dunkelbraunen Augen starrten sie unergründlich an. Die nächsten Sekunden hielten sie fast den Atem an.

Dann drückte Schubert ab. Ein lauter Knall hallte wie ein zersplitterndes Echo durch das ganze Tal. Der Bär blieb wie angewurzelt stehen, dann wankte er leicht nach vorne, machte einen Schritt auf sie zu ... und fiel stocksteif zur Seite.

„Es ist vollbracht!“, schrie Olaf und hieb Schubert seine Rechte auf die Schulter. „Was habe ich dir noch heute früh auf der Terrasse gesagt? Ohne dich gäbe es die meisten von uns gar nicht mehr.“

Der Schlesier warf erst den Karabiner und dann sich ins Gras und streckte alle Viere von sich. Dann fing er erst leise dann immer lauter an zu lachen. Alles, was ihn die ganze Zeit über bedrückt hatte, war in diesem Moment von ihm abgefallen. Alles auf einmal. Olaf setzte sich zu ihm und wartete bis er sich wieder beruhigt hatte. Die beiden anderen holten Wasser.

„Wir müssen ihn unberührt zurücklassen“, sagte Olaf, als sie essend und trinkend um den erlegten Bären saßen. „Wir haben keine Zeit ihn fachgerecht auszunehmen, abzuhäuten und zu zerlegen. Aber es ist gut zu wissen, dass wir einen unserer gefährlichsten und hartnäckigsten Verfolger los sind. Wenigstens den."

Eine Stunde später ging es weiter. Meistens bergab, selten geradeaus, über kleine Bäche, durch den Wald und über Hochmoore und Wiesen. Die Nachmittagssonne verlor immer mehr an Kraft und Intensität, ein aufkommender Wind trieb die ersten Wolkenfetzen über den Himmel. Gerade in dem Moment, als sie sich einen kurzen aber steilen Hang hinunterquälten, drang ein wildes, nicht allzu weit entferntes Gekläffe an ihr Ohr. Für einen Augenblick erstarrten sie zu Stein. Es handelte sich einwandfrei um mehrere Hunde. Und alle dachten sofort an das Gleiche: Das war Anatoly Zwerkows mordlüsterne Meute. Sie hatten ihre Fährte gefunden und waren ihnen dicht auf den Fersen.

Der Schreck lähmte sie sekundenlang. Schubert fing sich als erster. „Es ist noch lange nichts verloren", sagte er ruhig. „Die Hunde haben hier im Gebirge ähnliche Probleme wie wir. Vermutlich wurden sie durch den Schuss auf unsere Richtung aufmerksam. Olaf, wie weit ist es bis zur nächsten Landstraße?"

Der junge Ostpreuße kramte die zusammengefaltete Karte hervor und legte sie vorsichtig auf den Boden. Nach einer Weile der Orientierung meinte er: „Wir dürften etwa hier sein." Er deutete auf einen bestimmten Punkt. Dann nahm er den „Meterstab" aus seiner Brusttasche und legte ihn auf die Karte. „Wenn man die Geländekrümmungen dazurechnet, müsste ca. fünfzehn Kilometer von unserem Standort entfernt eine Straße verlaufen. Keine Ahnung wie groß sie ist und wie stark befahren, aber eines ist sicher: sie ist da."

Schubert nickte. „Sehr gut. Dann versuchen wir jetzt so schnell als möglich diese Straße zu erreichen. Wenn wir das schaffen, dürften es Anatolys Hündchen sehr schwer haben unsere Witterung aus dem Geruchsgemisch der Straße herauszufiltern. Vielleicht nimmt uns auch ein Lkw mit. Dann haben wir gewonnen. Wir müssen nur eine Stelle finden, wo sich Olaf ohne uns auf die Straße stellen kann, um einen Lastwagen anzuhalten. Wir anderen springen dann aus der Deckung kommend hinten auf, sobald der Fahrer mit Olaf beschäftigt ist. Also los, laufen wir was das Zeug hält. Ich schwöre euch, die kriegen uns nie! Niemals!“

Es war erstaunlich, welches Tempo sie plötzlich gehen konnten. Angst und Panik trieben sie unbarmherzig vorwärts. Es dauerte keine drei Stunden und sie standen zu Tode erschöpft kurz vor einem breiten Asphaltband, das sich am Rande des Srednij von Süden nach Norden durch die Hügellandschaft wand. Schon bevor sie die Straße erreichten, war das tiefe Brummen schwerer Lkw zu hören, die hier anscheinend in relativ kurzen Abständen über die Straße donnerten.

Sie hasteten minutenlang am Straßenrand entlang, bis eine enge Kurve und ein paar dicht stehende Sträucher genau die Voraussetzungen boten, die sie suchten. Es wurde höchste Zeit einen Lkw anzuhalten. Das Hundegekläff, das aus dem Wald bis zu ihnen drang, kam näher und näher. Inzwischen waren sogar mehrere Männerstimmen zu hören, die den Hunden immer wieder irgendwelche Kommandos zuriefen.

Ein alter Lastwagen, der endlos lange Baumstämme auf einem Anhänger hinter sich herzog, schien die große Chance zu sein. Langsam und mühsam quälte er sich die kleine Steigung vor der Kurve hoch, jetzt war er vielleicht noch achtzig, neunzig Meter von ihnen entfernt. Olaf trat an den Straßenrand, die anderen kauerten sich sprungbereit hinter die Büsche. Mit schätzungsweise zwanzig Stundenkilometer keuchte und schepperte das Ungetüm auf ihren Standort zu. Olaf ging einen Schritt auf die Fahrbahn und winkte dem Fahrer zu. Doch der fuhr einfach an ihnen vorbei. Am Ende der Kurve verschwand er, noch eine blaue Dieselwolke hinter sich ausstoßend, im Schatten der Bäume.

„Verdammte Scheiße", fluchte Olaf und winkte die anderen heran. „Los Leute, wir müssen weiter in der gleichen Richtung. Aber mit Vollgas, wenn ich bitten darf. Zwerkows Meute dürfte nur noch ein paar hundert Meter hinter uns sein. Hört ihr das mordgierige Gekläffe? Also los, beim nächsten Lkw stelle ich mich mitten auf die Straße. Entweder der Fahrer überfährt mich oder er hält an! Wir haben keine andere Chance."

Sie liefen neben dem Straßenrand weiter. Der unebene, tiefe Boden zog ihnen die letzten Kraftreserven aus den Knochen. Carsten bekam heftige Seitenstiche und torkelte nur noch wie im Delirium weiter. Endlich hörten sie wieder das Brummen eines herannahenden Lkws. Wie auf Kommando verdrückten sich Schubert, Carsten und Meinhardt hinter ein paar Sträucher.

Olaf ging auf die Straßenmitte zu. Der herandröhnende Lkw hatte ein ähnliches Alter auf dem Buckel wie sein Vorgänger. Auch er war mit Baumstämmen beladen, aber die Stelle an der sich der junge Ostpreuße auf die Straße stellte, war ungünstiger als vor ein paar Minuten. Eine lange Gerade führte ohne einen nennenswerten Anstieg auf eine Rechtskurve zu, die erst drei, vierhundert Meter weiter im Wald verschwand. Das altertümliche Gefährt ratterte mit gut sechzig Stundenkilometer auf Olaf zu. Der stand wie eingegraben mit weit ausgebreiteten Händen da und schloss die Augen. Das Brummen und Scheppern kam zügig näher, schon konnte Olaf das Dieselöl riechen und schmecken, es schien als wolle der Fahrer das menschliche Hindernis rücksichtslos überrollen. Doch im letzten Augenblick kam der verbeulte Riese mit einem lauten Quietschen und rauchenden Bremsen einen halben Meter vor Olaf zum Stehen.

Der Fahrer stieg laut fluchend aus, als der Deutsche auf die Fahrerseite zuging. Es war der stumme Startschuss für Carsten, Schubert und Meinhardt unbemerkt von der anderen Seite her auf den Anhänger zu klettern und sich zwischen den Baumstämmen so gut als möglich zu verstecken.

„Bist du lebensmüde geworden, Genosse?!", rief der bullige Fahrer und stapfte wütend gestikulierend auf Olaf zu.

„Nicht lebensmüde, mein Freund, nur verzweifelt", jammerte der. „Ich muss dringend in die Stadt. Es geht um Leben und Tod, um die Ehre meiner Familie. Der Verlobte meiner Schwester, die nächste Woche heiraten wollte, hat sich mit der Mitgift und den gesamten Ersparnissen meiner Eltern aus dem Staub gemacht", log er, ohne mit der Wimper zu zucken. „Wenn du nicht angehalten hättest, wäre der Tod eine Erlösung für mich gewesen. Ich weiß, dass sich das Schwein in der Stadt bei einer Hure verkrochen hat. Ich muss unbedingt verhindern, dass er noch heute Abend nach Moskau abhaut. Meine Eltern würden daran zugrunde gehen, wenn er mit dem Geld spurlos verschwindet. Diese Schande könnten sie und meine Schwester niemals überleben. Wir wären das Gespött des ganzen Dorfes."

Der Mann verlor sofort zwei Drittel seiner angestauten Erregung. Fast schien es, als würde seine wuchtige Gestalt sogar etwas zusammensinken. Als er bei Olaf ankam, fragte er gleich: „Wo kommst du und deine Familie her, Genosse? Seid ihr Jakuten?"

„Nein, ich bin kein Jakute. Wir kommen aus Litauen",

sagte Olaf. „Vielleicht habe ich es deswegen so schwer, dass mich jemand mitnehmen will.“

„Ach was Brüderchen, auch die Litauer sind Kinder von unserem Mütterchen Russland“, sagte der Fahrer. „Steig ein, ich nehme dich selbstverständlich mit. Aber du musst mir genau erzählen, was passiert ist. Ich kann auch mitkommen, wenn du das möchtest. Ich würde ihn schon lehren, was es heißt, deine Familie so zu betrügen!“ Er schwang die mächtigen Fäuste und setzte einen gotteslästerlichen Fluch hinterher. Sie gingen zu dem riesigen verbeulten Monstrum, das mit offener Fahrertür noch immer stinkend und rauchend mitten auf der Straße stand und stiegen ein. Kurz darauf knurrte der Motor auf und sie fuhren weiter in Richtung Molotow.

Der Sprung auf den alten Kasten geschah fast im allerletzten Moment. Keine fünf Minuten später erreichten ihre Verfolger und die Hunde um den tobenden Zwerkow die Straße. Seine vierbeinigen Lieblinge liefen zuerst hektisch und orientierungslos hin und her, dann blieben sie stehen und stimmten ein klägliches Geheul an. Sie waren trotz ihres ausgezeichneten Geruchsinns an ihre Grenzen gestoßen.

In ohnmächtiger Wut erschoss der schäumende Lagerkommandant seinen Rudelführer „Wanja“ an Ort und Stelle. Der weißgraue Wolfshund, der ihm jahrelang treu und bedingungslos ergeben war, verblutete jämmerlich im Straßengraben.

Aber nicht nur, dass sie dem wahnsinnigen Zwerkow um Haaresbreite entkommen waren, Pjotr Iwanowitsch, der Lkw-Fahrer, fuhr sie auch noch die restlichen hundertzwanzig Kilometer bis nach Perm!

Er hatte ein weiches nachsichtiges Gemüt. Das kam vielleicht auch daher, dass er erst wenige Monate verheiratet war. Er konnte sich gut vorstellen wie es ist, wenn die große Liebe, der man nur einmal im Leben begegnet, plötzlich ohne Mitgift dasteht und damit nach den Bräuchen auf dem russischen Land nicht mehr geheiratet werden kann.

Eigentlich befand sich das Zwischenlager in dem Pjotr seine Baumstämme abladen sollte kurz hinter Cusovoj, etwa sechzig Kilometer vor Perm, aber die herzzerreißende Geschichte von Olaf und eine halbe Flasche Wodka die vor allem dem Fahrer den Weg durch die Ausläufer des Srednij versüßte, bescherte den Flüchtenden eine unverhoffte Fahrt direkt ins Zentrum der großen Stadt.

Mitten auf dem Komsomolskiy-Prospekt hielt der Russe an und verabschiedete sich wie ein echter Freund von Olaf. Er drückte ihm sogar noch eine volle Flasche Wodka in die Hand.

Für den Fall, dass er den räuberischen Mistkerl nicht mehr aufhalten konnte. Dem jungen Deutschen kamen fast die Tränen als der Lkw mit seinen langen Baumstämmen im Schlepptau scheppernd und klappernd im Abendverkehr verschwand. Die Kameraden standen grinsend am Straßenrand und nahmen Olaf bestens gelaunt und neckend in ihrer Mitte auf. Zum ersten Mal spürte jeder von ihnen seit dem Ausstieg aus dem Barackenfenster in Severnyj, so etwas wie Erleichterung. Der Moment, in dem sie die lebhafte Großstadt in ihre Geräusche, Gerüche und in ihr pulsierendes Leben aufnahm, wirkte berauschend, befreiend. Die Schmerzen und Blessuren, die jeder durch den brutalen Gewaltmarsch durchs Gebirge erlitten hatte, waren für Minuten wie weggeblasen. Denn die wahrscheinlich gefährlichste Etappe auf ihrer langen Odyssee in die Freiheit war geschafft. Sie standen auf den kläglichen Resten eines Grünstreifens vor einer verkehrsreichen Straße und atmeten die stinkenden Autoabgase mit geschlossenen Augen ein. So, als stünden sie in einem Luftkurort Oberbayerns. Und doch durchzuckte sie kaum, dass sie wieder in der Realität angekommen waren, das unstillbare Verlangen, weiter zu laufen. Immer weiter Richtung Südwesten, bis nach Hause. Als nächstes wollten sie, wie geplant, mit einem Güterzug nach Kazan' und von dort nach Penza. Aber erst einmal waren Ruhe und Pflege angesagt.

Sie wuschen sich in einer der zahlreichen öffentlichen Toilettenanlagen in der Innenstadt, aßen auf einer Parkbank die Hälfte ihres Proviants und wanderten dann langsam und müde weiter an den Stadtrand zum Güterbahnhof hinaus. Olaf hatte einen vertrauenswürdig aussehenden Arbeiter auf der Straße nach dem Weg gefragt, während die anderen unauffällig im Hintergrund blieben.

Es dauerte keine halbe Stunde, als sie die ersten flachen Gebäudekomplexe mit einem schier endlosen Schienengewirr davor erreichten. Es war inzwischen dunkel geworden und ein paar Laternen spendeten einen schwachen Schimmer, der auf die löchrigen Straßen und die verwahrlosten Häuser fiel. Leute waren in dieser trostlosen Industriegegend um diese Zeit kaum noch unterwegs.

„Jetzt müssen wir nur noch herausfinden, welcher der tausendzweihundertneunzig Waggons nach Kazan geht", stöhnte Meinhardt und sah mutlos zu dem Gleismeer hinüber, auf dem zahlreiche Züge abgestellt waren.

„Und vor allem, wann sie abfahren", fügte Schubert hinzu.

„Kein Problem", antwortete Carsten. „Ich war während meiner Gefangenschaft schließlich lange genug im Bahnwesen tätig. Und da ist vor allem eines hängen geblieben: In Russland gibt es immer und überall ein paar arme Schweine, die kein Geld haben und trotzdem reisen möchten. Und die fragen wir einfach."

„Na klar, warum bin ich da nicht selber draufgekommen", antwortete Olaf spöttisch. „Bestimmt kannst du uns auch sagen, wie wir die hier in der Einöde finden, großer Bruder."

„Wo würdet ihr übernachten, wenn ihr euch hier umseht?"

Meinhardt und Olaf ließen ihre Blicke über das wie ausgestorben wirkende Gelände schweifen. Schubert sah sich hinter ihnen um. „Vielleicht da drüben, in dem stillgelegten Weichenwerk?", meinte Olaf nach einer Weile und deutete auf ein stark verfallenes Gebäude, hundert Meter von ihnen entfernt.

„Sehr gut. Zum Beispiel. Aber ich würde eher dieses kleine unauffällige Holzhaus daneben wählen."

„Was? Wieso gerade das?"

„Weil da, seitdem wir hier herumstehen und quatschen, schon zwei abgerissene Kerle hinein und einer herausgekommen ist, und weil aus der Hütte kein Licht aus den Fenstern dringt, aber Rauch aus dem Kamin, selbstverständlich."

„Selbstverständlich."

Olaf hatte trotz der einigermaßen einleuchtenden Argumente seines Bruders Zweifel, dass sie dort Hilfe finden würden. Aber irgendwo mussten sie ja damit beginnen, eine Antwort auf ihre offenen Fragen zu erhalten. Und darum schlichen sie in einem Bogen und so leise als möglich bis zur Rückseite der Baracke und horchten hinein. Drinnen waren aufgeregte Stimmen zu hören. Von zwei Männern und einer jüngeren Frau. Über was sie sich unterhielten, war nicht zu verstehen.

„Hej, was habt ihr hier zu suchen?", herrschte sie plötzlich jemand von hinten an.

Erschrocken fuhren sie herum. Vor ihnen stand ein kleiner, gedrungener Mann in einem zerschlissenen Mantel von undefinierbarer Farbe und warf sich eine Hand voll Sonnenblumenkerne in den Mund. Wie aus einem

Automaten spuckte er einen Augenblick später die leeren Schalen auf den Boden. Wortlos standen sie vor ihm. Ihre Anspannung hatte sich in ein ungläubiges Staunen verwandelt.

„Ihr seid wohl keine Russen?“, fragte er lachend. „So essen bei uns alle kleinen Leute ihre Ration.“ Er griff in die Tasche und holte ein paar Kerne heraus. „Hier, Deutscher. Zeig was du kannst“, sagte er zu Olaf und hielt ihm die flache Hand mit den weißschwarzen Kernen hin. Sie waren alle für einen Moment geschockt. Aber dann schob sich Olaf die kleine Portion brav in den Mund und fing an zu beißen, sich zu verschlucken und zu husten. Er spuckte den Rest mit rot angelaufenem Gesicht aus.

„Siehst du Germansky, das können nur echte Russen. Ihr müsst nicht so verdattert schauen, weil ich weiß, wer Ihr seid. Euer Bild war heute in der Zeitung zu sehen. Ihr seid aus dem Lager in Severnyj getürmt, habe ich Recht? Wir sind zwar arm, meine Kollegen und ich, aber wir können lesen und schreiben. Und die „Nowaja Prawda“, das Käseblatt in unserer Stadt, wärmt gerade mit eueren Visagen Anuschkas straffen Busen.“ Er kicherte vor sich hin. „Aber der Genosse Journalist spricht von fünf Gefangenen, die entkommen sind. Nicht von vier. Kommt erst mal mit, wir haben nichts gegen entflohene Sträflinge. Ihr könnt uns später noch erzählen, wo euer Kamerad geblieben ist.“

Er gab ihnen mit der Hand ein Zeichen, dass sie ihm folgen sollten. Olaf nickte den anderen unauffällig zu. Schubert suchte sofort den Kontakt zu seiner Makarow in der Jackentasche. Sie stapften wortlos hinter dem kleinen Russen her. Er ging um die Hütte herum und blieb vor einer windschief in den Angeln hängenden Tür stehen. Dann riss er sie mit einem Ruck auf. Die Unterhaltung verstummte sofort als sie eintraten. Eine Kerze, die auf dem

Boden stand und ein kleiner Ofen in dem ein wärmendes Feuer glomm, verbreiteten ein schwaches flackerndes Licht. Zwei bärtige Männer hatten es sich auf einigen Strohballen bequem gemacht, eine junge, recht hübsche Frau saß ihnen gegenüber auf einem zerschlissenen Autositz und sah sie mit großen, neugierigen Augen an.

„Freunde, darf ich euch die Attraktion des heutigen Tages vorstellen?“ Ihr Begleiter machte eine leichte Verbeugung und ging einen Schritt beiseite. „Die entflohenen Sträflinge aus Severnyj.“

Sofort setzte ein leises Getuschel ein. Schließlich erhob sich einer der Männer von seinem Strohlager und stellte sich vor die vier Deutschen. Er war fast so groß wie Schubert, aber wesentlich kräftiger gebaut. Lange, ungepflegte Haare hingen ihm in fettigen Strähnen ins Gesicht. Hinter dem Haarschleier versteckten sich zwei hellblaue, stechende Augen. Ihr Blick wirkte lauernd, fast heimtückisch. Schubert, der seine Waffe noch immer in der rechten Jackentasche umklammert hielt, nahm er besonders genau unter die Lupe. Er schien zufrieden mit dem was er sah und reichte dem Schlesier breit grinsend die Hand. „Seid willkommen Genossen. Ich bin Sergej Pletjakow, der Kleine neben mir ist Michail Koslowsky, der auf dem Heu da hinten, mein Bruder Boris und die etwas abgenutzte Schönheit auf dem Autositz nennt sich Anna Romanova. Soviel wir wissen nicht verwandt mit der Zarenfamilie.“ Er lachte, schon bevor er den Satz vollendet hatte. „Heute Nacht könnt ihr bei uns bleiben, wenn ihr wollt. Aber morgen früh müsst ihr verschwinden. Die Miliz sucht euch überall und jeder der euch versteckt oder sonst wie hilft kann eure frei gewordenen Posten in Severnyj einnehmen. Und darauf haben wir keine große Lust. Ich hoffe, ihr könnt das verstehen.“

„Wenn nicht wir, wer sonst?“, antwortete Schubert und

schlug ein. „Ihr seid sehr freundlich … und mutig. Aber wir wollen euch mit eurer Gastfreundschaft nicht in Gefahr bringen. Morgen früh wollen wir sowieso weiter nach Kazan'. Es genügt uns, wenn ihr uns sagt, welcher Zug dahin fährt."

Pletjakow lächelte ihn arrogant an. „Kommt mit nach draußen, ich zeige euch, wo ihr einsteigen müsst." Er und Michail Koslowsky gingen vor ihnen hinaus. Sie steuerten auf dem kürzesten Weg einen Zug an, der vielleicht zweihundert Meter vor ihnen stand. Die vier Deutschen folgten ihnen. Als sie vor dem endlos langen Stahlwurm angekommen waren, gingen sie an ihm entlang und blieben schließlich vor einem offenen Waggon stehen. „Dieser Anhänger hat Erz geladen, wie ihr sehen könnt", sagte Sergej und wies auf die Gesteinsbrocken, die sich über die Seitenwände des Anhängers türmten. „Und er wird erst in Tula abgehängt. Das ist viel weiter westlich als Kazan'. Ist das nicht noch besser für euch? Aber ihr seid drei Tage und vier Nächte unterwegs. Und es ist auch im Mai sehr kalt in einem offenen Waggon. Vor allem nachts oder wenn es regnet. Wenn ihr diesen Zug nehmen wollt, müsst ihr euch noch heute Nacht in das Erz eingraben. Mit genügend Proviant, warmer Kleidung und mit einigen Brettern, die ihr wie ein Zelt aufstellen müsst, damit ihr während der Fahrt aufrecht Sitzen könnt. Aber vor allem, um genügend Platz zum Atmen zu haben. Der Zug fährt morgens um 7.00 Uhr ab, wenn Gott es so will. Darum müsst ihr spätestens um 5.00 Uhr an Bord sein. Also, was ist, wollt ihr in der ersten Klasse dieses russischen Luxusreisewaggons nach Tula fahren oder nicht?"

Olaf nahm seine Kameraden zur Seite und sagte auf Deutsch damit die Russen nichts verstehen konnten: „Was meint ihr? Ich finde, es ist eine unglaubliche Chance, die sich da auftut. Aber es ist auch eine Fahrt, die

uns in diesem offenen Kasten einiges abverlangen wird."
„Und es ist ein verdammt hohes Risiko diesem Pletjakow zu vertrauen", meinte Schubert. „Habt ihr euch seine Augen angesehen? Ich traue diesem Kerl keinen Meter über den Weg." Er lächelte die abseits stehenden Russen freundlich an, während er sprach.

„Aber welch andere Möglichkeiten haben wir?", fragte Meinhardt dazwischen. „Wir müssen hier so schnell als möglich verschwinden. Unsere edlen Gesichtszüge verschönern seit heute tausendfach die regionalen Zeitungen. Und wenn wir diesem Pletjakow nicht trauen, müssen wir es bei irgendeinem anderen tun. Ein Risiko wird es immer bleiben."

„Genau so ist es", mischte sich jetzt auch Carsten ein. „Aber ich habe eine Idee. Ich traue diesem Kerl auch nicht, vor allem deswegen, weil er uns bis zu einem Wagen mit der Nummer 111 geführt hat. Nur ein Zufall? Ich glaube, eher nicht. Diese Zahl kann man sich auch nach einem ordentlichen Wodkarausch morgen früh noch merken. Erzbeladene Waggons hängen vor und hinter der 111 genügend. Und dass nur unsere Karre in Tula abgehängt wird, kann er seiner Großmutter erzählen. Wir sollten erstmal auf seinen Vorschlag eingehen. Aber wir bleiben nicht bis um 5.00 Uhr bei ihnen in der Hütte, sondern graben uns gleich ins Erz und wechseln in der Nacht einfach unseren Standort. Wenn er uns wirklich verpfeifen sollte, werden sie bestimmt nicht jeden Waggon einzeln nachkontrollieren, sondern annehmen, dass wir Fersengeld gegeben haben, wenn wir nicht da sind."

„Alle Achtung, Brüderchen", meinte Olaf. „Da sieht man wieder einmal wie meine Gene allmählich auf dich abfärben. So machen wir's. Oder?"

Alle waren damit einverstanden.

„Wir nehmen euer Angebot an!", rief Olaf den Russen

zu, die langsam ungeduldig wurden. „Aber wir wollen euch mit unserer Anwesenheit keine unnötigen Probleme machen und haben uns deshalb darauf geeinigt, dass wir sofort im Waggon nach Tula verschwinden, wenn es euch nichts ausmacht!"

Pletjakow schien zufrieden. „Eine weise Entscheidung, Genossen", rief er ihnen zu und kam mit dem kleinen Koslowsky im Gefolge auf sie zu. „Wir gratulieren euch. Ihr macht damit einen großen Schritt in eure Heimat. Schneller und sicherer als mit einem Güterzug kommt ihr in Russland ohne Geld mit nichts voran. Und ihr seid doch pleite, oder habt ihr aus Severnyj die Kasse mitgehen lassen?" Er lachte gekünstelt, aber der lauernde Ton in seiner Stimme war kaum zu überhören.

„Ich glaube, wir sind ärmer als eine Kirchenmaus", antwortete Meinhardt und stülpte seine leeren Hosentaschen demonstrativ vor ihnen um. Fast wäre ihm dabei die Makarow aus der Jackentasche gefallen. Im letzten Moment konnte er sie mit dem Unterarm zurückschieben.

„Ein lustiger Vergleich", meinte Koslowsky. „Sagt man das so bei euch? Zwischen Molotow und Tula werden die Züge auf jeden Fall kaum kontrolliert. Warum auch? Erz interessiert keine Sau. Außer die armen Schweine an den Hochöfen in Tula."

„Und wo ist euer fünfter Mann?"

Die Frage kam abrupt und vollkommen unerwartet. So, als ob Pletjakow die Deutschen damit überrumpeln wollte.

„Der hat sich schon heute Vormittag von uns getrennt", antwortete Olaf schlagfertig. „Er war mit unserer Route nicht einverstanden und ist mit einem Lkw Richtung Norden gefahren."

Der Russe schüttelte den Kopf. „Ein mutiger, aber auch ein sehr dummer Mann. Alleine wird er nicht weit kommen. Man sucht euch wie Schwerverbrecher. In der Not braucht man immer Freunde. Ist es nicht so?"

Wieder huschte ein spöttisches Grinsen wie ein flüchtiger Schatten über sein bärtiges Gesicht. Schubert hat vollkommen Recht, dachte Olaf, der Pletjakow keine Sekunde mehr aus den Augen ließ. Diesem Kerl kann man wirklich keinen Meter über den Weg trauen.

„Dann kommt erst einmal mit in unsere Hütte, wir geben euch alles mit, was man auf einer langen Zugfahrt in einem offenen Waggon braucht, um gut über die Runden zu kommen."

Die beiden Russen gingen zielstrebig an ihnen vorbei. Merkwürdigerweise klopfte Koslowsky an, bevor sie die Hütte betraten. Die Stimmen, die vorher lautstark nach draußen drangen, verstummten sofort. Anscheinend hatten die junge Frau und Pletjakows Bruder einen heftigen Streit. Ihre Mienen zeigten noch immer die Spuren von Wut und Erregung und die Gesichter wirkten erhitzt, als sie eintraten.

„Unsere deutschen Gäste wollen sich schon jetzt in ihr reserviertes Luxusabteil nach Tula begeben", sagte Sergej ironisch. „Wir haben doch irgendwo noch eine Kunststoffplane, ein paar Bretter, Regenmäntel und alte Zeitungen, die sie sich unter die Kleidung stopfen können?"

„Selbstverständlich haben wir das!", rief Anna spontan. Sie hatte eine angenehme jugendliche Stimme und Schubert, der sie anstarrte, als wäre sie ein Geschöpf aus einer anderen Welt, erntete sogar noch ein kleines Lächeln, um das ihn die drei anderen beneideten.

Sie stand auf und ging in den hinteren Teil der Hütte. Man hörte sie im Halbdunkel kramen und schimpfen. Nach einer Weile kam sie mit einer zusammengelegten grünen Plane unter dem Arm und einer großen Kiste, die sie mühsam hinter sich herzog, wieder nach vorne.

Ihre männlichen Kollegen sahen ihr tatenlos dabei zu. Als sich Schubert bückte, um ihr zu helfen, zischte ihn Boris Pletjakow an: „Lass das bleiben, Genosse. Unsere Prinzessin macht das viel lieber alleine."

„Das mache ich nicht, du Bauerntölpel", war ihr wenig damenhafter Kommentar. Sie schob alles in die Mitte neben der Kerze. Der Deckel der Kiste klemmte. Mit einem Ruck riss sie ihn auf. Die vier Deutschen staunten nicht schlecht, als sie pelzgefütterte Jacken, Mützen, zwei Regenmäntel und neuwertige Hosen und Hemden herausholte.

„Ja, das alles haben wir im letzten Winter gestoh ... geschenkt bekommen." Sie lächelte verlegen. „Für Michail ist das meiste zu groß, und die Brüder sind viel zu breit und dick dafür. Aber vielleicht passen euch die Hosen und Hemden? Eure Jacken könnt ihr einfach drüberziehen oder mit unseren austauschen. Aber schöner sind die auch nicht, wie ich sehe. Du, wie heißt du eigentlich", fragte sie und sah Schubert an. „Deinen Namen habe ich nicht in der Zeitung gelesen."

Der Schlesier wechselte abrupt die Gesichtsfarbe. Er entschloss sich instinktiv dazu, einen anderen Namen anzugeben. „Helmut Weiland. Aber du kannst einfach Helmut zu mir sagen."

Sie lachte und ihre Lippen entblößten eine fast geschlossene Reihe makelloser Zähne. „Dann komm zu mir, Helmut. Zieh dich aus und probier das hier an."

Sie hielt ihm ein buntkariertes Hemd und eine graue Wollhose hin. Er zögerte einen Moment, doch dann griff er sich die Kleider und verschwand damit hinter zwei aufgestapelte Strohballen.

„Euer Freund scheint etwas schüchtern zu sein", sagte sie. „Ich wünschte mir manchmal, dass meine drei Freunde auch so wären."

„Aber nur sehr selten, Anuschka", polterte Boris lautstark

von seinem Lager herunter. „Meistens sind wir dir nicht aufdringlich genug."

Sie funkelte ihn wütend an. „Du hast noch nie etwas von Frauen verstanden!", fauchte sie giftig in seine Richtung.

„Aber von dir umso mehr, mein Liebchen", kam die wenig charmante Antwort zurück.

„Jetzt hört mit dem Gezanke wenigstens für ein paar Minuten auf", rief Sergej dazwischen. „Was sollen die Germanskys von uns denken?"

„Es passt alles!", meldete sich Schubert aus dem Hintergrund und kam steifbeinig hinter den Strohballen hervor.

„Wirklich, wie für dich gemacht", stimmte ihm Anna zu. „Dreh dich mal um, Towarisch. Damit ich auch sehen kann, wie du von hinten aussiehst."

Schubert machte eine „anmutige" Drehung und reckte die Arme wie eine Vogelscheuche zur Seite.

„Perfekt. Du siehst aus, als ob du zu einem Ball gehen willst", spottete Olaf.

„Allerdings. Zu einem Holzfällerball", fügte Meinhardt an und hatte die Lacher auf seiner Seite.

„Gut. Dann nehme ich die Hose und das Hemd, wenn ihr damit einverstanden seid?" Er blickte sich fragend um.

Es war kein Protest zu hören. Anna kramte weitere Hemden, Hosen, Jacken und Mützen hervor. Sogar ein paar neuwertige Stiefel der Größe 42 waren dabei. Sie passten nur Carsten, der sonst allerdings leer ausging. Die Hemden waren ihm zu groß, die Mützen zu klein oder zu unappetitlich und die Hosen zu kurz. Einen Regenmantel wollte keiner. Es gab nur zwei Stück und die waren auch noch löchrig und verschmiert.

Boris Pletjakow ging während der Anprobe nach draußen und kam mit vier alten Holzbrettern zurück, während sein Bruder einen Stapel Zeitungen aus der Kiste holte. Anna wickelte ihnen noch ein halbes Brot und ein Stück Speck in eine alte Ausgabe der heimischen „Nowaja Prawda".

„Ich denke, ihr habt jetzt alles, um die nächsten Tage gut zu überstehen", stellte Sergej fest. „Stopft euch die Zeitungen erst auf dem Waggon unter die Kleidung. Man kann sich nur schlecht damit bewegen. Und jetzt kommt, mein Bruder und ich begleiten euch noch bis zum Zug."

Sie verabschiedeten sich von Michail Koslowsky und Anna. Schubert erhielt sogar noch einen Kuss von ihr auf die Stirn. „Seid vorsichtig und traut niemandem", raunte sie ihnen noch zu, bevor sich ihr Kollege dazustellte, jedem die Hand drückte und noch einen Rat mit auf den Weg gab: „Pinkelt und scheißt während der Fahrt niemals gegen den Wind aus dem Zug! Das geht meistens ins Auge."

Der gut gemeinte Ratschlag und Humor des kleinen Russen verhallte fast ungehört, denn in jedem von ihnen läuteten die Alarmglocken, nach der deutlichen Warnung von Anna.

Ein paar Minuten später standen sie vor dem mit Erz beladenen Waggon mit der Nummer 111. Es hatte leicht zu regnen begonnen, ein böiger Wind kräuselte die schwarzen Pfützen in den Löchern der Straßen. Die Pletjakow-Brüder waren ihnen noch bei der richtigen Platzwahl behilflich und mit den zeltähnlich aufgestellten Brettern, über die sie die Plane zogen, bevor sie die vier Deutschen mit den zur Seite geräumten Erzbrocken bedeckten.

„Von außen ist nichts mehr von euch zu sehen", rief Boris. „In sechs Stunden fährt euer Zug ab. Viel Glück und alles Gute, Germanskys!"

Es klang reichlich ironisch, fand Olaf und auch die drei anderen hatten ein ungutes Gefühl. Nach dem letzten Satz waren die Schritte der Brüder noch für wenige

Sekunden zu hören, bevor es still wurde. Nur eine nahe gelegene Trafostation summte ihr monotones Lied in die regnerische Nacht. In dem Versteck unter dem Erzgestein war es zwar trocken und warm aber verdammt eng. Die kauernde Haltung wurde schon nach zwei Stunden zur Qual und die isolierende Kunststoffplane ließ kaum einen Lufthauch nach innen.

„In gut vier Stunden geht es also los“, flüsterte Carsten. „Ich schlage vor, dass wir jetzt unser Quartier wechseln aber dann für etwas mehr Bequemlichkeit und bessere Sauerstoffzufuhr sorgen. In diesem engen Kabuff halte ich es keine viertel Stunde länger aus.“

„Du sagst es“, stimmte Schubert zu. „Ich habe schon Probleme mit dem Atmen. Und bestimmt wäre es auch nicht falsch, wenn wir uns in dem neuen Waggon luftiger, aber trotzdem bis zum Boden eingraben. Vorsichtshalber.“

„Dann sitzen wir wahrscheinlich schon bald bis zum Hals im Wasser, wenn es weiter so regnet“, gab Carsten zu bedenken.

Schubert versuchte sich aus seiner Jacke zu befreien, was gar nicht so einfach war, da ihm Olaf notgedrungen unmittelbar auf der Pelle saß. „Lieber habe ich meinen Arsch im Wasser hängen“, ächzte er angestrengt, „als in Severnyj im Bleibergwerk.“

„Der Vergleich ist vielleicht etwas krass“, meinte Meinhardt, „aber im Grunde stimme ich dir zu. Sicherheit geht vor Bequemlichkeit.“

„Eventuell können wir ja auch beides kombinieren“, sagte Olaf. „Wer drei Tage und vier Nächte unterwegs ist, wird ohne ein Minimum an Bequemlichkeit nicht weit kommen. Wir sollten uns die Kennzeichnung unseres Erzgrabes mit der Nummer 111 einprägen und einen geschlossenen Waggon mit der gleichen Kennzeichnung beziehen.

Der dürfte dann ebenfalls bis nach Tula gehen, nicht so extrem unbequem sein, wie hier unter dem Geröll und wir könnten im Notfall schneller abhauen, als wenn wir uns erst mühsam wie die Maulwürfe ausgraben müssten."

Schubert strahlte den jungen Thumeck an. „Es ist doch immer wieder etwas Wunderbares, wenn man mit Leuten zu tun hat, die ihren Kopf auch zum Denken benützen", lachte er und stieß seinen Nachbarn an.

„Auf was warten wir dann noch?", fragte Olaf und versuchte noch während er sprach, langsam aufzustehen, was bei der Enge um sie herum gar nicht so einfach war. Vorsichtig drückten sie die Bretter nach oben, damit ihnen keine Erzbrocken auf den Kopf fielen und rollten noch unter der Plane stehend die größten Steine beiseite. Zwei Minuten später standen sie wieder auf festem Boden und schlichen auf der anderen Seite den endlos erscheinenden Zug entlang.

Es gab tatsächlich mehrere geschlossene und offene Waggons, die genauso gekennzeichnet waren, wie ihr Versteck mit der Nummer 111. Sie suchten sich einen Wagen aus, der mit Vorrichtungen und Maschinenteilen beladen war, die man ihrer Einschätzung nach zur Weiterverarbeitung des Erzgesteins benötigte. Er war zwar ziemlich verdreckt aber immerhin trocken, relativ windundurchlässig und sie hatten genügend Platz. Außerdem bot er ausreichend Deckung, sobald Gefahr aufkommen sollte.

Es dauerte nicht lange und sie lagen auf der grünen Kunststoffplane, die ihnen die schöne Anuschka besorgt hatte, in ihre warme, zeitungsgefütterte Kleidung gehüllt und dösten zufrieden der Abfahrt entgegen.

Doch plötzlich wurde es ungemütlich. Die Stimmen mehrerer Männer hallten bis zu ihnen. Eine davon kam ihnen bekannt vor. Es war die von Sergej Pletjakow. „Hier entlang, Genossen", raunte er leise. Doch die Akustik des gepflasterten Platzes auf dem sie standen, hob seine Stimme in deutlich hörbare Regionen. „Dort drüben ist die Nummer 111."

Schubert erhob sich lautlos von seinem Lager und spähte zwischen den schmalen Ritzen der Rückwand ihres Waggons hindurch. Die anderen machten sich fluchtbereit und rissen die zusammengeknüllten Zeitungen unter ihren Hemden und Hosen heraus. Aber das was der Schlesier sah, beruhigte ihn einigermaßen.

„Fast hundert Meter Abstand, keine Hunde und nur zwei Mann außer Sergej", flüsterte er. „Einer mit MG, der andere mit Karabiner bewaffnet, aber nüchtern sind die auch nicht mehr. Sie haben beträchtliche Schlagseite."

Carsten grinste. „Es ist doch immer wieder schön, dass man sich wenigstens auf eines in Russland hundertprozentig verlassen kann. Auf den Wodka."

Die zwei Uniformierten kletterten mühsam auf den Waggon. „Rauskommen!", brüllte der kleinere der beiden durch den Frühnebel und stocherte mit einem aufgepflanzten Bajonett in den Erzhügel des Waggons 111. Aber es tat sich nicht das Geringste.

„Seid ihr schwerhörig, ihr verdammten Hurensöhne!", fluchte sein Kollege und begann damit, ein paar Erzbrocken auf die Seite zu räumen. Nach ein paar Sekunden meinte sein Kollege schwer atmend: „Die Scheißkerle sind entweder abgehauen oder sie waren nie da. Was hast du uns bloß für einen Mist erzählt, Pletjakow?"

„Ich ... ich kann mir das auch nicht ... erklären", stotterte der. „Vor drei Stunden waren sie noch hier."

„Du bist ein absoluter Vollidiot!", brüllte ihn der andere der beiden Uniformierten mit überschnappender Stimme an. „Vor drei Stunden warst du für deine Verhältnisse reich! Jetzt bist du nur noch ein armes, besoffenes Arschloch!" Sie schlurften wild gestikulierend aus dem Blickfeld von

Schubert. „Die Luft ist wieder rein, Kameraden“, gab der kichernd Entwarnung. „Unsere Häscher ziehen sich auf der ganzen Linie zurück.“

Sie warteten noch zehn Minuten ab und legten sich dann wieder nieder. Der Schlaf kam so rasch über sie, dass sie es trotz der gebotenen Wachsamkeit nicht verhindern konnten.

Kurz nach sieben Uhr morgens war es endlich so weit. Der endlos lange Güterzug ruckte an und keiner der tiefschlafenden bekam es mit. Die Fahrt nach Tula hatte begonnen. Eine Station, die sie entscheidend in Richtung Heimat bringen konnte. Wenn sie auf dem langen Weg bis dorthin, nicht entdeckt wurden.

Die Sonne stand bereits hoch am Himmel, als Carsten aufwachte. Er schob die Waggontür einen Spalt breit auf und schaute nach draußen. Ein lauwarmer Fahrtwind wehte herein.

„Leute, aufwachen! Wir befinden uns bereits in voller Fahrt und das Wetter ist prächtig!“, rief er begeistert.

Nach und nach krochen auch die anderen aus der Kunststoffplane und den dicken Jacken in die sie sich gewickelt hatten.

„Sind wir schon unterwegs?“, fragte Olaf schlaftrunken.

„Schon, ist gut“, lachte ihm sein Bruder entgegen. „Nach dem Stand der Sonne dürfte es fortgeschrittener Vormittag sein. Schätzungsweise zwischen 10.00 Uhr und 11.00 Uhr.“

„Das klingt wie Musik in meinen Ohren“, murmelte Schubert und rappelte sich gähnend hoch.

„Jetzt fehlen mir nur noch Kaffee, ein paar Nusshörnchen, frische Brötchen, Butter, Erdbeermarmelade, schlesischer Wacholderschinken und zum Abschluss etwas Käse.“

„Träum ruhig weiter“, meinte Meinhardt neben ihm. „Aber bitte wortlos. Mir läuft jetzt schon das Wasser literweise im Mund zusammen.“

„Kein Problem. Ich hätte da eine absolut gleichwertige Alternative anzubieten“, sagte Olaf. „Wie wäre es mit etwas angeschimmeltem Schwarzbrot und luftgetrocknetem Schinken? Ob es Wachholderschinken ist und noch dazu aus Schlesien, bezweifle ich allerdings. Dazu könnte ich euch einen Becher abgestandenes Quellwasser aus dem Ural anbieten und zum Abschluss versteinertes Trockenobst aus Severnyj. Ach ja, die inzwischen fast flüssigen Reste aus meiner Dose mit Erbsen und Möhrchen, könnt ihr selbstverständlich auch noch genießen.“

„Ich bin restlos begeistert von deiner Alternative“, meinte Schubert und fing damit an, seinen Proviantbeutel aus der Jacke zu zerren. Schweigend aber in zuversichtlicher Stimmung aß jeder seine kärgliche Tagesration. Sie musste mindestens noch zweimal reichen, einen Tag ohne Essen konnten sie problemlos verkraften.

Die folgenden drei Tage und Nächte verstrichen ohne nennenswerte Vorkommnisse. Die beiden wuchtigen Dieselloks zogen in einem langsamen aber konstanten Tempo eine scheinbar endlose Kette von Waggons durch menschenleere, blühende Landschaften. Nur einmal hielt der Zug für zwei Stunden in Saransk an, um einen Teil seiner Last abzukoppeln. Danach ging es etwas flotter weiter nach Tula. Der Verkehr auf den Straßen neben der Bahnlinie und in den vorbeihuschenden Dörfern, nahm immer mehr zu, je mehr sie sich der Industriestadt näherten. Sie mussten sich darauf vorbereiten, bald abzuspringen. Am Tag, mitten auf dem Güterbahnhof, war es viel zu riskant. Hinter einem flachen Hügel tauchte die Silhouette Tulas wie in Nebel gehüllt auf. Mit seinen Kaminen, Hochöfen, Fabriken und den hässlichen Hochhäusern dahinter, wirkte die Stadt schon aus der Entfernung abstoßend. Ein paar Minuten später quälte sich der Zug langsam einen lang gezogenen Anstieg hinauf. Auf diese Gelegenheit hatten sie gewartet. Einer nach dem anderen bestieg das Trittbrett, ließ sich nach unten gleiten und lief, das Zugtempo in sich aufnehmend, in großen Schritten ein Stück mit, bevor er den Waggongriff losließ und zum Stehen kam.

Auf einer kleinen, kaum befahrenen Landstraße ging es zwischen blütenverschneiten Alleen und sattgrünen Wiesen weiter. Es war warm und sie trugen ihre Jacken lose über der Schulter, die Hemdsärmel waren bis zu den Ellbogen aufgeschlagen. Man konnte bei diesem Anblick fast vergessen, dass sie auf der Flucht waren, wenn nicht ab und zu ein Militärfahrzeug an ihnen vorbeifuhr und für kurze Momente der Aufregung sorgte.

„Dieses gottverdammte Militär trifft man in Russland scheinbar an jeder noch so verpissten Ecke", schimpfte Schubert. „Die Hälfte der Bevölkerung ist ständig damit beschäftigt, die andere Hälfte in Schach zu halten."

„Reg dich wieder ab", meinte Carsten. „Genau das habe ich euch schon in Severnyj zu erklären versucht. Russland und eine ganze Reihe verbündeter Länder, bilden eine riesige Militärdiktatur. Darum müssen wir uns ja auch bis in den Westen durchschlagen, um einigermaßen frei und unabhängig leben zu können." Er erhielt nur ein frustriertes Schweigen als Antwort.

Am späten Nachmittag erreichten sie nach über einer Stunde Fußmarsch den Stadtrand. Tula war längst nicht so quirlig und lebhaft wie Perm, überall qualmten und rauchten Braunkohle- und Eisenerzhütten. Es roch nach Schwefel und Ruß und die Luft verdichtete sich phasenweise zu dunkelgrauen Nebelbänken.

„Santa Maria!", rief Meinhardt entsetzt. „Dagegen ist der Ruhrpott der reinste Luftkurort. Diese Giftschwa-

den und Gerüche kann doch keine Sau überleben."
„Schau dich um", sagte Carsten. „Ich sehe genug davon."
„Beruhigt euch, Leute. Wir wollen hier ja keine Wurzeln schlagen", tröstete Olaf seine Kameraden. „Sobald sich die nächstbeste Gelegenheit findet, geht es weiter Richtung Westen."

„Am besten noch heute", knurrte Schubert. „Und von da aus, in ein, zwei Jahren, weiter nach Schlesien."

Carsten schüttelte den Kopf. „Das gibt es schon lange nicht mehr. Wie so manches andere auch." Er erntete ein wütendes „Scheiß drauf" für seinen Pessimismus.

„Ich schlage vor, dass wir unsere persönlichen Zukunftspläne erst einmal vergessen und uns wieder bis zum Güterbahnhof durchschlagen, um die Möglichkeiten zu orten", unterbrach Olaf die aufkommende schlechte Stimmung. „Aber nur zwei von uns. Die beiden anderen warten in der Nähe. Die Zahl Vier ist vielleicht auch in Tula gefährlich für uns. Besonders im Bahnhofsbereich. Einen markanten Treffpunkt finden wir bestimmt noch."

„Ein vernünftiger Vorschlag", meinte Schubert. „Olaf spricht das beste Russisch von uns und ich kann ihm, wenn es sein muss, schlagkräftig zur Seite stehen." Er schlug seine Faust in die Handfläche der Linken, dass es nur so klatschte. Carsten und Meinhardt waren mit dieser Rollenverteilung einverstanden.

Sie gingen neben den Gleisen weiter, die sich schon bald auf wundersame Weise vermehrten. Lagerhallen und Kohleaufschüttungen schoben sich zwischen die Gleisstränge, der Verkehrslärm hinter ihnen war nur noch als leises Brummen zu hören. Langsam wurde es dunkel, die ersten Lichter in den verrußten Plattenbauten leuchteten auf die Straßen und verbreiteten eine Atmosphäre von Feierabend. An den Schwerindustriegürtel schloss sich das Güterbahnhofsgelände. Schöner wurde das Stadtbild dadurch nicht, aber die Luft etwas besser. Die Häuserzeilen wurden lichter, Kräne, riesige Förderanlagen und Speichertürme bestimmten immer mehr das Bild dieser trostlosen Gegend.

Als sie an einem Fabrikgebäude vorbeigingen, kamen ihnen drei Männer auf der anderen Straßenseite entgegen. Sie bewegten sich fast unsichtbar im Lichtschatten der weit auseinander stehenden Laternen. Nur ihre pochenden Schritte waren auf dem Pflaster zu hören. Erst als sie unter dem Lichtkegel einer Laterne vorbeikamen, war zu erkennen, dass zwei von ihnen eine Uniform trugen und mit Maschinenpistolen bewaffnet waren.

„Verdammte Scheiße", quetschte Schubert zwischen den Zähnen hervor. „Sieht aus wie eine Militärstreife. Unauffällig weitergehen, ein freundliches Gesicht machen."

Sie passierten die drei Männer, Olaf grüßte im Vorbeigehen.

„Hey, ihr da! Wohin wollt ihr!? Hier gibt es weit und breit keine Kneipe mehr!", rief ihnen einer der beiden Uniformierten hinterher. Sie blieben stehen.

„Wir suchen keine Kneipe. Nur ein bezahlbares Nachtquartier", antwortete Olaf. Das Herz schlug ihm bis zum Hals.

Sie standen keine zehn Meter voneinander entfernt. Der zweite Uniformierte flüsterte seinem Kollegen etwas zu.

„Wo kommt ihr her?", fragte er und kam drei, vier Schritte näher. „Habt ihr Arbeit in Tula? Zeigt mir mal eure Papiere!"

Er nahm die Automatikwaffe von der Schulter und hielt sie wie ein Kleinkind im Arm. Schubert umklammerte seine schussbereite Makarow in der Jackentasche. Die Situation begann gefährlich zu werden.

„Wir haben unsere Koffer und Papiere bei einem Freund deponiert", sagte Olaf. Er spürte sofort, dass seine Lüge in einer Sackgasse enden würde. Aber er hatte kaum eine andere Wahl.

„Wo wohnt denn euer Freund?“ Es war nur eine Frage, aber sie klang wie eine offene Drohung.

Was sollte er antworten? Tula kannten sie genau so gut, wie die Milchstraße hinter dem Saturn. Aber Lenin könnte passen, dachte Olaf. Lenin passte fast immer. „In der Nähe des Lenin Prospekt“, kam seine Antwort leicht verzögert.

Der Mann vor ihnen antwortete nicht, stattdessen brachte er seine Waffe in Anschlag. „Pech gehabt, Genosse“, rief der zweite Uniformierte hinter seinem Kameraden und schickte sich an, ebenfalls seine Waffe von der Schulter zu nehmen. „Einen Lenin Prospekt haben wir in Tula nicht.“

Die Lippen des Mannes vor Schubert pressten sich zusammen, seine Augen nahmen einen kalten Ausdruck an. Plötzlich peitschte ein Schuss auf und der Mann sackte vor Schubert zusammen, die MP schepperte auf die Straße. Noch bevor der zweite Uniformierte seine Waffe auf die vier Deutschen richten konnte, drückte Schubert noch einmal ab. Noch im Verhallen des Schusses drehten sie sich um und begannen zu laufen. Aber schon nach wenigen Metern ratterte eine MP-Salve hinter ihnen her. Carsten, der den Schluss bildete, strauchelte, fiel zu Boden und rappelte sich wieder auf. Zuerst dachten alle, er sei nur gestolpert. Aber dann schäumte plötzlich hellrotes Blut aus seinem Mund. Olaf sah ihn entsetzt an.

„Mich hat es voll erwischt, haut ab“, hauchte Carsten fast unhörbar und sank wieder zu Boden. „Für mich ist die Reise hier zu Ende.“

Olaf stemmte ihn hoch. Die Augen in die er sah flackerten kurz auf und blickten dann starr und gebrochen an ihm vorbei. Es war, als würde der Boden unter ihm zu schwanken beginnen, der Schmerz fraß sich wie ein Lavastrom ins Blut, er begann am ganzen Körper zu zittern. Hunderte von Gedanken schossen ihm in Sekundenbruchteilen durch den Kopf. Die meisten von ihnen schrien: „Nein, er ist nicht tot, er ist nicht tot, nur bewusstlos, es geht gleich weiter! Nur einen kleinen Moment!"

„Lungenschuss", sagte Schubert. Er hörte ihn kaum, seine Stimme drang wie durch ein Meer aus Watte. Der Schlesier zerrte ihn weiter. Aber er wollte sich nicht von seinem Bruder lösen. Carsten war doch nur bewusstlos, erschöpft. Für einen kurzen Augenblick. Warum verstanden das die anderen nicht? Meinhardt lief zurück und half Schubert dabei, Olaf von der Leiche seines Bruders wegzureißen. Eine zweite Salve, die haarscharf neben ihnen über das Pflaster pfiff, machte ihnen endgültig Beine. Sie liefen um ihr Leben, ohne sich umzudrehen, auf dem kürzesten Weg aus der Stadt. Nur weg, schnell weg, soweit als möglich. Zwanzig Minuten später waren sie fast atemlos in der Dunkelheit der Landschaft untergetaucht, durch die sie vor zwei Stunden noch voller Hoffnungen und bestens gelaunt gezogen waren. Olaf war noch immer wie betäubt, er war zu keinem klaren Gedanken mehr fähig. Aber keine einzige Träne löste sich aus den ungläubig blickenden Augen. Schubert zog ihn wie eine willenlose Puppe hinter sich her. Er wäre einfach stehen geblieben, da, wo er gerade stand, egal ob man ihn aufgegriffen hätte oder nicht. Es ging zu Fuß weiter in westlicher Richtung. Sie mussten Abstand zur Stadt bekommen. Soviel als möglich. Denn eines war klar: Sie standen wieder ganz oben auf der Liste der Gesuchten und Gejagten. Severnyj war so nah, wie seit dem Beginn ihrer Flucht nicht mehr.

Bis zum Morgengrauen liefen und stolperten sie über Wiesen und Felder, mieden Straßen und Dörfer und erst eine windschiefe Scheune an einem Waldrand bei Suvorov ließ sie für ein paar Stunden innehalten. Sie verteilten sich im Heu und schliefen trotz der Angst, die jedem von ihnen in den Gliedern steckte, fast augenblicklich ein. Nur Olaf saß stumm und vor Entkräftung zitternd auf einem Ballen Stroh und fing allmählich zu weinen an, bis ihn die Erschöpfung kurz nach dem Sonnenaufgang schließlich doch noch in einen seichten Schlaf dämmern ließ.

Ihre Flucht war nach diesem schrecklichen Ereignis erheblich ins Stocken geraten. Die ersten drei Tage nach Carstens Tod ging es ausschließlich zu Fuß weiter. In der Nacht stahlen sie auf einsamen Höfen alles, was sie kriegen konnten, die Feldflaschen wurden von Bächen und Flüssen gefüllt. Erst in der Nähe von Roslavi, achtzig Kilometer vor der Sowjetrepublik Weißrussland, wagten sie sich wieder auf die Landstraßen, um einen Lkw anzuhalten.

Trotzdem dauerte es bis Mitte Juni bis sie nach Vilejka kamen. Teilweise mussten sie ihren Weg in den Westen auch für mehrere Tage unterbrechen, weil irgendeiner von ihnen erkrankte oder zu erschöpft war, um weiter zu laufen. In diesen erzwungenen Pausen erhoben sich die vor kurzem erlebten, aber durch die Flucht in den Hintergrund gedrängten Dramen um den Tod von Gerd Petermann und Carsten, wie Gespenster vor ihnen. Erst jetzt hatte das Bewusstsein eine Chance, Gedanken und Gefühle miteinander zu verbinden.

Schubert machte sich schwere Vorwürfe, dass er die beiden uniformierten Russen in Tula nicht kampfunfähig geschossen hatte. Olaf gab ihm dafür keine Schuld, aber es war trotzdem zu spüren, dass ihr bisheriger, bedingungsloser Zusammenhalt die ersten Risse bekam. Sie begannen sich immer häufiger wegen irgendwelcher Kleinigkeiten zu streiten, und immer seltener wurden diese Meinungsverschiedenheiten anschließend ausgeräumt.

Und so wuchsen unausgesprochene, kleine Differenzen manchmal zu handfesten Problemen heran, die sich urplötzlich und von niemandem verstanden, erst Tage später in heftigen Ausbrüchen entluden. Trotzdem kamen sie Tag für Tag ihrem Ziel näher. In der Nacht zum 23. Juni 1953 überschritten sie bei Pabrade die innerrussische Grenze zur Sowjetrepublik Litauen.

Sie wussten, dass die einheimische Bevölkerung die russische Besatzungsmacht hasste und darum wagten sie es, bei abgelegenen Bauernhöfen oder Kolchosen nach kleinen Arbeiten oder einer Mahlzeit zu fragen. Olaf war zwar strikt dagegen, weil er das so kurz vor der polnischen Grenze als zu riskant einschätzte, aber er wurde von Schubert und Meinhardt überstimmt. Und so lernten sie auf einem dieser Höfe einen alten Mann kennen, der seine beiden Söhne vor Jahren an die Russen verlor. Er gab ihnen nicht nur Lebensmittel mit auf den Weg, sondern verriet ihnen auch noch, wie sie weitergehen sollten, um relativ gefahrlos in den Westen zu kommen. Nach Norden sollten sie gehen und dann an der Ostseeküste weiter laufen. Dort wären die Chancen gut mit einem Fischkutter zu einer der kleinen finnischen Inseln vor der Küste überzusetzen.

Aber sie behielten ihre geplante Route trotz der gut gemeinten Ratschläge des alten Mannes bei.

Als sie bei Sejny die Grenze nach Polen, etwa 40 Kilometer von Suwalki entfernt, überschritten, gab es für Olaf kein Halten mehr. Eine gigantische Welle von Heimweh und Sehnsucht nach Nadja, spülte jede Warnung, jede verstandesmäßige Überlegung beiseite. Für ihn gab es nur noch Nadja, seine Eltern und Freunde auf dem Thumeck-Gut und den Haschner See. Egal, ob es das alles in der Realität noch gab oder nicht.

Schubert und Meinhardt redeten vergeblich auf ihn ein. Er war wie im Fieber. Endlich nach Hause und Nadja finden ... oder das endgültige Ende. Es gab nichts anderes mehr. Alles was er seit Jahren unterdrückt hatte, brach wie eine Sturmflut aus ihm hervor.

Der Tag des Abschieds von Dietmar Schubert und Kurt Meinhardt war gekommen. Plötzlich und unerwartet schnell. Ende Juni 1953 war die gemeinsame Flucht aus dem sibirischen Strafgefangenen- und Arbeitslager Severnyj für Olaf von Thumeck beendet und jeder von ihnen suchte alleine sein Glück. Auf dem Weg in eine neue Zeit, in einer für sie noch unbekannten Welt.

5. Kapitel

Gestrandet

Es war eine dunkle, aber warme Nacht, als Schubert und Meinhardt aus den trüben Fluten der Oder krochen. Sie befanden sich jetzt auf dem Staatsgebiet der Deutschen Demokratischen Republik. Wo genau, wusste nach den letzten zweihundert Kilometern, die sie zu Fuß zurückgelegt hatten, keiner von ihnen. Außerdem hatte sie die Strömung ziemlich weit abgetrieben. Von Bedeutung war das im Moment nicht, wichtiger erschien ihnen, dass sie sich ab jetzt wieder in ihrer Heimatsprache durchfragen konnten, ohne nach dem ersten Wortwechsel gleich als Fremde aufzufallen.

Um sie herum war es fast still, nur ein paar Nachtvögel waren in der Dunkelheit zu hören und das leise Rauschen und Gurgeln der Oder. Zu Essen hatten sie schon seit zwei Tagen nichts mehr und das Wasser eines polnischen Baches, das sie aus ihren Feldflaschen tranken, füllte die knurrenden Mägen nur unzureichend. Schubert lag lang ausgestreckt, wie eine Wasserleiche, im Gras, Meinhardt saß heftig atmend daneben. Der breite, rasch dahineilende Fluss hatte die letzten Kraftreserven aus ihren dürren Körpern gesogen.

„In welche Richtung willst du weitergehen?“, fragte der Schlesier, als er wieder zu Atem gekommen war.

„Nach Karlsruhe, also nach Südwesten. Und du?“

„Ich versuche, Lübeck zu erreichen. Ich war vor dem Krieg mal für ein paar Tage dort. Es ist eine schöne, alte Stadt. Und nicht weit weg von Böhmen.“

Meinhardt nickte nur still mit dem Kopf. Als er aufstand erzeugte das Wasser in seinen Schuhen ein knarzendes Geräusch. Schubert rappelte sich ebenfalls hoch. Ihr Abschied verlief schweigend und unsentimental. Sie umarmten sich und verschwanden stumm und ohne sich noch einmal umzudrehen in der Schwärze der Nacht.

Der Karlsruher ging quer über die Wiesen und traf irgendwann auf einen schmalen Weg, der ihn nach Südwesten führte. Es war ungewohnt für ihn, nach so langer Zeit, wieder vollkommen alleine zu sein. Dieses Gefühl der Einsamkeit, das er schon nach wenigen Kilometern verspürte, war ihm fremd geworden, aber es war nicht unangenehm. Es war, als hätte jemand einen Umhang über seine Schultern geworfen, der ihn nicht wärmte, aber in den er sich zurückziehen konnte, wann immer er wollte. Während des Krieges und in der Gefangenschaft in Severnyj gab es immer Menschen um ihn herum. Oft mehr, als er ertragen konnte. Und jetzt ... jetzt ging er plötzlich durch eine ihm fremde, nächtliche Landschaft und kein einziger Mensch befand sich in seiner Nähe.

Die Konturen eines Waldes, die sich vor ihm abzeichneten, zogen ihn magisch an. Denn Wald bedeutete Sicherheit, die Möglichkeit sich zu verstecken, kaum Menschen und Schlaf. Und den hatte er dringend nötig.

Als er sich zwischen kahlen Föhrenstämmen weitertastete, erlebte er schon nach ein paar Schritten eine angenehme Überraschung. Eine überdachte, nach allen Seiten offene Wildfuttestelle, bot einen idealen Schlafplatz. Er schob die Heureste zusammen, legte seine Jacke darüber und wenige Minuten später versank er in einen tiefen traumreichen Schlaf.

Erst am nächsten Morgen rissen ihn kichernde Stimmen in die Wirklichkeit zurück.

Er öffnete mühsam die schweren, wie zugeklebten Augenlieder. Das erste was er sah, war die Sonne. Sie schwamm in einem blauen Himmel zwischen den Baumkronen ... und dann tauchten wie aus dem Nichts blasse Kindergesichter auf, die sich neugierig über ihn beugten. Erschrocken richtete er sich auf.

„Haste dir verlaufen, Onkel?“, fragte ein blonder, vielleicht zwölfjähriger Knirps in lupenreinem Berlinerisch.

Meinhardt sah sich verwirrt um. Die Futterstelle auf der er sich schlafen gelegt hatte, befand sich auf einer kleinen Lichtung. Außer den Kindern war niemand zu sehen.

„Du musst da nich' gleich in die Hosen scheiß'n, wir sind janz alleene hier“, war der kernige, bodenständige Kommentar des blonden Knaben neben ihm.

„Ich scheiß' mir nicht in die Hosen“, sagte Meinhadt. „Ich hab nur eine lange Wanderung hinter mir und war todmüde gestern Nacht. Und so hab ich mich gleich hier ins Heu gelegt, um zu schlafen. Ich hoffe ihr habt nichts dagegen.“

„Nee, das jeht schon in Ordnung, Onkel“, meldete sich jetzt die vorlaute Stimme eines anderen Jungen im Hintergrund. „Solange du den Platz nich' bis zum Winter belegst. Da hätten unsere Rehe und Wildschweine wat dajejen.“ Er war bestimmt nicht älter als acht oder neun, klapperdürr und aus seinem ausgezehrten Gesichtchen sahen ihn zwei übergroße Augen an. Für ein Kind viel zu traurig, fand Meinhardt.

„Wir kommen alle aus Berlin“, sagte das einzige Mädchen der Kindergruppe, um ein gutes Hochdeutsch bemüht. Sie überragte ihre Kameraden um gut einen Kopf. Trotzdem konnte sie kaum älter als dreizehn sein. Zwei dunkelbraune Zöpfe baumelten an ihren knochigen Schultern herunter und unter dem Rocksaum ihres grauen Wollkleides ragten die mageren Beine wie dünne Stöckchen hervor. „Wir sind hier alle in einem Kinderheim untergebracht“, sagte sie mit einer dunklen, fast erwachsen wirkenden Stimme. „Im Erholungsheim

Waldfrieden. Wir sollen dort wieder aufgepäppelt werden."
„Ich hoffe, dass ihr dort gut untergebracht seid und immer genug zu essen bekommt", sagte Meinhardt. „Ihr seht tatsächlich alle ein wenig mager und erholungsbedürftig aus." Er stand mühsam auf und klopfte sich das Stroh von der Kleidung. Die Kinder wichen ein paar Schritte zurück.

„Vor mir braucht ihr keine Angst haben", rief er. „Ich bin schon froh, wenn mir keiner was tut."

„Und ich dachte schon, du bist ein ausgebüchster Ganove oder so was Ähnliches", meinte ein dunkelhaariger Junge, der sich bisher damit begnügt hatte, ihn vorsichtig aus der Distanz zu beobachten.

„Nein, das bin ich ganz bestimmt nicht", antwortete Meinhardt. „Ich will nur eine alte Freundin besuchen, die in der Nähe von Berlin lebt."

„Wo denn genau?"

„In ... in Fürstenwalde", kam die zögerliche Antwort. „Die genaue Adresse weiß ich allerdings nicht mehr. Ich habe den Zettel mit ihrer Anschrift verloren. Aber ich finde auch so hin, da bin ich mir sicher. Ich will sie überraschen."

„Mit'nem anderen Kerl, hab ick Recht?", kam die neunmalkluge Frage aus dem Hintergrund.

„Na ja, ... ehrlich gesagt ..."

„Mach dir nichts draus", unterbrach ihn das Mädchen. Sie hatte sich auf den Rand der Futterkrippe gesetzt und ihr Kinn auf das angezogene rechte Knie gelegt. Aus ihrem blassen Gesicht schien jede Lebensfreude wie weggewischt. „Meine Mutter wurde auch verlassen. Einfach so, von heute auf morgen. Aber sie hat trotzdem problemlos einen Neuen abgekriegt. Das liegt nur an der inneren Einstellung, hat sie gesagt."

„Na, dann bin ich ja beruhigt."
„Ich hab' zufällig eine Tante, die in Fürstenwalde wohnt."

Sie zog das andere Bein nach und kauerte jetzt, die Arme um die Knie geschlungen, auf einem Brett der klobigen Holzkonstruktion. „Vielleicht kann sie dir helfen, deine Freundin zu finden?

Wie heißt sie denn?“

„Meier“, antwortete Meinhardt und lächelte gequält weil ihm in der Eile nichts Besseres eingefallen war. „Elisabeth Meier. Ich habe sie immer nur Elli genannt.“ Aber er hatte eine gute Wahl getroffen, wie sich sofort zeigte.

„Ausgerechnet Meier“, grummelte das Mädchen enttäuscht. „Davon gibt es in Fürstenwalde mehr als genug.“

„Das glaube ich auch“, sagte Meinhardt. „Und darum muss ich schauen, dass ich weiter komme. Bis ich mich da überall durchgefragt habe, das kann dauern.“

„Wenn de mit ‘nem Fahrrad weiter willst, musste nur noch‘n paar Minuten hier warten“, mischte sich jetzt der blonde Junge wieder ein und grinste ihn vielsagend an. „Unser janz spezieller Koch hat zwei Fahrräder und damit eens übrich. Ick hol es dir, wenn de dir noch `n bisschen jeduldest. Zu Fuß brauchste noch’ne Ewigkeit bis nach Fürstenwalde. Männer müssn doch zusammenhalten, sagt mein Opa immer.“

Er drängte sich durch seine Kameraden und weg war er. Der Ring um Meinhardt schloss sich hinter ihm sofort wieder. Es war ein Ring aus schmächtigen Leibern und neugierigen, aber scheuen Augen. Die Neugier siegte. Nach ein paar Sekunden der Stille prasselten plötzlich zehn Fragen auf einmal auf den Karlsruher ein. Woher er käme, warum er zu Fuß unterwegs ist und warum er aussieht wie ein Landstreicher, das waren die Fragen, die er in dem Durcheinander sofort verstand.

Er komme aus Küstrin, sagte er, sich an eine dort lebende Nichte erinnernd und hoffte sofort als ihm der Name über die Lippen kam, dass sich keines der neugierigen

Kinder dort auskennen würde. Bis gestern Abend sei er mit einem Moped unterwegs gewesen, bevor er in einer Kneipe beim Kartenspielen alles verloren hätte. Er war selbst überrascht wie gut er inzwischen aus dem Stegreif Lügenmärchen erzählen konnte.

„Haste nicht gewusst, dass man nie um Geld spielen soll?“, fragte ihn das Mädchen. Sie schüttelte den Kopf und sah ihn streng an. „Das geht immer schief.“

„Sagt deine Mutter.“

„Genau. Und wie du sehen kannst, hat se damit Recht.“

Meinhardt war froh, als der blonde Junge mit einem klapprigen Damenfahrrad wiederkam und ihn gerade noch vor einer gewaschenen Moralpredigt bewahrte.

„Is' zwar nich mehr det Neuste, aber dafür umsonst“, strahlte der Kleine.

Der Karlsruher nahm das etwas mitgenommen aussehende Vehikel in Augenschein und griff in die Hosentasche, um seine „Bezahlung“ herauszuholen.

„Danke Kamerad“, sagte er und drückte dem Jungen einen bunten Stein, den er in der Nähe des Osjanka gefunden hatte, in die kleine zerbrechliche Hand. „Das ist ein ganz seltener Glücksstein. Verlier ihn nicht. Das Rad scheint soweit in Ordnung zu sein. Und aufgepumpt ist es auch.“

„Klaro“, sagte der Junge und hielt den Stein prüfend gegen die Sonne. „Sonst würde de dicke Emma och auf'n Felgen daherkommen.“ Alle lachten.

„Die dicke Emma?“

„Na, det is die Frau von unserem Koch“, rief der blonde Bengel übermütig und klatschte sich mit seinem daneben stehenden Freund ab.

„Wie schön für mich“, sagte Meinhardt. „Dann wird es höchste Zeit, dass ich mich aus dem Staub mache. Sonst erwischt mich die dicke Emma noch in flagranti und haut mir eine Pfanne um die Ohren ". Er klemmte seine Jacke auf den Gepäckträger und stieg steifbeinig aufs Rad.

„Das kann dir passieren, Onkel! Und zwar mit einer von unserem Meisterkoch", rief ihm das Mädchen kichernd hinterher. Er winkte den Kindern noch einmal zu, bevor er nach der nächsten Kurve den Blickkontakt zu ihnen verlor. Der Weg zwischen hohen Bäumen und Sträuchern war feucht und schattig und der Fahrtwind drang mit seiner morgendlichen Frische mühelos durch seine löchrige Kleidung. Aber schon bald führte ihn der schmale Pfad aus dem Wald, und die Sonne heizte seinen ausgekühlten Körper schnell auf. Die nahe Landstraße lag dampfend und still vor ihm. Er stieg ab und versuchte sich am Stand der Sonne und einem Alleebaum zu orientieren. Der Baum war auf einer Seite leicht mit Moos bedeckt, das musste also Westen sein, und die Sonne stand so früh am Morgen natürlich im Osten. Er nahm den Weg nach Süden. Im nächsten Dorf verriet ihm ein Hinweisschild auch, wohin ihn die Straße führte. Nach Lübben, im Spreewald. Mit dem Fahrrad der dicken Emma schaffte er die Strecke in sechs Stunden, mit Pausen. Er genoss die Fahrt durch eine abwechslungsreiche Landschaft, aber manchmal kam er aus dem Staunen nicht mehr heraus. Er war in den Jahren 1937 und 1938 mehrmals beruflich in Thüringen und in Brandenburg gewesen und hatte die Eindrücke dieser Besuche noch gut im Gedächtnis. Es war schwer zu begreifen, wie sehr sich vor allem die größeren Orte und die Menschen seit dem Krieg verändert hatten. Viele Häuser waren noch zerstört, andere auf hässliche Art und Weise neu errichtet. Zweckmäßig, schnörkellos und teilweise wie überdimensionale Schuhkartons aussehend. Die Leute wirkten misstrauisch und verschlossen. Der Karlsruher bemühte sich, soweit es ging, ohne fremde Hilfe auszukommen. Aber manchmal musste er doch von seinem Rad steigen und nach dem Weg fragen. Was ihn aber mehr beunruhigte, als die „neuen Menschen und Orte“, war das Militär auf den Straßen. Auch russisches. Es wirkte aufgescheucht und in manchen Städten ungewöhnlich präsent, wie vor dem Beginn eines großen Manövers. Kurt Meinhardt hatte keine Ahnung davon, dass ein niedergeschlagener Volksaufstand vor gut zwei Wochen für diese angespannte Situation sorgte.

Carsten hatte jedenfalls Recht. Der Machtbereich der Russen endete wahrscheinlich wirklich erst an der Westgrenze der DDR zur Bundesrepublik. War diese Grenze bewacht? Und wenn ja, wie? Gab es Wachtürme, Grenzpatrouillen und Stacheldraht?

Aber noch war es nicht soweit. Er legte im Spreewald, kurz hinter Lübben an einem der zahlreichen kleinen Kanäle eine Pause ein, wusch sich und seine Kleider so gut es ging mit den kläglichen Resten seiner Seife und hängte die nasse Wäsche über die Äste eines wilden Apfelbaums. Der Hunger rumorte in seinem Magen und als er von Weitem drei junge Frauen ins Wasser steigen sah, überkam ihn eine fast fremd gewordene Erregung. Jahrelang hatte er den Gedanken an seine Frau verdrängt, ja fast zwanghaft vermieden. Bis jetzt. Plötzlich überrollten ihn Hoffnungen, Ängste und Sehnsüchte nach ihr.

Luise ... Er bemerkte nicht, wie sein Mund immer und immer wieder ihren Namen lautlos in die Luft hauchte. Und er nahm kaum Notiz davon, dass ihm die Tränen unaufhaltsam über die Wangen flossen. Es schien, als löste sich in diesem Augenblick alles in ihm auf, was er jahrelang mühsam unterdrückt hatte. Und es gab keinen Menschen und keinen Trost, die diesen Prozess aufhalten konnten.

Es war schon dunkel geworden, als er am nächsten Tag gegen 21.00 Uhr in Wittenberg ankam. Müde und hungrig und immer auf der Suche nach einer günstigen Gelegenheit, irgendwo an etwas Essbares zu kommen. Aber diesmal hielt er auch Ausschau nach einer Zeitung, egal wie alt sie war. Es wurde Zeit, dass er zumindest eine Ahnung davon erhielt, was hier im Sommer 1953 los war.

Er kannte die herrliche Lutherstadt noch von vor zehn Jahren. Aber was er jetzt sah, machte ihn nur noch stumm und betroffen. Die Altstadt und das Schloss hatten den Krieg zwar einigermaßen heil überstanden, aber im Osten gab es unübersehbar Straßenzüge, die nach ihrer Zerstörung entweder noch gar nicht oder nur mühsam wieder zusammengeflickt wurden. Neue Häuser und Kasernen klebten wie hässliche Geschwüre an den Rändern der Altstadt. Ob Karlsruhe Ähnliches erleiden musste? Er hatte keine Zeit diesen trüben Gedanken nachzuhängen, da ihn vor einer Parkbank, auf der er eine weggeworfene Zeitung las, eine Frau ansprach. „Aus dem Knast raus? Hunger, Durst und keine Bleibe?"

Meinhardt sah in das verlebte Gesicht der Frau, die sich ungefragt einfach neben ihn setzte. Ein schwacher Duft von Kernseife umgab sie. Ihr Alter war schwer einzuschätzen. Die lebhaften Augen waren die einer jungen Frau, das runzelige Gesicht mit den tiefen Wangenfalten und den steil nach unten gezogenen Mundwinkeln, umrahmt von langen ergrauten Haaren, passte eher zu einer Siebzigjährigen. Die etwas gebeugte, hagere Gestalt war trotz der angenehmen Temperaturen in einen knöchellangen Mantel gehüllt.

„Hunger und Durst ja, Knast nein", antwortete er kurz angebunden.

„Du musst mir nichts vormachen, ich habe schon viele von deiner Sorte gesehen", sagte sie ungerührt. „Ein Politischer, oder? Dich haben doch auch die Russen oder die SED eingelocht. Du kannst es ruhig zugeben."

Jetzt war es also soweit. Er wurde voll auf dem linken Fuß erwischt, bevor er wusste, dass er auch einen rechten hatte.

„Keine Ahnung, was Sie meinen“, sagte er ausweichend. „Ich war zu lange im Ausland. Bin erst gestern Abend zurückgekommen.“

„Ausland? Na klar, den Knast kann man auch als Ausland bezeichnen“, sagte sie spöttisch. „Aber gut, wenn du nicht drüber reden willst. Ich dachte nur, dass du vielleicht ein sauberes Bett, was Ordentliches zu essen und einen guten Schnaps vertragen kannst.“

Sie stand auf und wandte sich zum Gehen.

„Einen Moment, bitte!“, rief er ihr hinterher. „Gegen ein Bett und was zu essen habe ich nichts einzuwenden. Und den Schnaps würde ich zur Not auch noch in Kauf nehmen.“

Sie drehte sich zu ihm um. Ein schwaches Lächeln verjüngte ihr Gesicht um Jahre. „Na also. Ich wusste doch, dass du ein Heimatloser bist. Ich habe dafür einen untrüglichen Blick. Geh mit deinem Fahrrad einfach ein paar Meter hinter mir her, wir müssen vorsichtig sein.“

Nach wenigen Schritten löste sich plötzlich ein Schatten unter den Bäumen, sprach die Frau kurz an und ging neben ihr her wie ein alter Bekannter. In Meinhardt erwachte das Misstrauen. Sollte er sich jetzt nicht einfach auf sein Fahrrad schwingen und abhauen? Aber die Verlockungen nach einem warmen sauberen Bett und etwas zu essen waren stärker. Außerdem hatte er ja noch seine Makarow in der Jackentasche. Für alle Fälle.

Nach etwa fünfzehn Minuten kamen sie zu einem dieser hässlichen Wohnblocks, die hier am Stadtrand aus dem Boden wuchsen. Der Mann ging zu einem Hauseingang, sperrte die Tür mit einem Schlüssel auf den er aus der Hosentasche zog und verschwand in einem unbeleuchteten Treppenhaus. Die Frau wartete vor dem Eingang und winkte ihn heran. „Wir haben hier eine Wohnung, gleich im ersten Stock“, sagte sie. „Du brauchst dir nicht ins Hemd zu machen. Wir sind nur eine kleine Gruppe Gleichgesinnter, die noch Verstärkung gebrauchen kann.“

Meinhardts Unbehagen wuchs. Gleichgesinnter? Was zum Teufel meinte sie? Geht es um irgendeinen Sozialhilfeverein, der Obdachlose unterstützt? Er lehnte sein Fahrrad an die Hausmauer und ging kommentarlos an ihr vorbei. Oben auf dem Treppenabsatz drängte sich ein breiter werdender Lichtkegel aus einer aufschwingenden Wohnungstür über die Stufen nach unten. Wieder überkam ihn ein ungutes Gefühl. Sollte er dieses Risiko wirklich eingehen?

„Trau dich nur“, ermunterte ihn die Frau und deutete nach oben. „Wir sind nicht von der Stasi.“

Er schielte misstrauisch zu dem Licht hinauf und wartete, bis sie an ihm vorbeiging.

„Die haben dich ganz schön versaut, wie ich sehe. Wurdest du gefoltert?“, fragte sie und nahm ihm im Vorbeigehen die über der Schulter hängende Jacke ab. Er sah ihr unruhiger werdend hinterher. Die Makarow war jetzt jedenfalls nicht mehr so einfach für ihn zu erreichen.

„Das könnte man so sagen“, antwortete er und trat hinter ihr ein. Sie sperrte ab und schob einen schweren Vorhang vor die Tür, dann ging sie einen langen, hell erleuchteten Gang voraus. An seinem Ende öffnete sie eine grün lackierte Tür und trat ein.

„Darf ich vorstellen, ein neuer Kollege“, sagte sie und schob Meinhardt, noch bevor der sich versah, in ein großes Zimmer. Zwei abgedunkelte Stehlampen verbreiteten ein angenehmes Licht. Drei jüngere Männer und eine Frau mittleren Alters saßen um einen langen Tisch.

„Guten Abend." Er blieb mitten im Zimmer stehen. Sein Gruß blieb unerwidert. Von der Caritas sind die jedenfalls nicht, dachte er mit Galgenhumor. Sie musterten ihn sekundenlang, dann stand ein großer schwarzhaariger Mann auf und ging auf ihn zu. Er war fast einen halben Kopf größer als Meinhardt, schlank und höchstens dreißig. „Robert Heumann", sagte er mit einer dunklen, bassartigen Stimme und streckte ihm seine Rechte entgegen. Ein glatt rasiertes, offenes Gesicht lächelte ihn an.

„Kurt Meinhardt", entgegnete der Karlsruher und schlug mit einem kräftigen Händedruck ein. Der Mann verzog das Gesicht für einen Moment, rückte dann einen Stuhl vor dem Tisch zurecht und bot ihm Platz an. Er setzte sich vorsichtig, so als ob er der Stabilität des Sitzmöbels nicht trauen würde.

„Ich glaube, es ist an der Zeit, dass wir uns alle vorstellen", sagte die Frau, die ihn hierher gelotst hatte. „Ich bin die Elfriede Nowak, meine jüngere Kollegin am Ende des Tisches ist Margot Trautner, neben ihr sitzen Wolfgang Pongratz und Peter Marx, der uns begleitet hat. Robert hat sich ja schon vorgestellt. Wir alle gehören einer kleinen Widerstandsgruppe an, die sich „17. Juni" nennt. Wir haben es uns zur Aufgabe gemacht, gegen das Joch der russischen Besatzungsmacht und ihrer Marionetten etwas zu unternehmen. Der 17. Juni sagt dir doch etwas, oder?"

Meinhardt sah sie an, als ob sie in einer fremden Sprache zu ihm sprechen würde. „Ehrlich gesagt, habe ich nicht die geringste Ahnung, was dieses Datum zu bedeuten hat." Er zuckte mit den Schultern.

„Das gibt's doch nicht. Wo warst du, als sich hier im ganzen Land die Hölle aufgetan hat?", brach es ungläubig aus Elfriede Nowak hervor. „Wir hatten einen Aufstand in Berlin am 17.! Und was für einen. So was kriegt man doch sogar noch im Knast mit!" „In dem Knast, in dem man mich und ein paar Hundert andere Deutsche und Österreicher quälte, nicht."

„Du warst Kriegsgefangener?", fragte Wolfgang Pongratz und stand auf. Er hinkte zu Meinhardt hinüber und legte ihm eine Hand auf die Schulter. Dann ging er ächzend in die Knie und sah ihm direkt in die Augen. Sein Blick tastete sich über Meinhardts Gesicht bis zu seinem kahlen Schädel hinauf.

„Bleibergwerk. Vermutlich Severnyj, habe ich recht?"

Meinhardt nickte nur und kämpfte mit Mühe um seine Fassung. Es wurde schlagartig still im Zimmer.

„Bist du aus dem Lager geflohen?", fragte nach endlos erscheinenden Minuten Margot Trautner. Der Karlsruher hob langsam den Kopf und sah zu ihr hinüber. Eine attraktive Frau, von vielleicht vierzig Jahren, mit langen brünetten Haaren, die ihr offen bis über die Schultern fielen, schien ihm mit ihren hellblauen Augen bis auf den Grund der Seele zu schauen.

Wieder nickte er nur.

„Dann möchtest du jetzt nur noch nach Hause, so schnell es geht?" Pongratz hatte sich wieder auf seinem Stuhl niedergelassen.

„Noch schneller, wenn es geht", antwortete Meinhardt. „Ich will endlich anfangen wieder zu leben. Ich bin jetzt seit beinahe zwölf Jahren in Gefangenschaft gewesen. In der menschenfeindlichsten Hölle, die man sich vorstellen kann. Und seit 1940, seit fast vierzehn Jahren, habe ich meine Frau und meine Familie in Karlsruhe nicht mehr gesehen. Ich weiß nicht einmal, ob sie noch leben."

Wieder setzte ein betroffenes Schweigen ein. Das Ticken einer Uhr, irgendwo im Hintergrund des Zimmers, füllte fast überlaut den ganzen Raum.

„Wir bringen dich rüber", sagte Peter Marx mitten in die Stille hinein. Er sprach leise aber trotzdem war die

Entschlossenheit in seiner Stimme nicht zu überhören. „Worauf du dich verlassen kannst!“, rief Wolfgang Pongratz und schlug so heftig mit der flachen Hand auf den Tisch, dass Margot Trautner vor Schreck fast die Tasse aus der Hand fiel. „Du wirst deine Familie wieder sehen. Dafür sorgen wir.“

Kurt Meinhardt kannte diese Leute erst seit wenigen Minuten. Trotzdem wurde er nach dieser spontanen Demonstration des Mitgefühls sofort ruhiger. Es war, als hätte man seinen Hoffnungen eine neue Richtung gegeben, sie gegen ein Versprechen eingetauscht.

Die beiden Frauen nickten ihm zu und standen auf. „Wir kümmern uns jetzt um das Essen“, sagte Elfriede Nowak und verschwand hinter ihrer Kollegin in der angrenzenden Küche. „Wolfgangs jüngerer Bruder Martin war auch in Severnyj. Er hat es nicht überlebt!“, rief sie ihm noch zu bevor die Tür ins Schloss fiel.

Robert Heumann kam aus dem Halbdunkel des Zimmers hervor und stellte ein Glas Bier und einen Schnaps vor Meinhardt auf den Tisch. Erst jetzt sah er die großen, relativ frischen Narben auf seiner Hand und dem rechten Unterarm.

„Trink erst mal was, bis das Essen fertig ist“, sagte er und schenkte sich und den anderen Männern aus einer Steinflasche ebenfalls ein. Eine hellrote Flüssigkeit gluckerte in vier etwas klein geratene Wassergläser.

„Wo kommen deine Verletzungen her?“, fragte der Karlsruher. „Das sieht ja ziemlich übel aus.“

Robert Heumann setzte sich neben ihn und legte beide Arme auf den Tisch, dann krempelte er die Hemdsärmel bis zu den Oberarmen hoch. Hände und Unterarme waren von tiefen Narben übersäht. „Das sind meine persönlichen Andenken an die SED“, sagte er und lächelte mit einer Gesichtshälfte. „Den Kiefer haben sie mir auch zertrümmert. Der ist aber inzwischen wieder einigermaßen zusammengewachsen. Wolfgangs Beine mussten auch dran glauben, deswegen hinkt er noch immer, und Elfriedes einzigen Sohn stellten sie an die Wand, weil er uns nicht verraten wollte."

Meinhardt sah ihn betroffen an. „So was passiert noch immer bei uns Deutschen?"

„Das und noch viel mehr", antwortete Peter Marx mit einer Stimme in der Wut und Resignation schwangen. „Zumindest denen, die eine andere Meinung vertreten, als es die Parteifunktionäre oder Russen angeordnet haben."

„Und in Westdeutschland? Ist es da ähnlich?"

„Nein, da kann ich dich beruhigen. Soviel wir wissen, gibt es im Westen eine einigermaßen funktionierende Demokratie und die Bevölkerung hat inzwischen einen relativ hohen Lebensstandard. Zumindest einen, von dem wir nur träumen können."

„Und warum haut ihr dann nicht einfach ab in den Westen?"

„Warum? Weil wir hier etwas zu erledigen haben, nicht im Westen", knurrte Heumann und ballte die verkrüppelten Hände. „Hier ist unsere Heimat, hier leben wir und unsere Freunde und Familien und von hier lassen wir uns von den Russenknechten der SED nie und nimmer vertreiben. Leider denken nicht alle so. Es gibt zu viele, die kampflos in den Westen gehen, trotz der bewachten Grenzen, die sie jetzt überall noch weiter abschotten."

„Lasst uns später Probleme wälzen, Kameraden", unterbrach Peter Marx das Gespräch. „Jetzt sollte endlich der gesellschaftliche Teil zu seinem Recht kommen." Er hob sein Glas. „Auf die Gesundheit und die Freiheit, Kurt, und viel Glück. Wer soviel erdulden musste wie du, kann das gebrauchen im weiteren Leben. Wir alle wissen wovon wir sprechen. Auf dein Wohl."

Die beiden anderen Männer erhoben nun ebenfalls ihre Gläser und prosteten dem Karlsruher zu. Der nippte nur an dem Schnaps und trank ein paar Schlucke Bier. „Tut mir leid", beantwortete er ihre fragenden Blicke. „Aber ich muss nach Jahren der Abstinenz noch etwas vorsichtig sein. Ich bin schon jetzt fast total besoffen."

„Kein Problem", sagte Marx. „Ich hoffe du verzeihst uns, dass wir das anders machen." Sie leerten ihren Schnaps in einem Zug und kippten das halbe Bier hinterher. Zwei Sekunden später waren die Gläser wieder gefüllt. Fast wie im Paradies, dachte Meinhardt. Doch dann überfielen ihn plötzlich wieder diese Zweifel und Ängste, die ihn schon während der gesamten Flucht begleitet hatten, und er hing wortlos seinen Gedanken nach. Aber der zweite Schnaps und ein Glas Bier ertränkten den Kummer allmählich, und er musste erzählen und erzählen. Es wurde ein sehr langer Abend, dessen Ende er nur noch verschwommen mitbekam. Aber eines nahm er trotz seines beachtlichen Rausches wie einen Gutenachtkuss mit in das kleine Zimmer, in dem ein wunderbar altmodisches Federbett auf ihn wartete: Das Lächeln von Margot Trautner. Oder war es doch Elfriede Nowak?

Den ganzen nächsten Tag verschlief er in seinem weichen, warmen Bett. Es war ein herrliches Gefühl, dass er seit Ewigkeiten vermisst hatte. Ein Gefühl von Geborgenheit und Nähe, von Sicherheit und entspannter, wohliger Ruhe. Erst am Abend weckte ihn Margot Trautner. „Es geht los, Kurt", sagte sie mit einer ekelhaften Munterkeit und stellte eine große Tasse Kaffee neben ihn auf das Nachtkästchen. „Ich glaube, den brauchst du jetzt dringend. Willst du vorher noch baden, dich rasieren und dir die Zähne putzen?"

Er rieb sich den Schlaf aus den Augen und sah eine weibliche Silhouette vor dem viel zu hellen Licht der Deckenlampe stehen. „Baden, Rasieren? Bin ich im Himmel?"

Sie lachte. „Wo sonst? Und ich wurde vom lieben Gott als dein Weckengel abkommandiert. Die anderen Engel warten im Wohnzimmer auf dich."

Allmählich kehrte sein Erinnerungsvermögen zurück. „Ach ja", sagte er und sein Gähnen verschluckte den halben Raum. „Ich erinnere mich schwach an gestern Abend. Hat dir der Kerl von da oben nicht den Namen Margot gegeben?"

„Ja, das hat er", sagte sie und ging einen Schritt auf die Seite. Der Lichtkegel der Lampe traf ihn unvermittelt. Er kniff die Augen zu. „Manche sagen aber auch nur dumme Kuh zu mir", hörte er sie sagen. „Das ist die Zweitversion von Margot." Es klang sehr verbittert und die Wunden schienen noch frisch zu sein. Anscheinend lebte man auch bei den „Gleichgesinnten" nicht nur in glückseliger Harmonie.

„Ich glaube, ein Bad und alles andere, habe ich wirklich dringend nötig", sagte er.

„Dann beeil dich. Es liegt alles bereit. Auch Kleidung. Allerneueste DDR- Mode. Komm mit."

Sie ging vor ihm auf den Flur, öffnete nach ein paar Schritten eine Tür und knipste das Licht an. Ein großes, weißgefliestes Bad lag vor ihm. In der Mitte stand auf vier gusseisernen Füßen eine Wanne. Die Emailleschicht war teilweise schon abgescheuert, die Messingarmaturen wirkten alt und verbraucht und der Spiegel über dem Waschbecken war blind und mit einem großen Sprung verziert. Aber trotz der kleinen Mängel, es war ein Bad, ein voll funktionsfähiges Bad! Und es war ein herrliches Gefühl, als er Minuten später, lang ausgestreckt und mit geschlossenen Augen, im warmen Wasser lag. Er wusste gar nicht mehr wie entspannend so ein heißes Bad sein konnte. Der Rosenduft eines Badezusatzes verwöhnte die Nase und in Gedanken versuchte er sich an das Gesicht von Luise zu erinnern. An ihr ganz besonderes Lächeln, das über ein paar kleine Falten in den traurigen Augenwinkeln verschwand. Doch sofort schob sich wieder der dunkle Vorhang zwischen Vergangenheit und Gegenwart, an dem er die letzten Jahre im Lager unaufhörlich gewebt hatte.

Die Geduld der Wartenden wurde auf eine harte Probe gestellt. Erst nach einer Stunde kam er mit einem herrlich frischen und sauberen Gefühl ins Wohnzimmer. Außer Margot Trautner warteten dort noch Pongratz und Peter Marx auf ihn. „Wie siehst du denn aus?“, platzte es aus Pongratz heraus, als er eintrat. „Bist du der jüngere Bruder von dem abgerissenen Kerl, der sich gestern Abend unter den Tisch gesoffen hat?“

Meinhardt strich sich über das glatt rasierte Kinn und sah prüfend an seiner knochigen Gestalt hinunter. „Habe ich mich wirklich so verändert?“

„Verändert? Da steht ein vollkommen neuer Mann vor uns“, antwortete Margot Trautner. „Ich wusste bisher noch gar nicht, dass unsere alte Badewanne in Wahrheit ein Jungbrunnen ist.“

„Es ist inzwischen dunkel geworden“, funkte Peter Marx dazwischen. Es hörte sich leicht genervt an. „Wir sollten uns endlich auf den Weg machen.“

„Wohin soll es denn gehen?“, wollte Meinhardt wissen. „Es gibt in der Nähe von Benneckenstein, im südlichen Harz, eine relativ schwach bewachte Grenzlücke, die auch noch ausreichend Deckung bietet. An dieser Stelle schleusen wir dich rüber. Ein Wagen steht ein paar Straßen weiter bereit. Damit fahren wir zu einem Haus, bis kurz vor der Grenze, wo wir das Auto abstellen können. Von da geht es etwa vier Kilometer zu Fuß durchs Sperrgebiet. Dein Fahrrad brauchst du bestimmt nicht mehr. Wir haben es in Elfriedes Keller gebracht, wenn es dir recht ist." Meinhardts Gesicht hellte sich auf, als hätte jemand eine Lampe in ihm angeknipst. Die Kopfschmerzen, die ihn seit ein paar Minuten quälten, waren mit einem Schlag wie fortgewischt.

„Klar, das geht schon in Ordnung", sagte er euphorisch. „Euer Plan hört sich gut an. Von mir aus kann es losgehen. Je eher desto besser."

Es war stockfinster, als sie nach einer scheinbar ewig langen Fahrt über Schlagloch übersäte Landstraßen endlich auf den Hof eines einzeln daliegenden Anwesens einbogen. Irgendwo in der Dunkelheit begrüßte sie das heisere Bellen eines Hundes, kurz darauf blitzte am Haus eine Taschenlampe auf. Meinhardt, der vorne auf dem Beifahrersitz saß, erschrak heftig, als im Scheinwerferlicht direkt vor dem Wagen ein Schatten vorbeihuschte. Peter Marx bemerkte das Zucken seines Nachbarn.

„Keine Angst, das ist nur Erwin Powelka, unser Mann fürs Grobe", beruhigte er den Karlsruher. Sie stiegen aus. Kurz bevor sie das Wohngebäude erreichten, wurde eine Tür geöffnet.

Die zierliche Gestalt einer Frau zeichnete sich vor dem hellen Viereck ab.

„Eva, meine Tochter", sagte Powelka kurz angebunden und ließ ihnen den Vortritt ins Haus, bevor auch er hineinging und hinter sich abschloss.

Sie betraten einen weißgekalkten Raum mit einer niedrigen Holzdecke. Der hochgewachsene Hausherr berührte sie fast mit dem Kopf. Seine Tochter war ein bildhübsches Mädchen von etwa vierzehn Jahren. Der späte Besuch schien sie nicht im Mindesten zu überraschen.

Sie steuerten eine Bank an, die hinter einem grob behauenen Tisch in einer Zimmerecke stand. Sonst war der

Raum nur sehr spärlich möbliert. Eine bemalte Holztruhe, eine Standuhr und ein altdeutscher Geschirrschrank waren alles, was der Raum an Möbeln zu bieten hatte. Auf den breiten Fensterbrettern standen ein paar vertrocknete Pflanzen in Tontöpfen.

„Ihr habt euch ganz schön Zeit gelassen", meinte Powelka mit einem leichten Vorwurf in der Stimme. Er ließ alle Platz nehmen, bevor er sich selbst auf einen Stuhl an der Stirnseite des Tisches setzte.

„Du kennst doch die Straßenverhältnisse in unserem sozialistischen Musterstaat", verteidigte sich Pongratz. „Wer es ohne dreifachen Achsbruch bis zu dir schafft, ist sowieso die krönende Ausnahme."

„Otto liegt jedenfalls schon im Bett", sagte der Hausherr noch immer etwas mürrisch. „Er muss morgen früh schon um fünf raus aus den Federn. Aber ich kenne die Stelle wo euer Schützling rüber kann genauso gut wie er. Der Zeitpunkt ist günstig. Die Wolken lassen heute fast kein Mondlicht durch. Wir schaffen den Wagen noch in die Scheune, dann kann es meinetwegen losgehen. Eva hat für Kurt noch ein paar Brote geschmiert und wie besprochen, das Geld für die Zugfahrt vom Konto für besondere Fälle abgezwackt."

Das Mädchen trat an den Tisch und stellte vor jeden ein Glas Schnaps. Dann setzte sie sich dicht neben ihren Vater. Die Augen fielen ihr vor Müdigkeit fast zu.

„Also, dann Prost und auf ein gutes Gelingen", sagte Powelka, und die Männer stießen miteinander an. Fünf Minuten später machten sie sich zu Fuß auf den Weg zur Grenze.

Der „Mann fürs Grobe", kannte hier anscheinend jeden Quadratmeter mit verbundenen Augen. Es ging eine gute halbe Stunde über Wiesen und durch den Wald, als er mit der Hand plötzlich ein Zeichen zum Halt gab. „Runter“, flüsterte er und augenblicklich knieten sich alle nieder. Ein Lichtkegel strich dicht vor ihnen über den Boden und verschwand langsam wieder hinter den Bäumen.

„Der Wachturm“, flüsterte Powelka, „ist an die zweihundert Meter von unserem Standort entfernt. Ab hier gibt es keine Bäume mehr, nur ein paar Sträucher. Die Schneise ist allerdings nur hundert Meter breit. Der Scheinwerfer dreht seine Runde in einer Zeit von exakt drei Minuten. Der Stacheldrahtzaun da hinten, hat eine kleine ausgeschnittene Lücke. Du musst von hier aus nur noch geradeaus laufen sobald der Lichtkegel bei uns durchgekommen ist. Fünfzig Meter von hier bis zur Schneise und dann noch Mal hundert. Das macht hundertfünfzig Meter in drei Minuten, das schaffst du locker. Also, keine Hektik. Mach's gut, und viel Glück im Westen.“

Er drückte Meinhardt fünfzig Westmark und den Brotbeutel seiner Tochter in die Hände. Ein kurzer Abschied und schon verschwanden sie lautlos wieder in der Dunkelheit des Waldes.

Das Herz schlug Olaf bis zum Hals, als der Lichtkegel erneut an ihm vorbeikam. Er stand auf und rannte los. Das Gras war kurz geschnitten, der Boden fast eben. Seine Füße flogen förmlich über die Wiese. Bitte, lieber Gott lass mich jetzt nicht stürzen, bitte, bitte, nicht jetzt“, zuckte es durch seine Gedanken. Heftig schnaufend kam er am Zaun an, aber die angeblich ausgeschnittene Lücke war nicht da! Heiß stieg ihm das Blut in den Kopf. Er sah zurück. Der Lichtkegel kam langsam aber konstant heran gekrochen. Er lief am Zaun entlang. Plötzlich sah er sie. Die Lücke war gerade so groß, dass er sich durchquetschen konnte. Sekunden später nahm ihn der Grenzwald hinter dem Zaun mit seiner rettenden Dunkelheit auf und der Lichtkegel des Wachturms strich blind über den Boden der Deutschen

Demokratischen Republik. Ein paar hundert Meter weiter ließ er sich auf einem umgestürzten Baum nieder, um kurz zu verschnaufen, bevor er einen unscheinbaren Pfad nahm, der ihn zu einer nahen Landstraße führte.

Die fünfzig Mark, die ihm Erwin Powelka in die Hand drückte, waren mehr als genug für die Zugfahrt von Göttingen nach Karlsruhe. Er konnte sich sogar noch den Luxus leisten, im Speisewagen ein Bier und ein Wiener Schnitzel mit Bratkartoffeln und Salat zu bestellen. Die Ereignisse der letzten Tage kamen ihm wie ein Traum vor. Vorgestern noch zerlumpt und verdreckt auf einer Parkbank in Wittenberg und 24 Stunden später rasiert, gebadet und sauber gekleidet in einem dieser edlen Speisewagen der Deutschen Bahn. Auch das, was er auf den Straßen, Dörfern und Städten während der Zugfahrt sah und förmlich in sich aufsog, wirkte wie ein Wunder auf ihn. Der Aufbau des Landes war wesentlich weiter fortgeschritten als im Osten, die Aufbruchstimmung in eine neue, bessere Zeit, war überall zu sehen und zu spüren. Und das Wichtigste: die Menschen schienen sich überall frei und sicher bewegen zu können.

Pünktlich um 20:47 Uhr fuhr der Zug in die Bahnhofshalle ein und hielt mit einem sanften Ruck an. Er war angekommen in seiner Heimatstadt. Nach fast vierzehn Jahren. Das Gefühl war unbeschreiblich, als er auf die Straße hinaustrat. Er stand nur still da und sah sich um. Die plötzliche Vertrautheit, die ihn umfing, löste eine Tränenflut aus, hinter der er nur noch verschwommen den Stadtgarten mit seiner Tier- und Exotenwelt ausmachte. Eine gelbrote Straßenbahn wartete auf dem Bahnhofsplatz auf ihre späten Kunden. Er genoss die Fahrt Richtung Ettlingen. Es war wie eine Reise in die Vergangenheit. Vieles war noch so erhalten, wie er es in seinen Erinnerungen aufbewahrt hatte. Die alten, behäbigen Weinbrennerhäuser dekorierten die Straßenzüge wie vor dem Krieg, einzelne Gebäude wurden gerade restauriert, aber vieles war auch für immer von der Bildfläche verschwunden.

Schon nach fünfzehn Minuten kam er am Stadtrand an und stieg aus. Den Rest des Weges ging er zu Fuß weiter. Vorbei an den immer kleiner werdenden, geduckten Häuschen bis zu den licht bebauten Ausläufern des Schwarzwaldes. Aus den Gärten und Wegen roch es nach verblühtem Jasmin und Lindenblüten. Der Geruch drang schwer und süß in seine Gedanken, öffnete den gut geschützten Kern wie mit einem unsichtbaren Schlüssel. Und dann stand er plötzlich vor seinem Haus. Freude und Angst durchströmten ihn, er zögerte einen Moment, dann betätigte er die Glocke am Gartenzaun. Zwei Minuten später stand sie vor ihm. Luise.

Er drohte im Strudel seiner Gefühle zu versinken. Wie sie so dastand, mit ihren gelockten, rötlich gefärbten Haaren, glich sie einer verwelkenden Rose. Ein gepudertes Gesicht schob sich ins Licht der Straßenlaterne. Er erkannte sie kaum wieder. Fast vierzehn Jahre waren inzwischen vergangen. Und mit ihnen, die so genannten besten ihres Lebens.

Sein Verdacht bestätigte sich sofort, dass auch sie ihn nicht mehr erkannt hätte, als sie aus dem Licht der Laterne hervortrat und ihre Blicke über seine ausgemergelte Gestalt bis hinauf zu seinem Kopf gleiten ließ.

Scharf hatten sich die Jahre der Gefangenschaft in sein Gesicht gemeißelt. Ein paar graue Haarstoppeln an den Schläfen führten ein vereinsamtes Dasein auf einem sonst kahlen Schädel. Die jahrelange harte Arbeit und die miserable Ernährung hinterließen ihre Spuren.

„Bist du das wirklich, ... Kurt?“, entfuhr es ihr spontan. Diese unverkennbare, jung gebliebene Stimme, ließ die fast vergessene Vergangenheit sofort lebendig werden. Rauchig und dunkel versprach sie schon in ihrer Jugend mehr, als die dazugehörende Frau halten konnte. Er liebte sie dennoch. Oder war auch das nur noch Erinnerung?

„Ich bin es, Luise. Ein wenig älter und trotzdem ein ganz neuer Mann.“ Sein Humor hielt sich in Grenzen.

Sie trat zurück und öffnete die Gartentür, um ihn hereinzulassen. Mit drei Schritten stand er vor ihr. Wenigstens hat neben ihrer Stimme auch ihr vertrauter Geruch die Jahre schadlos überstanden, dachte er, als ihn ein zarter Duft von Maiglöckchen umwehte. Ihre Arme schlangen sich unerwartet heftig um seinen Nacken, zogen ihn hinunter und ein kräftiger Kuss ihrer trockenen Lippen verschloss seinen Mund.

„Oh ja, du bist es tatsächlich, Kurt. Du küsst genauso leblos wie früher. Endlich habe ich ihn wieder, endlich“, raunte ihm ihre dunkle Stimme wie in einem Selbstgespräch entgegen.

„In alter Schönheit und Frische“, erwiderte er.

„Du hast dich, bis auf deine verlorene Haarpracht, ganz gut gehalten“, log sie routiniert und führte ihn durch die tiefe Schwärze des unbeleuchteten Gartens bis zum Vordach des Hauses.

Vor der Tür blieb sie stehen, drehte sich langsam zu ihm um und sagte, die Tränen nur mühsam unterdrückend: „Fast vierzehn Jahre habe ich auf dich gewartet. Vierzehn lange, manchmal … verzweifelte Jahre. Wie oft hab ich die Gedanken verscheucht, dass du nie mehr zurückkommen wirst, aus diesem unendlichen weiten Land. Und jetzt bist du plötzlich da ... und ... und die Welt gerät nicht aus ihren Fugen? Ich weiß gar nicht, ... was ich davon halten soll.“

Eine stählerne Klammer legte sich um seine Brust. Sie hatte Recht mit dem, was sie sagte. Ihm erging es genauso. Wo blieb die schier endlose Freude, die er hinausschreien wollte, wenn er seine Frau nach dieser halben Ewigkeit endlich wieder in die Arme nehmen konnte? Wo blieb die innige Vertrautheit, die sie immer verband?

Fast zwölf Jahre lang galt er in Russland als verschollen. Und jetzt stand er vor seiner Frau wie ein Fremder, den das Schicksal unvermittelt in eine unbekannte Welt gespült hatte.

Als sie das Haus betraten und das grelle elektrische Licht die Zimmer und Möbel sichtbar werden ließ, wurde das Gefühl der Fremde noch stärker in ihm.

Nichts war mehr so, wie früher. Der Fortschritt im Land hatte auch hier Einzug gehalten. Er nahm aus einer sentimentalen Perspektive eine Welt in sich auf, von der er spürte, dass sie nicht mehr die seine war. Und er kam sich darin vollkommen überflüssig vor.

Außer dem braunen Nussbaumsekretär in „seinem" Zimmer war alles neu, ohne die dazugehörende Geschichte seines Daseins in diesem Haus.

Keines der Bilder hatte er ausgesucht, gekauft und nach Hause getragen, er kannte die Schränke und die gewagten Designerstühle im Esszimmer nicht und auch nicht die Leute, die auf ihnen saßen. Eine moderne Wohnzimmerlampe grinste kalt von der unbekannten zitronengelben Decke herunter, von der sie seinen geliebten Kristalllüster verdrängt hatte. Er suchte nach einem vertrauten Winkel in dem Haus, in dem er fast acht Jahre lang glücklich gelebt hatte. Mit einer Frau, deren Nähe er wie die Luft zum Atmen brauchte. War das alles nur noch ein Traum?

Man erwartete ihn. Abwartend und neugierig. Er hatte in Göttingen vom Rathaus aus angerufen und darauf bestanden, alleine heimzufahren. Wie die Perlen auf einer Schnur saßen sie um den langen Tisch im Esszimmer und starrten ihn an, als wäre er ein Wesen von einem unbekannten Planeten. Nur an der Stirnseite des Tisches war eine Lücke offen geblieben. Unbekannte Gesichter nickten ihm zu. Schablonenfreundliche und erstaunte, lauernde und verschlossene, hinter denen er Ablehnung und Distanz zu erkennen glaubte. Es gab nichts Herzliches, nichts Spontanes in dieser Runde. Sie warteten auf eine Tischrede.

„Guten Abend, meine Damen und Herren. Ich freue mich, dass Sie der Einladung meiner Frau gefolgt sind. Ich wünsche Ihnen einen guten Appetit.“ Dann setzte er sich und fing zu essen an. Die Gesichter wurden plötzlich alle gleich. Es viel ihm schwer ruhig zu bleiben. Er spürte die unzähligen fragenden Blicke der enttäuschten Menschen auf jede seiner Bewegungen. Am meisten jedoch spürte er die Entfernung zu Luise. Obwohl sie direkt neben ihm saß.

„Kurt, ich glaube, ich erkenne dich doch nicht mehr“, sagte sie leise. Ihre Stimme zitterte, sie klang traurig und resigniert.

„Ich weiß“, entgegnete er. „Wir haben uns beide verändert. Wir bekommen es jetzt zu spüren, dass wir eine halbe Ewigkeit in vollkommen verschiedenen Welten gelebt haben.“

„Liebst du mich noch?“, fragte sie und sah ihn von der Seite her an. Er zuckte nur mit den Schultern, seine Hand blieb abwartend auf dem Tisch liegen, statt sich wie früher, tröstend auf ihren Arm zu legen.

Sich allmählich wieder einzugewöhnen in die neu gewonnene Freiheit und das Leben an der Seite seiner Frau, und einem schwerfälligen Behördenapparat klar zu machen, dass er wieder existierte und nicht gefallen war, das waren die wichtigsten Aufgaben der nächsten Tage und Wochen. Wie sehr hoffte er, dass die Fremde gehen und die Vertrautheit zurückkommen würde. Zu ihm, zu Luise, zu den Menschen, die hier ein und aus gingen und mit ihm redeten, als wäre er ein übrig gebliebenes Fossil aus einer längst vergangenen Zeit. Vielleicht bemühte er sich zu wenig, vielleicht musste er sich nur von falschen Erwartungen befreien, offener werden für ein neues Leben in einer anderen, lauteren Welt. An der Seite einer fremden, vor langer Zeit vertrauten Frau. Konnte er das? Die Frage stellte sich schonungsloser: War er in der Lage, dieses Leben jetzt oder irgendwann noch einmal zu wollen?

Als nach fast zwei Monaten so etwas wie Sehnsucht, ja Heimweh in ihm zu wühlen begann, schüttelte er über sich selbst den Kopf. Heimweh? Wonach? Er war doch zu Hause! Aber nicht mehr in der Zeit, in der er vor dem Krieg gelebt hatte.

Er konnte nicht begreifen, was sich in ihm gegen jede Vernunft zur Wehr setzte. Täglich mehr und täglich schmerzhafter.

Am 27. August 1953 waren gegen drei Uhr morgens die letzten Gäste gegangen. Von Luises Geburtstagsfeier blieben nur noch sie, er, ein geplündertes Büffet, leere Flaschenbatterien und eine Armada verschmierter Teller und Gläser mit traurigen Getränkeresten übrig.

Sie saßen sich wortlos gegenüber. Er nippte an einem letzten Cognac, sie sah ihm teilnahmslos dabei zu. Die Minuten bauten sich zwischen ihnen wie eine unüberbrückbare Mauer auf. Als er sein Glas leerte, aufstand und seine Koffer packte, sah sie ihm nur dabei zu und hielt ihn nicht mehr zurück.

Seit der Trennung von Kurt Meinhardt ging es auch für Schubert relativ zügig und ohne besondere Zwischenfälle voran. Sein Weg führte ihn zunächst in den Nordosten, nach Mecklenburg. Schon im Morgengrauen hatte er sich auf den Weg gemacht und jetzt, ein paar Stunden später, flirrte die Hitze über dem Asphalt auf der kleinen Straße, neben der er ging. Alle Dörfer, Bäume und Wiesen dahinter wirkten wie eine Fata Morgana. Aber der Liebe Gott, an den er seit Severnjy nicht mehr glauben wollte, hielt eine angenehme Überraschung für ihn bereit. Hinter dem Geräteschuppen einer Kolchose stand ein nicht abgeschlossenes Motorrad. Aber die Freude, mit dem alten Vehikel relativ schnell und bequem Richtung Lübeck zu kommen, war schnell beendet. Der Tank war schon nach fünf Kilometern leer, und er musste seine neue Eroberung schieben. Und das bei diesen Temperaturen. An einem kleinen See, der idyllisch zwischen Wiesen und Feldern lag, wollte er sich eine Stunde später die dringend notwendige Pause gönnen. Auch der Hunger meldete sich unüberhörbar, er hatte seit zwei Tagen nichts mehr gegessen. Vielleicht gelang es ihm, einen Fisch zu fangen oder eine leichtsinnige Ente zu überraschen? Die Vorfreude auf ein erfrischendes Bad, beschleunigte seine Schritte zusätzlich. Er stellte das Motorrad am Gartenzaun des letzten Anwesens eines Dorfes ab und schlenderte einen flachen Hang zum erspähten See hinunter. Schon von Weitem stieg ihm ein verlockender Geruch in die Nase. Wie von einem Magneten angezogen, ging er weiter. Hinter einem Ufergürtel aus Sträuchern und Bäumen tauchte schließlich die Ursache für den unwiderstehlichen Duft auf. Eine Gruppe junger Leute scharte sich um einen Grill, auf dem Würstchen und große Fleischstücke vor sich hin brutzelten, und im Wasser standen drei Kästen Bier, wie er mit einem Blick feststellte.

„Hej Jungs, habt ihr was dagegen, wenn ich euch Gesellschaft leiste?“, fragte er scheinheilig und schielte mit unverhohlenem Interesse auf die Köstlichkeiten des Grills.

„Kommt ganz darauf an“, meldete sich ein kompakt gebauter junger Mann aus der Gruppe. Er stand auf und kam breitbeinig auf Schubert zugestakst. „Wenn du in deinem

Erfahrungsschatz wühlst, Alter, und uns einen guten, noch besser, einen sehr guten Beitrag zum ewig neuen Thema lieferst, dann kannst du essen und trinken soviel du willst. Aber so wie du aussiehst, wirst du wahrscheinlich hungrig bleiben, oder sehe ich das falsch?"

„Keine Sorge junger Freund. Ich habe nicht immer so ausgesehen", meinte Schubert. „Aber was versteht ihr unter einem ‚ewig neuen Thema'?"

„Was schon? Es geht um die Weiber, um was sonst?", meinte der junge Kerl vor ihm und grinste breit. „Gibt es was Wichtigeres auf der Welt, für einen Mann?" Er sah um Zustimmung heischend zu seinen Kameraden und dann verächtlich auf Schuberts traurige Gestalt.

„Niemals!", kam die vielstimmige Antwort aus der Gruppe.

„In eurem Alter gibt es wahrscheinlich wirklich nichts, was wichtiger wäre", sagte der Schlesier und erinnerte sich spontan an das makabre Gespräch, das er mit einem schwer verletzten Soldaten in einem zerbombten Haus an der russischen Front führte. Der vom Tod gezeichnete junge Mann hatte mit allem was ihm damals wichtig und heilig erschien, abgeschlossen. Mit seinen Eltern und Freunden, seiner politischen Überzeugung, dem Glauben als streng erzogener Katholik und sogar mit seinem geliebten und bewunderten Großvater. Aber von den Nächten mit seiner jungen Geliebten, schwärmte er bis zu seinem letzten Atemzug.

„Ich glaube, dazu kann ich euch wirklich einen Beitrag liefern", sagte er. „Sogar einen selbst erlebten. Wie ihr das Ganze auslegt, ist dann einzig und allein eure Sache."

„Dann mach's nicht so spannend Alter, setz dich zu uns und lass hören", sagte der Wortführer und bot dem Schlesier einen Platz neben sich an. Als „Vertrauensvorschuss" reichte er ihm eine Flasche Bier. Schubert drückte den Kronkorken mit bloßen Händen vom Flaschenhals, was ihm sofort die stille Bewunderung der jungen Leute bescherte.

„Ich bin ehrlich gesagt der Meinung, dass die ganze Sache mit den Frauen und der Liebe total überschätzt wird. Denn es ist, zumindest aus der Sicht der wissenschaftlich gebildeten Leute betrachtet, eigentlich nur ein chemischer Prozess um den wir so einen Wirbel machen", begann Schubert staubtrocken. „Wenn unsere Zurechnungsfähigkeit sinkt, nur weil das Thermometer steigt und die Frauen mehr von sich zeigen, als wir verkraften können, ist es garantiert Frühling. Denn da haben diese unverwechselbaren Symptome ihren Höhepunkt. Habe ich Recht?"

„Ne, bei Wanze ist immer Frühling! Das ganze Jahr, auch im Winter!", rief einer und hatte die ersten Lacher auf seiner Seite.

„Na ja, manch junge Leute haben eben eine Art Dauerdruck", meinte Schubert. „Aber normalerweise steuert die Natur unseren Sexualtrieb unterschiedlich. Da gibt es weniger aktive Zeiträume und sehr aktive. Das ist bei den Tieren nicht anders. Schaut euch die vom so genannten Liebesvirus Infizierten, einmal etwas genauer an. Sie beginnen damit, ihre Augen und Hälse nach denen zu verdrehen, die sie gerne im Bett hätten und zwängen ihre ganz normale sexuelle Lust in glühende Liebesbriefe mit verlogener Prosa. Manche reimen ihre überschäumenden Gefühle auch in der Form von Gedichten. Und selbstverständlich kommen darin immer wieder Begriffe wie ‚ewig', ‚einzig' oder ‚unendlich' vor. Unter diesem Niveau schickt kein Verliebter seine Schmachtzeilen an die ‚Göttliche'. Nur, dass sie manchmal ...."

„Wie Wanze, unser liebeskranker Lyriker!", unterbrachen ihn grölend ein paar Jugendliche um sich postwendend die derben Kommentare des Betroffenen einzufangen.

„Es tut mir echt Leid für Wanze. Aber auch er wird irgendwann erfahren müssen, dass die Natur da nur selten mitmacht“, fuhr Schubert fort. „Es gibt, soviel ich weiß, noch immer wesentlich mehr Kinder als liebeskranke Dichter. Wahrscheinlich verwechselt der Mensch schon seit Urzeiten seine überlebenswichtigen Sexualtriebe mit dem verklärenden Mythos der Liebe. Es ist auch nicht ganz einfach, unsere hoch komplizierten Gefühle auseinander zu halten. Trotzdem glauben die von Amor getroffenen bis heute, dass sie ausschließlich im siebten Himmel zu Hause sind. Ich denke, dass es eher ein sehr wackliges Kartenhaus ist.“

Schubert nahm einen ersten tiefen Schluck aus der Bierflasche. „Die ganze Sache mit der Liebe ist eigentlich nur ein ganz normaler menschlicher Irrtum. Etwas weniger verträumte Zeitgenossen behaupten auch, dass Liebe nichts weiter ist, als purer Sex und Leidenschaft. Merkt ihr was? Sogar in dieser Formulierung steckt das Wort „Leiden“. Zu Recht. Denn es ist typisch für jemanden, der glaubt zu lieben. Das hat nur selten etwas mit ewiger Glückseligkeit zu tun, denn in der Liebe sind Missverständnisse vorprogrammiert. Kein Wunder. Der Verstand ging flöten und rosarote Wölkchen sind kein zuverlässiges Transportmittel in den siebten Himmel. Die genaue Adresse dahin kennt sowieso keiner.

Gefühle gibt es bei diesen schnörkellosen Realisten nur örtlich, wenn ihr versteht, was ich meine. Aber was passiert nun wirklich mit uns im Mai, wenn die Hormone plötzlich tanzen? Wird die Welt und das Leben tatsächlich plötzlich schöner oder verschwimmt durch den über die Pupillen rutschenden Hormonspiegel nur die Sehschärfe der Männer?“

„Eigentlich ist das scheißegal“, meldete sich ein junger Mann aus der Gruppe. „Hauptsache ist doch, man ist verrückt nach dem Anderen, egal warum und ohne dafür danke sagen zu müssen."

„Da ist was dran", stimmte ihm Schubert zu. „Und noch was dürfen wir bei der ganzen Angelegenheit nie vergessen: Die Zeit. Denn die Zeit und die Liebe sind zwei Dinge, die nicht besonders gut zusammenpassen. Ihr habt das teilweise wahrscheinlich selbst schon erlebt. Am Anfang empfindet man seine neue Eroberung wie ein unvergleichliches Geschenk. Nach drei, vier Jahren vielleicht noch wie ein Geschenk und fünfzehn Jahre später nur noch wie eine Zumutung. Man hat sich aneinander gewöhnt und das Zusammenleben ist bestenfalls ein Nebeneinanderher. Viele „lieben" ihren Partner auch nur wegen dessen Vermögen oder der gesellschaftlichen Stellung die er einnimmt, und nicht nur so zum Spaß. Ist euch schon mal aufgefallen, dass bei den Verliebten auch das Größenbewusstsein total verloren geht? Erst ist man das kleine Mäuschen, das süße Bärchen oder das Schätzchen. Nach ein paar Jahren nur noch ein Trottel, eine dumme Kuh oder ein fieses Schwein. Die verniedlichende Endung „chen" ist dann längst aus dem Sprachgebrauch verschwunden. Wisst ihr warum solch extreme Größenunterschiede entstehen? Die Antwort ist relativ einfach: nur durch die Zeit! Nicht nur Bäuche wachsen mit der Zeit. Auch die Erkenntnisse!

Und eines könnt ihr mir glauben: Wenn unsere Hormone nicht mehr verrückt spielen, sondern dem nüchternen Alltag Platz machen mussten, dann ist die Phase der Verliebtheit endgültig vorbei und der Drahtseilakt des wirklichen Kennenlernens beginnt. Wer dann in der Lage ist, den anderen mit all seinen Kanten, Falten und Fehlern zu akzeptieren, wird vielleicht auch am Tag danach so was Ähnliches wie Liebe erleben können. Aber das hat ganz bestimmt nichts mit der viel besungenen Gefühlsduselei und ‚ewigem' Herzklopfen zu tun. Das ist zumindest meine ganz private Meinung zum ewigen Thema." Schubert leerte seine Flasche in einem Zug und erhielt prompt Nachschub von einem der Burschen. „Das war gar nicht schlecht für den Anfang", lobte der ihn. „Vielleicht ein wenig zu sachlich, für meinen Geschmack. Aber das hat bei dir bestimmt was mit dem Alter zu tun. Warst du selber schon einmal so richtig verknallt und geistig weggetreten? Oder ist das alles nur blanke Theorie, was du uns da erzählt hast?"

„Das war keine Theorie. Ich glaube, dass ich sogar ein Musterexemplar für die Rolle des geistig weggetretenen Verliebten war", sagte Schubert und verblüffte die Jugendlichen erneut mit der unkonventionellen Art seine Flasche zu öffnen. „Wahrscheinlich war ich sogar ein Lehrbeispiel dafür, wie man es auf keinen Fall machen sollte."

„Dann leg endlich los", munterte ihn die reichlich verspottete „Wanze", ein etwas verträumt aussehender junger Mann auf. Er stellte einen Teller mit einer unwiderstehlich aussehenden Grillwurst vor dem Schlesier ab. Der ließ sich nicht zweimal bitten, nahm die Wurst in die Hand und biss herzhaft hinein. „Ich kannte vor einer halben Ewigkeit mal eine junge Frau", begann er noch kauend, „die hieß Daniela. Daniela Scheungraben. Ich empfand sie, im Gegensatz zu ihrem Familiennamen, von Anfang an als außergewöhnlich. Es war nicht nur ihr Aussehen, das mich faszinierte, sondern auch ihre unbeschwerte Art, wie sie mit jedem und allem umging. Ich war ihr, um es kurz zu machen, schon nach wenigen Wochen hoffnungslos verfallen.

Wenn ich sie sah, versank die Welt um mich her in Bedeutungslosigkeit. Das hört sich bestimmt übertrieben an, aber es war tatsächlich so. Ich war in den wenigen Momenten, in denen ich noch klar denken konnte, selbst beunruhigt über diesen Zustand, weil ich mich total verletzlich und wehrlos in ihrer Nähe fühlte. Sie war noch sehr jung und relativ unerfahren, trotzdem verfügte sie bereits über jene Antennen, die viele Männer spöttisch nur als weibliche Intuition abtun. Aber was soll ich sagen? Genau damit war ich für sie wie ein offenes Buch.

Sie sezierte mich mit einem Lächeln, sie begrub mein Selbstbewusstsein mit einer geschickt gestellten Frage, und sie enttarnte meine unausgesprochenen Sehnsüchte mit einem einzigen Blick. Ich kam mir manchmal wie ein Kaninchen vor der Schlange vor. Aber trotz meiner bescheuerten Situation habe ich manchmal auch so etwas wie Zuneigung in ihren dunkelbraunen Augen erkannt. Zumindest glaubte ich das damals. Ein inneres Alarmsignal hielt mich trotzdem davon ab, ihr meine Gefühle offen zu gestehen. Am Anfang brachte ich kein vernünftiges Wort heraus, wenn sie vor mir stand.

Es war alles ziemlich kompliziert. Für mich. Sie selbst war da wesentlich einfacher gestrickt. Sie war freundlich wie immer, und wenn sie mich zufällig berührte, gab es kleine Explosionen und Brände auf meiner Haut. Die bemerkte allerdings nur ich. Diese Qual dauerte mehrere Monate. Dann wurde endlich auch sie von dieser Krankheit angesteckt, die man allgemein als ‚verliebt' bezeichnet. Mein Zustand steigerte sich in dieser Phase zur absoluten Unzurechnungsfähigkeit. Selbst wenn ich schlief, gab es nur sie, war ich wach, nur sie, ging es mir gut oder schlecht, nur sie und so weiter. Sie fraß sich in jede Ecke meiner Gedanken. Es war kaum noch zu ertragen. Wie lange konnte das gut gehen? Ich war wirklich reif für die Klapsmühle. Aber dann kam es doch nicht soweit. Bewahrt hat mich davor ein Mann, den ich wie einen Schluck lauwarmes Wasser empfand. Aber sie sah in diesem Langweiler etwas vollkommen anderes. Sie wurde nervös, wenn er nur in ihre Nähe kam. Ich starb Tausende von Toden. Warum ausgerechnet der und nicht ich? Dieser blasse, nichtssagende Bürohengst? War das ihr Ernst? Durch diese ständig erlebte Realität wurden meine Hoffnungen systematisch zerstört. Was blieb, war er ... und sie. Täglich. Ich litt noch lange an Daniela und ihrer unverständlichen Entscheidung. Aber irgendwann verblasste die Geschichte in meinem Gedächtnis. Und heute wundere ich mich: So blöd warst du einmal? So was kann mir in Zukunft mit Sicherheit nie mehr passieren. Man lernt mit den Jahren manchmal doch was dazu. Wenn auch selten genug."

„Eine amüsante Geschichte", meinte Wanze. „Hast du später nie mehr etwas Ähnliches erlebt?"

„Verliebt sein mit totaler Selbstaufgabe und Unzurechnungsfähigkeit zumindest nicht. Gott sei dank! Es war eine heilsame Erfahrung. Und ich kann euch nur den Tipp geben: Vergesst wegen einem Mädchen oder einer Frau nie wer und was ihr seid. Verliert nicht den Boden unter den Füßen wegen eines Rocks."

Eine kreisende Kornflasche kam zu Schubert, er nahm einen kräftigen Schluck und reichte sie weiter. Dann setzte er sich auf einen Felsbrocken direkt am Wasser, zog seine Schuhe und die löchrigen Socken aus und kühlte seine wund gelaufenen Füße im klaren Wasser des Sees.

Es hätte ein netter, entspannter Nachmittag werden können, aber das Schicksal hatte etwas anderes mit ihm vor. Das Unglück kam in der Gestalt eines kleinen pummeligen Mannes auf ihn zu. Er lief ans Ufer und nahm den selbsternannten Sprecher der Gruppe ein paar Schritte beiseite. Aus den Augenwinkeln erkannte Schubert, dass sie sich ziemlich aufgeregt unterhielten. Nach wenigen Minuten gingen sie zu den anderen zurück und der Mann rief Richtung Schubert, so, als ob der schwerhörig wäre: „Gehört das blaue Motorrad da oben am Gartenzaun ihnen?" Der Schlesier ahnte sofort, was die Stunde geschlagen hatte.

„Mir?“, fragte er möglichst harmlos. „Nein, ich habe kein Motorrad. Ich bin zu Fuß unterwegs.“

„Vor ein paar Minuten hat mich ein Arbeitskollege angerufen und erzählt, dass ihm eine hellblaue M-72 gestohlen wurde. Und wie es der Zufall will, steht genau dieses Motorrad plötzlich oben auf der Uferstraße. Aber wissen sie, ich glaube nicht an Zufälle. Ich bin mir ziemlich sicher, dass sie es waren, der es vor einer halben Stunde an meinem Gartenzaun abgestellt hat.“

Die Situation wurde langsam ungemütlich. „Sie müssen sich irren“, sagte Schubert und fuhr damit fort seine Füße im seichten Wasser zu schwenken.

„Das glaube ich eher nicht!“, kam es schneidend zurück. „Ich habe ein ganz gutes Gespür dafür, ob jemand die Wahrheit sagt oder nicht. Und bei ihnen rieche ich bis hierher, dass etwas faul ist. Können sie sich ausweisen? Sie machen auf mich den Eindruck, als wäre ihr letzter Arbeitgeber der Knast gewesen.“

„Das darf doch nicht wahr sein!“, rief der bullige Wortführer der Gruppe, bevor sich Schubert dazu äußern konnte. „Unser Märchenonkel ein abgehalfterter Ganove? Wer hätte das gedacht? Wenn das stimmt, Alter, dann rate ich dir dringend zu verschwinden! Aber ein bisschen dalli, wenn ich bitten darf! Wir haben für Knackis nichts übrig!“

Schubert begann damit, seine Socken und Schuhe wieder anzuziehen.

„Hast du was mit den Ohren!?“, blaffte ihn der junge Mann an und baute sich dicht neben ihm auf. Er war nicht besonders groß, aber breit und muskulös gebaut. Der Schlesier wusste mit einem untrüglichen Instinkt was folgen würde. Sein Körper nahm eine aufsprungbereite Haltung ein.

„Es reicht langsam, Alter!“, rief der junge Kerl aggressiv

und stieß Schubert einen Fuß in die Rippen. Der schoss wie von der Tarantel gestochen hoch, packte den erschrockenen Angreifer mit einer Hand am Nacken und drückte seinen Kopf ins Wasser. Mehrere Jugendliche sprangen auf und eilten ihrem Freund zu Hilfe. Zwei von ihnen schickte der kampferprobte Offizier mit gezielten Schlägen ins Land der Träume, aber dann überwältigte ihn die erdrückende Übermacht. Sie zerrten ihn an einen Baum am Ufer und banden ihn dort fest. Der Kerl, der ihn gerade noch mit dem Fuß getreten hatte, ließ jetzt seinen Instinkten freien Lauf. Immer wieder schlug er seinem wehrlosen Opfer die rechte Faust ins Gesicht, bis ihn ein junges Mädchen anschrie: „Lass gut sein, Albert! Der hat genug!"

„Wann diese Sau genug hat, bestimme immer noch ich!", keuchte der Jugendliche mit wutverzerrtem Gesicht. „Und ich sage dir, er hat noch nicht genug!"

Und wieder rammte er seine Faust mit den blutig aufgeschlagenen Knöcheln in Schuberts Gesicht. Der hing halb bewusstlos in den Seilen.

Seine Nase war gebrochen, die Augen zugeschwollen und die Unterlippe aufgeplatzt. Das Blut rann ihm in Bächen über das Kinn und den Hals.

„Hör endlich auf!", rief jetzt der Mann, der das ganze ins Rollen gebracht hatte. „Ich schlage vor, wir geben ihn einfach beim Genossen Kummerow und der Stasi in Neustrelitz ab. Da kann er von absoluten Profis erfahren, was es heißt, sich mit linientreuen Bürgern unseres Arbeiter- und Bauernstaates anzulegen."

Albert zögerte einen Moment. Er sah zu den anderen hinüber. Die meisten hoben einen Daumen nach oben. „Also gut. Wenn ihr auch dafür seid, lassen wir die Stasi entscheiden, was aus diesem verwahrlosten Schweinehund wird!", rief er und ließ nach einem letzten Tritt von Schubert ab.

Der hörte das alles nur noch wie aus großer Entfernung. Er schwebte zwischen einer Ohnmacht und einer sehr schmerzhaften Gegenwart. Was das Wort „Stasi" bedeutete, wusste er nicht. Doch auch so war ihm klar, dass ihn der Mob bei irgendeiner Behörde abgeben wollte. Und was das für ihn bedeuten würde, war leicht nachvollziehbar. Wenn ihm auf dem Weg nach Neustrelitz nichts Entscheidendes einfallen sollte, war seine Flucht nach Tausenden von Kilometern ausgerechnet in Ostdeutschland zu Ende.

„Bindet den Kerl los!", hörte er Albert brüllen. „Aber die Handfesseln bleiben dran! Und dann ab in den Wagen mit ihm. Malte kann ihn mit Wolf und Karl-Heinz zu Kummerow fahren. Dann kommt ihr hierher zurück und wir feiern weiter."

Drei junge Männer banden Schubert vom Baum los und zerrten ihn zu einem kleinen Wagen, der oberhalb des Sees in einer Seitenstraße stand. Ein fettes Milchgesicht mit roten Wangen und dem ersten Flaum unter der Nase klemmte sich hinters Steuer. Schubert stießen sie auf den Beifahrersitz, die anderen zwei quetschten sich in den Fond des engen Gefährts.

Malte würgte den ersten Gang ins Getriebe und fuhr auf die Landstraße hinaus. Im Gehirn des Schlesiers lief ein Horrorfilm ab, an dessen Ende Severnyj und ein böse grinsender Anatoly Zwerkow standen.

Das Milchgesicht gab ordentlich Gas. Anscheinend wollte er so schnell als möglich zu der Feier zurück. Er quälte den schwachen Motor des Wagens in Rennfahrermanier um jede Kurve und über die kleinen Hügel und Anstiege. Es schien ihm Spaß zu machen, im Rückspiegel die nervösen Blicke seiner Kameraden zu sehen. Nach etwa zehn Minuten tauchte ein langsam fahrender Traktor vor ihnen auf. Malte bremste den Wagen ab. Eine anschließende unübersichtliche Kurve verhinderte ein zügiges

Überholen. Der Fahrer stieß einen markigen Fluch aus. In Schrittgeschwindigkeit krochen sie hinter dem gemütlich tuckernden Fahrzeug her. ‚Jetzt oder nie!' schoss es Schubert durch den Kopf. Er nutzte die Chance, riss mit den gefesselten Händen die Beifahrertür auf und ließ sich aus dem Wagen fallen. Das alles verlief so überraschend und schnell für seine Bewacher, dass sie es nicht verhindern konnten. Zielstrebig steuerte er ein hoch bewachsenes Maisfeld an. Sein Vorsprung betrug etwa sechzig Meter. Der dicke Malte blieb schon nach wenigen Schritten keuchend stehen, aber die beiden anderen kamen näher und näher. Endlich hatte er das Feld erreicht. Ohne abzubremsen warf er sich zwischen die dicht stehenden Halme, pflügte seitlich weiter und ließ sich dann fallen. Das Keuchen des ersten Verfolgers war knapp hinter ihm zu hören. Er schnellte hoch und hieb dem verdutzten Jungen beide Fäuste mit voller Kraft in den Nacken. Mit einem Röcheln sackte der zu Boden. Schubert lief noch tiefer in das Feld hinein. Aber schon nach wenigen Metern war der zweite Verfolger zur Stelle und stellte sich ihm in den Weg. Sein Gesicht war rot vor Anstrengung, aber seine Augen sahen zufrieden, ja fast triumphierend auf den blutüberströmten Mann vor sich. Er hatte ein Messer in der Hand. Schubert wich Schritt für Schritt zurück.

„Hier ist dein Ausflug zu Ende, Alter. Gibst du auf oder muss ich dich abstechen?"

Er wedelte mit dem Messer vor dem Gesicht des Flüchtenden hin und her.

„Wenn du mich haben willst, musst du dich schon noch ein bisschen anstrengen. Oder hast du plötzlich die Windeln voll?"

Der schmächtig aussehende Junge sah ihn wütend an und kam in gebückter Haltung einen Schritt näher. Er konnte höchstens sechzehn oder siebzehn Jahre alt sein.

Aber Schubert war weit davon entfernt ihn zu unterschätzen. Er war mit seinen Kräften am Ende. „Ganz wie du willst!“, brüllte der Kerl plötzlich und sprang blitzschnell nach vorne. Dem ersten Stoß konnte Schubert noch ausweichen, aber beim nächsten bohrte sich die Klinge tief in seine linke Schulter. Er schrie auf vor Schmerzen und Wut, seine Rechte zuckte heraus und verkrallte sich in den Haaren des Angreifers. Brutal riss er dessen Kopf nach hinten und stieß ihm fast zeitgleich sein rechtes Knie in den Unterleib. Das Messer fiel auf den Boden, der Körper krümmte sich nach unten. Der Schlesier nutzte die Chance sofort und drosch dem Jungen einen Fuß mit voller Wucht ins Gesicht. Mit einem erstickten Gurgeln sackte er zusammen.

Schubert schnappte sich das Messer und rannte weiter. Die Schmerzen in seiner Schulter waren fast unerträglich, die Wunde pochte und brannte. Aber darauf konnte er jetzt keine Rücksicht nehmen. Es ging um mehr, als nur ums Überleben. Nach ein paar hundert Metern sah er zurück. Von seinen Verfolgern war nichts mehr zu sehen und zu hören. Er kauerte sich nieder, klemmte den Messergriff zwischen die Knie und schnitt die Fesseln mit vor Schwäche zitternden Händen durch. Dann lief er in die Richtung eines nahen Waldes. Weiter, immer nur weiter. Die Angst trieb ihn unbarmherzig voran. Aber seine Schritte wurden langsamer, der Atem presste sich pfeifend durch die Lunge. Er wusste nicht mehr, wie lange er schon rannte, taumelte und am Ende teilweise auf allen Vieren kroch, bis ihm schwarz vor Augen wurde.

Als die Dämmerung hereinbrach, machte er an einem Bach eine Pause, wusch seine Wunden aus und legte auf die Stichverletzung der Schulter einen Brei aus Algen und zerkleinerter Birkenrinde, um das er sein Taschentuch knotete. Auf einem notdürftig errichteten Lager aus Farn und

Weidenzweigen fiel er schließlich trotz seiner Schmerzen in einen fieberähnlichen Schlaf.

Es war nur eine kurze Nacht, die ihm kaum Erholung bescherte. Im Morgengrauen erhob er sich schwerfällig und wie gerädert. Aber das Pochen in der linken Schulter war etwas abgeklungen. Er wusch sich mit dem kalten Wasser des Baches so gut es mit der verbundenen Wunde ging, kühlte seine gebrochene Nase und die verbeulten Augenpartien mit einem selbst gemachten „Schwamm" aus Moos und Gras. Dann ging es weiter Richtung Nordwesten. Es dauerte keine halbe Stunde bis er den Waldrand erreichte. Misstrauisch sah er sich um, bevor er die Deckung der Sträucher und Bäume gegen eine offene Wiese eintauschte. Der Nebel begann langsam aufzusteigen, die Sonne hatte noch keine Kraft, um ihn vollständig aufzulösen. Er versuchte, sich zu orientieren. Im Westen waren die schemenhaften Umrisse eines größeren Ortes zu erkennen. Er kramte die zerfledderte Landkarte aus der Brusttasche seines Hemdes hervor und legte sie auf einem Baumstumpf ab. Die Ortsnamen und das dünne Geflecht aus Straßen, Flüssen und Eisenbahnstrecken waren kaum noch zu entziffern. Sein Finger blieb unter einem roten Punkt am Ufer eines großen Sees stehen. Das konnte der Ort westlich vor ihm sein. Waren am Müritzsee, entzifferte er mühsam. Sollte er es wirklich riskieren in den Ort zu gehen? Ein neues Hemd, sauberes Verbandszeug und etwas zu Essen und zu Trinken konnten nicht schaden. Aber er hatte kein Geld und die Gefahr, dass man ihn auf der Straße festnehmen würde, war ziemlich groß. So, wie er aussah, fiel er auf. Vielleicht suchte man ihn auch. Seine handgreiflichen Auseinandersetzungen mit den Jugendlichen und der Motorraddiebstahl lagen sowohl geografisch wie auch zeitlich zu nahe, um eine solche

Möglichkeit auszuschließen. Nach kurzer Überlegung wählte er einen schmalen Weg am Seeufer entlang.

Meistens ging es durch lichten Buchenwald, vorbei an Kornfeldern und Viehweiden. Bebaute Gebiete gab es so dicht am See keine. Eine geschützte Stelle im Uferbereich bot die Gelegenheit, den Schulterverband auszuwaschen und neu aufzulegen. Die Wunde hatte sich fast geschlossen und die Schwellungen an der Lippe und den Augen waren etwas zurückgegangen, wie er im Wasserspiegel des Sees erkennen konnte. Trotzdem war sein Anblick alles andere als normal.

Am frühen Vormittag erreichte er den Ortsrand von Waren. Er umging die Stadt in einem engen Bogen und wählte die Landzunge zwischen Müritz und Kölpinsee nach Malchow. Bis jetzt hatte er Glück. Niemand sah ihm verdächtig lange nach und keiner sprach ihn an. Nur einmal begegnete ihm eine wandernde Schulklasse und ein paar Kinder riefen ihm übermütig hinterher: „Monsterfresse, Monsterfresse!"

Die Sonne stand schon hoch am Himmel, als er Malchow erreichte. Über die Kronen der Bäume am Stadtrand, lugten ein imposanter Kirchturm, Mauerreste und die Dächer eines Klosters hervor. Von weitem wirkte das alles wie ein mittelalterlicher Traum. Vielleicht konnte er dort seine Wunden versorgen lassen? Gegen Hunger und Durst kannten die frommen Gottesdiener vielleicht auch ein geeignetes Mittel. Und dass er kein Geld hatte, war für sie bestimmt kein Problem. Die Aussicht auf rasche Hilfe beschleunigte seine Schritte.

Eine Viertelstunde später stand er vor einem großen verrammelten Tor. Das Kloster war leer. So wie es aussah, schon seit Jahren. Die Fensterläden waren geschlossen, der Putz bröckelte in die hoch wuchernden Brennnesseln und auf dem löchrigen Dach wuchsen Moos, Sträucher und sogar kleine Bäume. Enttäuscht ließ er sich im Schatten der mächtigen Kirche auf einer Bank nieder. Seine Zuversicht, Hilfe zu finden, hatte einen schweren Dämpfer erhalten. Als er sich erhob und wieder auf den Weg machen wollte, trat eine alte Frau aus einem Hauseingang des gegenüberliegenden Gebäudes und kam mit trippelnden Schritten auf ihn zu. Seine aufkommende Unruhe legte sich schnell, als sie vor ihm stand, die Hände in die Hüften stemmte und ihn von Kopf bis Fuß musterte. Ihre dunkelbraunen Augen hatten etwas Schalkhaftes, etwas, das ihn sofort an seine Großmutter erinnerte, wenn sie ihm hinter dem Rücken der Eltern Süßigkeiten zusteckte. „Du bist wohl überfallen worden, mein Junge?“, meinte sie besorgt und strich ihm mit den Fingerspitzen übers Gesicht. „Hier im Kloster wirst du keine Hilfe bekommen. Das steht schon lange leer. „Wenn du saubere Kleidung, etwas zu essen und einen Arzt brauchst, gehst du am besten ein Stückchen weiter. Hundert Meter geradeaus, dann links und dann musst du nur noch dem Hinweisschild zur Sozialstation folgen. Im Rückgebäude ist das Krankenhaus. Die können dir bestimmt weiterhelfen.“ Sie drehte sich um und wackelte wieder zu ihrem Hauseingang zurück. „Immer geradeaus!“, rief sie ihm im Weggehen zu und zeigte mit der Hand die Gasse hinunter. „Das große, rote Backsteinhaus!“

„Vielen Dank, Muttchen!“ rief er der Alten hinterher und schlich im Schatten der Klostermauer frustriert weiter. Sozialstation, Krankenhaus. Ein gut gemeinter Ratschlag. Aber da konnte er sich gleich bei der Polizei melden. Mit Sicherheit wollte man dort einen Krankenversicherungsnachweis oder seinen Ausweis sehen. Vielleicht sogar Arbeitspapiere. Und damit konnte er leider nicht dienen.

Aber .... er sah doch vermutlich wirklich so aus, als ob er überfallen wurde. So, wie es das Ebenbild seiner Großmutter vorhin sagte. Wie würde sich das anhören, wenn man ihm dabei alle Papiere und sein Geld abgenommen hätte? Das soll bei Überfällen ja vorkommen. Er spann den Gedanken im Gehen weiter. War es vielleicht sogar möglich, dass er sich durch die Schläge auf den Kopf und einem dazukommenden Schock, zumindest vorübergehend an nichts mehr erinnern konnte? Und wenn sie wegen dem angeblichen Überfall eine Meldung an die Polizei weitergeben würden und dort lag eine Geschichte vor, die ganz anders klang, als seine? Doch ohne Namen, ... nur mit einer Personenbeschreibung? Mit einer sehr zweifelhaften. Im Moment würde ihn wahrscheinlich nicht einmal seine Mutter aus einem Meter Entfernung erkennen. Auf sein zerschundenes Gesicht legte sich ein zufriedenes Lächeln oder etwas was man eventuell dafür halten konnte. Es war zwar ein Risiko, aber ein vertretbares. Wenn es daneben gehen sollte, blieb ihm noch immer die Flucht. Und damit kannte er sich ja aus, besser als jeder andere.

Die Alte hatte Recht. Der verwinkelte rote Altbau war wirklich leicht zu finden. Durch einen Seiteneingang betrat er das Gebäude. Es roch es nach Blumenkohlsuppe und Bohnerwachs. Die langen Gänge waren mit einem Linoleumbelag ausgestattet. Ein lebhaftes Hin und Her von in verschiedenen Richtungen gehenden Fußgängern spiegelte sich auf dem hellgrau polierten Boden. Andere saßen in eine dumpfe Wartehaltung versunken auf Bänken oder standen an den offenen Fenstern, vor einer langen Reihe von Türen, mit unterschiedlichen Nummern und Aufschriften.

‚Und da soll sich noch jemand zurechtfinden?', dachte Schubert und sah staunend und zugleich resigniert den Gang hinunter.

„Hallo, Genosse. Du musst dich hier nicht anstellen", sprach ihn plötzlich eine Männerstimme von der Seite her an. Ein kleiner Mann mittleren Alters stand neben ihm und sah ihn mit freundlichen Augen hinter einer runden Nickelbrille an. Zwei ehemals weiße Unterarmmanschetten wiesen darauf hin, dass er hier in einem Büro arbeitete. „Geh einfach ins Rückgebäude weiter, in den ersten Stock, Zimmer 112, zur Ambulanz. Da wird man dich wieder zusammenflicken. Da hinten geht eine Verbindung direkt ins Krankenhaus." Er deutete auf einen abzweigenden Flur und verschwand im nächsten Moment hinter einer der Türen.

Mit einem flauen Gefühl im Magen machte sich Schubert auf den Weg. Gleich neben dem Treppenaufgang befand sich die gesuchte 112. Glücklicherweise warteten hier keine endlosen Schlangen auf ihre Abfertigung. Nur eine junge blonde Frau saß auf einer Bank neben dem Zimmer. Sie rückte etwas beiseite, um ihm Platz zu machen, als er vor der Tür stand und die Aufschrift las: „Ambulante Sport- und Unfallverletzungen".

„Setzen Sie sich doch", sagte sie. „Sie können gerne vor mir reingehen, wenn Sie wollen. Bei Ihnen scheint es dringender zu sein. Hatten Sie einen Unfall?"

„So könnte man es auch bezeichnen. Ich wurde überfallen, heute Nacht. Alles weg. Geld, Papiere, einfach alles. Ich weiß nicht einmal mehr, wie ich heiße."

„Wahrscheinlich wieder ein paar besoffene Russen", meinte sie unaufgeregt. „Seien Sie froh, dass Sie noch gehen können. Wenn man Sie so ansieht, kann man sich gar nicht vorstellen, dass Sie es bis hierher ohne fremde Hilfe geschafft haben."

Vorsichtig tastete er mit den Fingerspitzen über sein malträtiertes Gesicht. „Sieht es wirklich so schlimm aus? Mein Notverband trägt bestimmt auch nicht dazu bei, dass ich an einem Schönheitswettbewerb teilnehmen könnte."

„Sagen wir mal so", meinte sie. „Wie Sie früher einmal

ausgesehen haben, kann sich heute außer Ihnen, wahrscheinlich kein Mensch mehr vorstellen. Und was ist mit Ihrer Schulter? Haben Sie sich da auch verletzt?"

„Eine Stichwunde. Wenn ich mich nicht im letzten Augenblick auf die Seite geworfen hätte, wäre der Stich in den Bauch gegangen und ich würde hier wahrscheinlich nicht mit ihnen über die Reste meines Gesichts plaudern können."

Sie legte sich erschrocken eine Hand auf den Mund. „Entschuldigen Sie bitte. Ich weiß, dass ich manchmal zu vorlaut bin. Aber es sieht wirklich schlimm aus. Dr. Wichert ist da genau der Richtige für Sie. Er versteht auch etwas von Chirurgie und bringt Ihr Gesicht bestimmt wieder in Ordnung. Ich lade Sie gerne zu einer Tasse Kaffee ein, wenn Sie mögen. Sozusagen als Wiedergutmachung für mein loses Mundwerk aber natürlich auch weil ich neugierig bin, was der Doktor zu ihren Verletzungen gesagt hat."

Schubert war diese Art der Freundlichkeit eines Menschen seit Jahren nicht mehr gewohnt. Im ersten Augenblick sah er sie voller Misstrauen an. Aber das was er sah, wirkte ehrlich und ... anziehend. Sie war eine hübsche Frau von etwa dreißig Jahren, mit einem fein geschnittenen Gesicht, blauen Augen, einem blonden Pferdeschwanz und schlanker Figur.

Er versuchte ein Lächeln, das aber schon im Ansatz hinter seinen Schwellungen auf der Strecke blieb. „Wenn es keine Umstände macht?"

Bevor sie antworten konnte, ging die Tür auf und eine Frau mit einer dicken Brille auf der Nase kam heraus. „Der Nächste, bitte!", rief sie in einer Lautstärke, dass Schubert erschrocken zusammenzuckte.

Er trat hinter ihr ein. Ein untersetzter Mann in einem weißen Arztkittel kam auf ihn zu und führte ihn grußlos zu einem Stuhl. „Setzen Sie sich bitte“, sagte er und rückte einen Drehschemel heran, auf dem er Platz nahm. Die Schwester reichte ihm wortlos eine kleine Stablampe und er begann damit Schuberts Gesicht zu beleuchten und abzutasten.

„Nasenbeinbruch, Prellungen und Hämatome im gesamten Gesichtsbereich und eine aufgeplatzte Unterlippe“, sagte er nach einer Weile und widmete sich dem Verband an der Schulter. „Martha, machen Sie bitte diesen Dreck hier weg. Man kann ja fast nichts mehr erkennen.“ Er ging auf die Seite, sie wuselte heran, stellte sich vor Schubert und löste mit geschickten Händen das verknotete Taschentuch. Dann verschwand sie hinter einem Vorhang, kam gleich darauf wieder und reichte ihrem Chef eine kleine Schüssel mit Wasser, einen Schwamm, ein Tuch und ein Fläschchen Jod. Er säuberte die Wunde, sah sie genau an und betupfte sie dann mit dem Jod. „Haben Sie Schmerzen?“

„Ein bisschen“, antwortete Schubert. „Aber es ist auszuhalten.“

„Heben Sie bitte den linken Arm nach oben. Soweit wie es geht. Auch wenn es wehtun sollte.“

Der Schlesier verzog das Gesicht, aber sein Arm bewegte sich langsam in eine waagerechte Stellung.

„Gut so. Die Wunde ist nicht entzündet und wahrscheinlich sind keine Sehnen und Bänder ernsthaft beschädigt“, sagte er sichtlich zufrieden. „Eine gute Entscheidung, Rinde und Algen drauf zu packen. Ich gebe Ihnen etwas gegen die Schmerzen mit nach Hause. Die Schulter wird gut verheilen. Genauso die Prellungen und Blutergüsse im Gesicht. Aber die Nase muss gerichtet werden. Die Unterlippe kann leider nicht mehr genäht werden, dafür ist es zu spät. Eine kleine Narbe wird Ihnen bleiben. Vorsichtshalber machen wir noch eine Aufnahme vom Kopf und der Schulter. Gehen Sie bitte ins nächste Zimmer mit der Nummer 114, das ist die Röntgenstation, und geben diesen Zettel ab.“ Er kritzelte im Stehen etwas auf ein rosafarbenes Formular.

„Mit den Aufnahmen kommen sie wieder zu mir zurück und wir reparieren die Nase und tun was für ihre Lippe. Nur ein kleiner Eingriff, das machen wir am besten gleich. Schwester, der kleine OP müsste doch gerade frei sein?“

Sie verschwand in dem angrenzenden Raum und kam nach wenigen Sekunden wieder zurück. „Dr. Hagen möchte seinen Blinddarm erst in zwei Stunden machen“, sagte sie schon von Weitem und schob ihre Brille etwas nach unten, um ihn über dem Rand anzupeilen.

„Sehr schön, dann passt es ja. Wahrscheinlich hat er wieder mal einen aussichtslosen Kampf gegen seinen Vorzimmerdrachen auszufechten.“ Aus seinem ernst wirkenden Gesicht brach ein schallendes Lachen hervor. Er wandte sich Schubert zu, als er wieder einigermaßen Luft bekam: „Sie müssen keine Angst haben“, tröstete er ihn in väterlichem Ton. „Sie werden fast nichts spüren. Ich werde sie örtlich betäuben und in zwanzig Minuten können sie sich von meinen Grausamkeiten in unserem Ruheraum erholen. Einverstanden?“

„Wenn sie es so für das Beste halten, Herr Doktor.“

„Halte ich, halte ich. ihr Nasenbein ist noch nicht zusammengewachsen. Es lässt sich relativ leicht ausrichten. In ein paar Tagen müsste ich etwas mehr Gewalt anwenden, um sie wieder dort hinzusetzen, wo sie hingehört. Sie bekommen nach dem Eingriff einen wunderschönen Nasenverband zum Schutz und zur Stabilisierung angepasst, den sie etwa vier Wochen tragen müssen. Schlafen dürfen Sie in dieser Zeit nur auf dem Rücken. Ich hoffe, das macht ihnen nichts aus. Was die Unterlippe betrifft, die sollte notversorgt werden, damit keine größere Narbe entsteht. So, ich denke wir haben genug gequatscht.

Martha, bereiten sie bitte alles vor, damit wir nach dem Röntgen gleich loslegen können."

Martha befand sich schon im Gehen, als er noch redete. Es war nicht zu übersehen, die beiden waren ein perfekt eingespieltes Team, das sich auch ohne viele Worte verstand. Kaum hatte sie den Raum verlassen, stellte er wie nebenbei die längst erwartete Frage: „Wer hat Sie denn so übel zugerichtet? Wollten Sie eine Lokomotive aufhalten?"

„Genau das ist mein Problem, Herr Doktor", antwortete Schubert und spürte, wie sein Puls zu rasen begann. Wie würde der Arzt auf sein Märchen reagieren? Flucht oder Bleiben, Verfolgung oder endlich ein paar Tage Ruhe, alles hing jetzt von seiner Antwort ab. „Ich wurde heute Nacht von mehreren Männern überfallen und niedergeschlagen", antwortete er mit unsicherer Stimme. „Sie haben mir alles abgenommen was ich dabei hatte. Unter anderem auch den Ausweis und mein Geld. Und das Schlimmste: Ich kann mich an so gut wie nichts mehr erinnern. Weder wo es passierte und ... und auch nicht mehr ... wie ich heiße."

Der Arzt hob die Augenbrauen und rückte näher heran. „Schauen Sie bitte schräg nach oben ins Licht meiner Lampe. Nicht blinzeln, die Augen offen halten. Nur ein paar Sekunden. Jaaa, gut so. Wahrscheinlich haben sie ein Schädel-Hirntrauma erlitten", meinte er nach einer Weile. „Das kommt bei massiven Schlageinwirkungen auf den Kopf, wie es bei ihnen geschehen ist, schon mal vor. Und dann der Schock. Aber ich kann sie beruhigen, in den allermeisten Fällen kehrt das Gedächtnis bald zurück. Sie gehen jetzt bitte zum Röntgen und kommen dann wieder hierher.

Ich lasse ihnen inzwischen ein paar tragfähige Klamotten aus der Kleiderkammer der Sozialstation bringen. Sie werden im Ruheraum für sie bereit liegen. Wenn sie die

Betäubung verdaut haben, melden Sie sich bitte unten in der Aufnahme. Man wird ihnen sagen, wo sie einstweilen übernachten können. Alle drei Tage lassen Sie sich bei mir in der Ambulanz sehen, damit wir den Heilungsprozess im Auge behalten."

Er drückte Schubert den Zettel für die Röntgenabteilung in die Hand. Der verließ das Zimmer mit gemischten Gefühlen. Einerseits verlief bisher alles besser, als er es erwarten durfte, auf der anderen Seite dachte er mit Unbehagen an die bevorstehenden „kleinen kosmetischen Korrekturen". Röntgen, wieder zurück, Nase gerade biegen und Lippe versorgen, neue Kleider im Ruheraum, alle drei Tage ..., auf dem Rücken liegen ..., Ambulanz ... und dann? Weiter, immer weiter, bis in die Freiheit des Westens. Seine Gedanken versandeten unbemerkt in einer aufkommenden Müdigkeit.

Die junge Frau saß noch immer auf der Bank. Mit einem tiefen Seufzer ließ er sich neben ihr nieder.

„Ihnen scheint es ja nicht besonders gut zu gehen", meinte sie, kaum dass er Platz genommen hatte. „Und? Was sagt der Doktor zu ihren Verletzungen? Kriegt er sie wieder hin?"

„Ich muss operiert werden. Der Doktor meint, es wäre alles nicht so schlimm, wie es aussieht. Zwanzig Minuten OP und anschließend ein bisschen Ruhe. Alle drei Tage Nachkontrolle und in ein paar Wochen soll ich zumindest wieder ansehbar sein. Jetzt muss ich noch zum Röntgen und dann geht es los."

„Was? Jetzt gleich?"

„Ja, jetzt gleich."

Sie kramte einen Kugelschreiber und ein Stück Papier aus ihrer Handtasche und schrieb etwas auf. Dann reichte sie ihm den Zettel hin. „Ich wohne nur ein paar Minuten von hier", sagte sie. „Wenn sie aus der Sozialstation treten, gehen sie nach rechts weiter. Die übernächste Straße die links abzweigt, ist die Leipziger Straße. In dem großen, alten Kasten aus der Gründerzeit, den sie gleich am Anfang bewundern können, wohne ich. Im ersten Stock. Kaffee und eine selbst gemachte Obsttorte warten auf sie. Und natürlich meine neugierigen Fragen. Wenn ihnen der Doktor aus Versehen einen Teil des Mundes zunähen sollte, püriere ich die Torte auch." Sie lächelte ihn mit einer Mischung aus Spott und Mitleid an. Er fand sie schon jetzt unwiderstehlich.

Doktor Wichert hatte nicht übertrieben. Er spürte wirklich kaum etwas von den kleinen „Korrekturen" in seinem Gesicht. Aus der Unterlippe wurden festsitzende Schmutzpartikel entfernt, die Wunde mit einer Salbe versorgt und die Nase war in wenigen Minuten kerzengerade ausgerichtet. Allerdings verunstaltete ihn jetzt ein großer, teilweise versteifter Nasenverband. Den Rest würde die Zeit erledigen, wie der Doktor meinte.

Eine Stunde später stand er auf noch etwas wackligen Beinen mit einem „geliehenen" Blumenstrauß aus einer Vase der Sozialstation, einem weißen Hemd und einem dunkelgrauen Anzug, der ihm zwei Nummern zu groß war, vor einer Tür mit dem Namensschild „Verena Tauber". Er drückte auf die altmodische Messingklingel. Ein dumpfer Gong verhallte im Treppenhaus, keine fünf Sekunden später ging die Tür auf, und sie stand vor ihm. Das Tageslicht, das hinter ihr in den dunklen Hausflur drang, ließ ihre Figur wie einen Scherenschnitt im Türrahmen erscheinen. Schubert reichte ihr den Blumenstrauß. Sie bedankte sich lächelnd und führte ihn in ein großes Zimmer, das mit alten Möbeln und noch älteren Gemälden voll gestopft war. Eine sechsarmige Lampe mit buntbemalten Glasschirmchen hing an der Decke, zwischen den beiden

Fenstern stand ein bereits vollständig gedeckter Tisch mit einer Kaffeekanne auf einem Stövchen, Tassen, Teller, einer Kuchenplatte mit der angekündigten Obsttorte und eine Flasche Cognac.

„Alles, was sie hier sehen sind Restbestände aus dem Besitz meiner Mutter, die vor drei Jahren gestorben ist." Sie deutete mit einer Handbewegung auf das kostbare Mobiliar. „Außer der Lampe. Die stammt noch von meinem Großvater. Und diese außergewöhnliche Kombination von Biedermeiermöbeln und echtem französischen Cognac finden sie bestimmt nur noch hier."

„Das glaube ich ihnen sofort", murmelte er schwer verständlich, mit seiner verpflasterten Unterlippe. Er setzte sich auf einen Stuhl mit dem Rücken zur Fensterfront, den sie ihm anbot. „Meine Großeltern hatten ..." Erschrocken stockte er mitten im Satz. Eigentlich konnte er sich doch an nichts mehr erinnern.

„Sehr gut, das Gedächtnis setzt also langsam wieder ein", meinte sie prompt. „Können sie sich auch an den Namen ihrer Großeltern erinnern?"

Er saß wie ein ertappter Sünder auf seinem Stuhl. „Ich glaube ... Sie hießen Schuhmann. Nein, warten Sie. Eher Schuster ... Oder so ähnlich?" Seine Fingerspitzen tasteten prüfend über die geschwollene Unterlippe.

Sie beugte sich über den Tisch und griff zu der bauchigen Kaffeekanne, die mit bunten Wiesenblumen bemalt war. Der zarte Duft ihres Parfüms weckte Erinnerungen. Es kam ihm vor, als wären Jahrzehnte vergangen, seit er den unvergleichlichen Geruch einer Frau erlebte. Sie schenkte ihm eine Tasse Kaffee ein. „Mit Milch und Zucker?" Er nickte nur.

„In der Zeitung steht übrigens nichts von ihrem Überfall", sagte sie plötzlich. „Aber das muss nicht viel bedeuten. Auch unsere Blätter interessieren sich nur noch für Mord und Totschlag, Katastrophen, Sport und natürlich für den politischen Kram." Sie stellte ein Kännchen Milch und eine Zuckerdose neben seine Tasse.

„Ich bin sehr zufrieden, auch ohne öffentliches Interesse an meinen Prügeln", sagte er. „Immerhin hätte ich sie ohne gebrochene Nase, geschwollene Augen und gespaltener Unterlippe nie kennengelernt."

„So kann man es auch sehen", sagte sie lachend. „Aber ist das nicht ein bisschen viel und vor allem ein sehr schmerzhafter Aufwand für eine Tasse Kaffee und ein Stückchen Kuchen? Wo werden Sie denn die nächsten Tage übernachten? In der Sozialstation?"

„Ja. Doktor Wichert hat mich dort einquartiert. Solange ich nicht weiß, wie ich heiße und wo ich wohne, bin ich froh, dass ich überhaupt eine vorübergehende Bleibe gefunden habe."

Sie schenkte sich nur eine halbe Tasse ein und legte ein Stück Torte auf seinen Teller. „Glauben Sie, dass Sie den Mund weit genug aufkriegen?"

„Oh ja, in dieser Disziplin war ich schon immer sehr begabt", meinte er und versuchte ein Lächeln. Unter seinem Nasenverband sah es aus wie eine versteckte Grimasse.

„Wenn es nicht gehen sollte ..."

„Ich weiß, dann pürieren sie mir den Kuchen und geben mir einen Strohhalm dazu", unterbrach er sie.

„Genau. Ich hoffe, er schmeckt ihnen ausnahmsweise auch so."

Er probierte ein kleines Stück. „Nicht übel", meinte er vorsichtig kauend. „Hätte ich kaum besser hingekriegt. Aber wollen wir das Süßholzraspeln nicht für ein paar Minuten einstellen? Ich würde gerne wissen, warum Sie mich eingeladen haben? Wegen meiner verwirrenden Attraktivität doch bestimmt nicht."

„Na ja, das kann man in Ihrem Fall wirklich nicht sagen",

meinte sie. „Aber ich schaue mir die meisten Menschen nicht nur oberflächlich an, und da sind mir vor allem Ihre Stimme, die Hände, Ihre Körperhaltung und die Augen aufgefallen."

„Was? Soviel Gutes kann man an mir noch erkennen?" Er sah sie erstaunt an. „Aber meine Augen sind ihnen wahrscheinlich nur aufgefallen, weil sie in verschiedenen Farben schillern. Normale Männer können da natürlich nicht mithalten."

Wieder huschte dieses unvergleichliche Lächeln über ihr Gesicht. Sie schlug ihre Beine übereinander und meinte mit einem Anflug von Spott: „Wenn man sich die Schwellungen, die etwas aufdringlichen rotgelbgrünen Farbtöne außen herum und den dicken Nasenverband wegdenkt, dann bleiben immerhin ein paar gütige, ehrliche Augen übrig."

Schubert spürte, wie er unter seinem Verband und den übrigen „Verzierungen" rot anlief. Sie nahm seine Farbumwandlung mit steigender Heiterkeit zur Kenntnis. „Sie sollten jetzt nicht gleich eingebildet werden", sagte sie. „Ihre Attraktivität hält sich schon noch in Grenzen. Aber wenn sie möchten, können sie bis zu Ihrer völligen Genesung ein Zimmer bei mir beziehen. Platz habe ich hier mehr als genug und zur Klinik ist es nicht weit, wie sie sehen konnten."

Im ersten Moment wusste er nicht, was er sagen sollte. Eigentlich wollte er seinen Weg spätestens übermorgen fortsetzen. Sie bemerkte sein Zögern.

„Liegt es am Geld? Darüber müssen Sie sich keine Gedanken machen. Das Zimmer ist selbstverständlich kostenlos. Ich möchte mich an einem ausgeraubten Mann mit Nasenverband, aber ohne Gedächtnis, nicht bereichern."

„Und ihre Nachbarn? Was werden die denken, wenn sich plötzlich ein Vermummter in ihrer Wohnung einnistet?"

„Meine Nachbarn? Neben mir wohnt ein schwerhöriger und fast blinder Achtzigjähriger, um den sich sein Sohn und ich ab und zu kümmern und gegenüber eine alleinstehende Frau, die ich wegen ihrer Wechselschicht in der Fabrik kaum zu Gesicht bekomme. Außerdem hat sie mit ihrem geschiedenen Mann genug Probleme am Hals."

Er sah sie wortlos an. Sekundenlang. Und dann wusste, nein, dann spürte er mit einer nie gekannten Klarheit, dass er sich dieser Frau bedingungslos anvertrauen konnte. „Ich trage ein nicht ganz ungefährliches Geheimnis mit mir herum", sagte er, ihren Blick suchend.

„Wunderbar", meinte sie unbeeindruckt und nahm einen kleinen Schluck aus ihrer Tasse. „Ich liebe Geheimnisse. Gefährliche am allermeisten."

„Na gut, wenn das so ist. Ich bin aus einem sibirischen Arbeitslager geflohen. Als Kriegsgefangener. Und meine Flucht ist hier in Malchow noch immer nicht zu Ende."

Sie starrte ihn mit offenem Mund an.

„Es freut mich, dass ich sie auch einmal überraschen konnte", sagte er nach außen hin amüsiert. Aber seine Blicke saugten sich förmlich an ihrem Gesicht fest. Wie würde sie reagieren? In ihren Mundwinkeln konnte er die Entstehung eines Lächelns erkennen.

„Ja zugegeben, diese Überraschung ist ihnen wirklich gelungen", sagte sie nach einer Weile. „Aber wir schreiben das Jahr 1953. August 1953. Ist es da für eine Kriegsgefangenschaft nicht ein bisschen spät? Der Krieg ist seit über acht Jahren zu Ende."

„Das sagen sie mal den Russen. In den Bleibergwerken hinter dem Ural und in den großen Arbeitslagern in Zentralsibirien sterben noch heute Hunderte, wahrscheinlich Tausende verschleppter Kriegsgefangener und sorgen mit ihrer Sklavenarbeit dafür, dass es eurem großen sozialistischen Bruder etwas besser geht."

Sie schwieg betroffen. „Ich kann deine Bitterkeit verstehen“, sagte sie plötzlich.

„Aber ich bin kein Freund der Russen. Nicht einmal ein linientreuer DDR-Bürger. Das Menschsein hat man vielen, die nicht im Einheitstrott der Partei denken, gründlich ausgetrieben. Iss deinen Kuchen noch auf und genieße den Kaffee. Er ist hier wirklich nach wie vor etwas Besonderes. Und dann setzen wir uns ganz gemütlich aufs Sofa, du trinkst ein oder zwei Gläschen Cognac und erzählst mir alles von vorne. Ja?“

Er war erleichtert über ihre Reaktion. Es war an der Zeit, sich vorzustellen. „Ich heiße übrigens Dietmar Schubert, bin gelernter Schlosser und stamme aus Breslau. Mein Gedächtnisverlust war nur eine spontane Notlüge, um ohne gültige Papiere nicht gleich wieder an die Russen ausgeliefert zu werden. Zusammengeschlagen haben mich ein paar Jugendliche, die mich bei der „Stasi“ abgeben wollten. Ich weiß nicht einmal genau, was das ist. Aber dass es gefährlich für mich gewesen wäre, ihre Bekanntschaft zu machen, habe ich schon kapiert.“

Sie zog ihn in eine Sofaecke und kauerte sich mit angezogenen Beinen neben ihn. Der Inhalt der französischen Cognacflasche senkte sich in den nächsten Stunden fast unbemerkt zum Flaschenboden. Er erzählte ihr alles, was seit dem Beginn seiner Gefangenschaft geschehen war. Auch das, was er dachte und fühlte und was ihn bis heute quälte.

Es dauerte bis Anfang September, bis der letzte Verband abgenommen werden konnte. Nur noch ein paar leichte Rötungen über den Wangenknochen und eine abheilende Narbe an der Unterlippe verunzierten sein markantes Gesicht. Die Nase saß gerade und kühn wie zuvor an ihrem angestammten Platz und die Schulter war nahezu schmerzfrei.

Seine von Verena Tauber tatkräftig unterstützte „Gedächtnislücke“ hatte ihm in der Zwischenzeit immerhin einen vorläufigen Ausweis beschert. Allerdings stand ein ganz anderer Name in dem amtlichen Papier. Matthias Becker hieß Schubert jetzt. Denn an diesen Namen konnte er sich noch schwach erinnern. Der Geburtsort und wo er zuletzt gewohnt hatte, das alles war noch nicht wieder abrufbereit. Aber dass er früher als Schlosser gearbeitet hatte, war ihm inzwischen auch wieder eingefallen. Zumindest den Behörden gegenüber.

Als neue Adresse hatte er Verenas Wohnung angegeben. Sie waren seit zwei Wochen ein Paar. Aber jetzt, nach seiner Genesung, stand eine wichtige Entscheidung an. Sollte er wirklich wie geplant weiterziehen oder hier in Malchow ein neues Leben beginnen? Sie hatte ihm das Hierbleiben schon vor Tagen schmackhaft gemacht, mit der Eröffnung, dass DDR-Bürger im Gegensatz zu Westdeutschen, ohne Probleme nach Breslau, in das heutige Polen reisen könnten. Außerdem hatte sie hier einen sicheren Arbeitsplatz in einer Textilfabrik.

Nach tagelangem Zögern entschloss er sich, nicht mehr nach Lübeck weiterzuziehen, sondern hierzubleiben, trotz der begrenzten Lebensumstände.

Vier Monate später erhielt er den schon lange erwarteten Bescheid, dass er eine Stelle als Werkzeugschlosser in einem kleinen Malchower Betrieb antreten konnte. Ihr neu gefundenes Glück hatte damit eine solide finanzielle Basis gewonnen.

Der Kriegsgefangene Dietmar Schubert, der im Mai 1953 mit vier weiteren Leidensgenossen aus dem westsibirischen Arbeits- und Wiedereingliederungslager „Severnyj“ ausgebrochen war, verschwand immer mehr in der Vergangenheit und wurde Stück für Stück zu einem anderen, real existierenden Menschen. Zu Matthias Becker. Und mit dem

Verdrängen der früheren Person aus seinem Bewusstsein, stellte sich ein vollkommen neues Lebensgefühl ein. Der neu entstandene Malchower Bürger wurde ein zufriedener, manchmal sogar glücklicher Mensch, den nur noch selten furchtbare Albträume in der Nacht überfielen und quälten. Und wenn das doch einmal passierte, war da jetzt eine schmale, kühle Hand, die ihm über die heiße Stirn strich und die bösen Erinnerungen einfach fortwischte.

6. Kapitel

Zurück in der Heimat

Breitbeinig stand Olaf im knöcheltiefen Sand der Krasnopoler Heide und legte seine Rechte über die Augen. Er sah nach Nordwesten in die tief stehende Sonne. Es waren keine Umrisse eines Ortes zu erkennen, aber es konnten höchstens noch zwanzig Kilometer bis nach Suwalki sein. Und von da war es nur noch ein Katzensprung nach Karkliny, zu Nadja. Nur der Gedanke an sie und die Hoffnung auf ein Wiedersehen hatten ihn im Lager überleben lassen. Er erinnerte sich an ihre großen traurigen Augen und an den sommerlichen Geruch ihrer Haare, als sie sich im Grenzwäldchen hinter Königsruh zum letzten Mal umarmten. Im Schatten eines Wacholders legte er sich in den warmen Sand, schob den Rucksack unter den Kopf und sah den Lärchen zu, die der Wind wie aufgestobenes Laub über den Himmel verteilte. Die Luft schmeckte nach Heidekraut, Harz und dem herben Duft der Wacholdernadeln. Seine Gedanken und Sorgen lasteten schwer auf ihm. Nein, eigentlich waren es viel mehr, als nur Sorgen. Es war Angst. Eine Angst, die sich immer schmerzhafter in sein Innerstes fraß, je näher er seinem ersehnten Ziel kam. Der Mund und die Nasenflügel begannen zu zittern, als er tief einatmete und seine Hoffnungen und Wünsche den Lärchen hinterherschickte. Was erwartete ihn, wenn er in Karkliny ankam? Lebte sie noch? Und wenn ja, war sie noch frei? Was war mit den Eltern geschehen? Und mit all den anderen? Hatte das Schloss den Krieg einigermaßen heil überstanden, oder war es tatsächlich so wie Carsten geunkt hatte? Carsten ... Die Erinnerung an den Tod des geliebten Bruders trieb ihm die Tränen in die Augen. So lange war er verschollen, dann führte sie das Schicksal ausgerechnet in Severnyj wieder zusammen und nur drei Wochen später riss sie der Tod endgültig auseinander. Die Wege Gottes waren oft unverständlich. Vorausgesetzt, dass es ihn tatsächlich gab. Sein Hals wurde trocken. War überhaupt noch jemand am Haschner See am Leben, mit dem er über die Zukunft und die Vergangenheit sprechen konnte?

Er rappelte sich auf, schüttelte den Sand aus den Kleidern und verdrängte die trüben Gedanken so gut es ging. Mit müden Schritten ging es weiter, bis die Sonne damit begann sich hinter den flachen Hügeln am Horizont zu verabschieden. Noch immer breitete sich ringsum nur Heide und lichter Wald aus, kein noch so winziges Dorf war zu sehen. Die Blüten- und Graswellen vor ihm wogten an der Grenze zwischen Tag und Nacht schwarzrot über den Boden. Es war höchste Zeit sich ein geschütztes Nachtlager zu suchen, bevor die Dunkelheit jede Orientierung unmöglich machte.

Zwischen einer Wacholder- und Birkengruppe fand er die richtige Stelle. Ein kleiner, mit einzelnen Grasbüscheln bewachsener Hügel ergab einen guten Windschutz nach Westen und die hier besonders dicht wachsende Erika sorgte für eine weiche Unterlage, über die er seine Decke legen konnte. Aber die ersehnte Ruhe blieb lange aus. Erst in den frühen Morgenstunden fiel er trotz der kreisenden Gedanken in einen oberflächlichen Schlummer.

Es mochte acht Uhr morgens sein, als er sich wieder auf den Weg nach Karkliny machte. Zumindest schätzte er nach dem Stand der Sonne, dass es so spät sein müsse. Hunger und Durst meldeten sich schon vor dem Erwachen. Es war schon seit fast drei Tagen nichts Ess- und Trinkbares mehr in seinem Rucksack. Nur seine ziemlich verdreckte Decke, eine Jacke, die Makarow, ein Jagdmesser, eine leere Wasserflasche und eine zusammengefaltete Zeitung, die er vorgestern auf einem kleinen Bahnhof aus dem Papierkorb gefischt hatte. Sein Polnisch war sehr begrenzt. Viel konnte er aus den Bildern und Artikeln nicht in Erfahrung bringen. Nur, dass man anscheinend überall große Anstrengungen unternahm, um die Schäden, die der Krieg in den Ortschaften hinterlassen hatte, zu reparieren und neue Häuser zu bauen. Ein paar Fußballergebnisse aus der polnischen Liga, Erfolgsmeldungen der volkseigenen Betriebe, ein wenig Politik und Kultur, das war's. Auf der Titelseite prangte ein Foto von Danzig und der zerstörten Altstadt, die anscheinend wieder aufgebaut werden sollte.

Aber was konnte er sonst noch erwarten? Einen Hinweis, ob es im ehemaligen Ostpreußen irgendwo eine Anlaufstelle für deutsche Kriegsheimkehrer gibt?

Das Wetter wurde allmählich schlechter, erste Wolkenfelder zogen sich am Himmel zusammen. Es begann nach Regen zu riechen, aber noch brachte die dunkelgraue Wand vor ihm außer ein paar müden Tropfen nichts zustande.

Nach einigen Kilometern auf einem schmalen, fast schon wieder zugewachsenen Weg, hörte er ein leises Plätschern vor sich. Der Boden wurde feuchter, hoch wuchernde Grasbüschel, Farne und Moosflächen mischten sich in die löchriger werdenden Erikateppiche. Das Geräusch wurde mit jedem Schritt lauter, bis er plötzlich vor einem kleinen Bach stand, der sich hinter einer üppig wachsenden Uferflora versteckt hielt.

Er ging in die Hocke und ließ das Wasser über seine Hände und zwischen die Finger fließen. Es schien sauber zu sein. Zumindest konnte man den grobkörnigen Sand und ein paar bunte Steine auf dem Grund sehen.
Mit langen Zügen trank er sich satt und füllte die Was-

serflasche. Der Wind wurde stärker, der Takt der Regentropfen schneller. Er holte das scharfe Jagdmesser aus dem Rucksack, stopfte die Schuhe hinein und brachte alles unter ein paar dicht stehenden Sträuchern in Sicherheit. Es war höchste Zeit. Der Regen begann jetzt sintflutartig und mit elementarer Wucht herunter zu prasseln. Nach wenigen Sekunden war er nass bis auf die Haut. Aber die großen Tropfen, die auf seinen ausgemergelten Körper klatschten waren warm, und es fühlte sich an, als würden Tausende von Ameisen über seiner Haut spazieren gehen. Vorsichtig tasteten sich seine Füße über den glitschigen Boden in das aufgewühlte Bachbett. Mit geschlossenen Augen fing er damit an, sich zu rasieren, das Wasser lief ihm wie unter einer Dusche in kleinen Strömen über den Kopf und das Gesicht. Die von Regen und Wind zerfurchte Wasseroberfläche war als Spiegel unbrauchbar geworden, aber seine Fingerspitzen übernahmen diese Aufgabe fast genauso gut. Als er fertig war, legte er sich in den Bach und genoss die prickelnde Erfrischung. Die Wolkendecke brach wieder auf, der Regen ließ nach und im Licht der im Hintergrund stehenden Sonne spann sich ein Regenbogen vor die pechschwarzen Wolkentürme im Osten. Er stapfte ans Ufer, zog sich aus und presste das Wasser aus seinen klatschnassen Kleidern, bevor er sie über die dünnen Äste einer Birke zum Trocknen hängte. Er fühlte sich besser. Auch die Luft schien nach dem vorbeigezogenen Unwetter klarer und sauberer zu sein. In der Ferne konnte man die schwachen Konturen eines größeren Ortes erkennen. Suwalki. Aber er nahm nichts davon wahr.

Nadja ... die Gedanken flogen ihr zu, ohne dass er es steuern konnte. Es kam ihm wie eine Ewigkeit vor, seit sie sich 1944 an der unscheinbaren Grenze hinter Königsruh verabschiedet hatten. Nach der Erntefeier, nach ihrer offiziellen Verlobung. Hoffentlich stand ihr Haus in der

Mickiewicz-Gasse 10 noch. Er kannte nur diese Adresse. Wenn sie verzogen war ..., was dann?

Sein Polnisch war miserabel und einfach zu einer Behörde zu gehen, um nach einer Nadja Jablonski zu fragen war viel zu gefährlich. Eigentlich unmöglich. Was sollte er sagen, woher er kam und warum er keine Papiere hatte, wenn er für immer hier bleiben wollte? Sollte er sich als Bürger der UdSSR ausgeben? Aber auch dafür waren seine Sprachkenntnisse nicht perfekt genug. Außerdem wusste er, dass die Polen schon immer ein geschichtsträchtiges Problem mit den Russen hatten. Man würde ihn sofort abschieben. Im Moment fiel ihm nichts Vernünftiges ein. Außer nach Hause zum Haschner See zu gehen, wenn das noch möglich war. Nur eines wusste er schon jetzt mit absoluter Sicherheit: eine Fortsetzung seiner Flucht bis in den Westen Deutschlands kam für ihn nicht in Betracht.

Seine Kleider wurden relativ schnell trocken, er zog sich an, holte seinen Rucksack unter den Weidensträuchern hervor und ging weiter. Erst jetzt fielen ihm die blassen, mit dem Himmel fast verschmelzenden Umrisse des Ortes im Norden auf. Das musste Suwalki sein. Sein Herz begann heftig zu schlagen. Mit raschen Schritten näherte er sich der Stadt, umging sie in einem Bogen und nahm Kurs auf Karkliny. Seine Nervosität steigerte sich, ließ ihn vergessen, dass er müde und erschöpft war. Teilweise verfiel er sogar in einen leichten Trab, es gab jetzt kein Halten mehr, er hatte nur noch das eine Ziel vor Augen: Karkliny und Nadja. Zwei Stunden später erreichte er vollkommen ausgepumpt den Ortsrand. Es war Mittag, die Sonne stand fast senkrecht über den Häusern. Das Dorf lag friedlich und still in der schwülfeuchten Hitze. Die Dächer glitzerten noch vom Regen, der Kirchturm in der Dorfmitte ragte hoch über die meist flachen, kleinen Häuser. Nur am Ortsrand standen ein paar neu errichtete, dreistöckige Wohnblocks zwischen den alten, zum Teil unvollständig renovierten Häuschen, Gärten und Lauben.

Er sah prüfend an sich herunter. Konnte er so unter zivilisierte Menschen gehen, ohne gleich aufzufallen? Seine Kleidung und er waren sauber, aber verschwitzt und beides sah etwas mitgenommen und verschlissen aus. Doch daran konnte er nicht viel ändern. Langsam ging er zwischen den weit verstreut liegenden Häusern weiter in die Ortsmitte, wo alles dichter und kompakter bebaut war. Er erinnerte sich noch an die Beschreibungen von Nadja, auch daran, dass die Mickiewicz-Gasse direkt vom Marktplatz abzweigte. Es musste eine kleine, ruhige Straße, mit mächtigen Linden und wunderschönen alten Häusern sein. Sie schwärmte oft davon, dass es hier aussehen würde, wie in einem längst vergessenen Märchen.

Am Ende einer schmalen, neu asphaltierten Straße, tat sich ein großer länglicher Platz auf, der von frisch gepflanzten Bäumen umsäumt war. In der Mitte plätscherte ein Brunnen. Auf dem steinernen Beckenrand saßen ein paar gurrende Tauben. Das musste der Marktplatz sein. Zwei junge Männer traten aus einer Kneipe von gegenüber und sahen ihm neugierig hinterher. Er wurde unruhig. Anscheinend fiel hier jeder Fremde sofort auf, egal wie er aussah. Mehrere Frauen standen vor einem kleinen Lebensmittelladen und hielten mitten im Gespräch inne, als er an ihnen vorbeiging. Er zwang sich zur Ruhe. Als er den Platz schon fast umrundet hatte, tauchte endlich der gesuchte Name auf: Ulica-Mickiewicz, stand auf einem roten Straßenschild mit weißen Buchstaben. Das Gefühl beobachtet zu werden, verstärkte sich mit jedem Schritt. Die Blicke schienen förmlich aus Fenstern und Torbögen zu wachsen, sie drangen aus den wenigen Autos, die hier am Straßenrand standen und aus den kleinen Geschäften und Werkstätten an denen er vorüberging. Oder bildete er sich das alles nur ein? Die erste Enttäuschung ließ nicht lange auf sich warten. Schon nach wenigen Metern war zu erkennen, dass der Krieg von der früheren Straße nicht viel übrig gelassen hatte. Es standen nur noch wenige alte Häuser in der Mickiewicz-Gasse. Neuer, zum Teil sehr hässlicher Ersatz füllte die Lücken, andere Gebäude wurden gerade instand gesetzt und auch von den mächtigen Linden war weit und breit nichts mehr zu sehen. Nur ein paar dünnstämmige Nachpflanzungen erinnerten an ihre groß gewachsenen Vorgänger. Langsam zogen die alten und neuen Fassaden, Vergangenheit und Gegenwart, an ihm vorbei. Immer wieder blieb er stehen, suchte das manchmal verborgene oder ganz fehlende Schild mit der Hausnummer, bis er schließlich vor einer kleinen, an die Hauswand gemalten Zehn stand.

Es war ein modernes, schnörkelloses Haus mit zwei Stockwerken und einem flachen Dach. Fieberhaft glitten seine Augen über die Namensschilder an der Haustür. Borowski, stand da schwarz eingraviert im Parterre, darüber Sienkewicz und Koczinski, ganz oben Galasek.

Die Enttäuschung raubte ihm fast den Atem. Er wischte die aufkommenden Tränen aus den Augen. Aber es nützte nichts. Der Name Jablonski war nirgendwo zu finden. Er suchte auch in der Nachbarschaft die Namensschilder ab und ging die Straße auf der anderen Seite ab. Aber es war alles vergebens, die befürchtete Katastrophe war eingetreten.

Als er wieder an der Nummer zehn vorbeiging, öffnete sich ein Fenster im Erdgeschoss und eine alte Frau steckte ihren Kopf heraus. Sie musterte ihn misstrauisch und sprach ihn mit einer krächzenden, unfreundlich klingenden Stimme an. Er verstand kein Wort, aber wahrscheinlich wollte sie wissen was er hier suchte. „Nadja Jablonski“, sagte er kurz angebunden und wandte sich schon wieder ab, um weiter zu gehen. Doch sie rief ihn zurück. Ihr Gesicht wirkte jetzt wesentlich freundlicher. Sie überschüttete ihn mit einem Redeschwall, von dem er nur den immer wieder erwähnten Namen Kasperczak verstand. Dann deutete sie mit der Hand in eine Richtung, nickte ihm aufmunternd zu und zog sich wieder in ihre Wohnung zurück.

Viel konnte er damit nicht anfangen. Wahrscheinlich meinte die Alte, dass Nadja jetzt bei einer Familie Kasperczak wohnen würde. Aber was nützte ihm das? Durchfragen konnte er sich jedenfalls nicht. Wie betäubt taumelte er zum Marktplatz zurück und ließ sich auf einer Bank neben dem Brunnen nieder. Seine Blicke richteten sich wie Hilfe suchend zum Himmel. Und blieben ... an dem altehrwürdigen Kirchturm am Ende des Platzes hängen. Natürlich! Das war die Lösung! Wenn ihm jetzt jemand unbürokratisch helfen konnte, dann war es der weltliche „Chef" des Gotteshauses!

Ein paar Minuten später stand er auf einem Kiesweg, der sich hinter der Kirche durch einen großen verwilderten Garten bis zu einem wuchtigen Pfarrhaus schlängelte. Es sah alt und etwas vernachlässigt aus. Der graugelbe Putz blätterte an einigen Stellen schon ab, auf dem Dach breiteten sich hellgrüne Moosflächen aus, und vereinzelt machten es sich Blumen und Grasbüschel in den Mauerfugen gemütlich. Trotzdem wirkte das gesamte Anwesen mit seinem morbiden Charme anziehend und beruhigend auf ihn. Er hatte das Gefühl eine vergessene Insel der Ruhe zu betreten, als er auf dem Kiesweg vor das in der Sonne liegende Pfarrhaus ging.

Weiße und rote Rosen kletterten in zwei buschigen Bögen an der Hauswand hinauf, bis zu den kleinen Fenstern im ersten Stock, wo sie sich zu einem weißroten Blütenmeer vermischten. Neben der schweren, eisenbeschlagenen Haustür befand sich ein altertümlicher Klingelzug. Zweifel ob er das Richtige tat, ließen ihn für einen Augenblick zögern, aber dann zog er doch zweimal an dem abgewetzten Metallgriff. Ein helles Bimmeln drang bis zu ihm heraus. Sekunden später öffnete sich die Tür. Ein älterer Mann mit dunkelbraunem Haar und weißem Schnurrbart stand vor ihm und begrüßte ihn freundlich mit einem „Dzien Dobry". Der schmale Stehkragen unter dem schwarzen Hemd verriet Olaf, dass es der Pfarrer sein musste.

„Dzien Dobry", erwiderte er den Gruß. „Sprechen Sie etwas Deutsch? Meine Polnischkenntnisse sind leider sehr begrenzt. Mein Name ist Olaf von Thumeck und ich muss Sie dringend sprechen, Herr Pfarrer!"

Der Theologe wirkte im ersten Moment etwas erschrocken, aber dann sagte er mit einer tiefen, angenehmen Stimme: „Sie haben Glück. Mein Deutsch soll noch ganz annehmbar sein, wie mir erst vor einigen Tagen ein Kollege aus Leipzig bestätigte. Aber kommen Sie erst einmal herein."

Er ging einen langen Gang voraus und öffnete eine Tür, die von der rechten Seite in ein kleines, gemütlich eingerichtetes Zimmer führte. Eine kostbar aussehende Standuhr mit einem goldfarbenen Ziffernblatt stach dominant aus dem sonst eher schlichten Mobiliar heraus. „Deutsche Wertarbeit" sagte er lachend, als die Uhr plötzlich zu schlagen anfing und Olaf erschrocken herumfuhr. „Garantiert zwei Uhr mittags." Er zog einen Stuhl unter dem Tisch hervor, bat seinen Gast Platz zu nehmen und ging an Olaf vorbei zu einem Schrank im Hintergrund des Zimmers. „Alles Beutestücke der russischen Armee", sagte er, ohne sich umzudrehen und holte aus einem Fach eine Flasche Wein und zwei Gläser hervor. Er stellte sie vor Olaf auf den Tisch und goss nur eine kleine

Menge der stark duftenden hellgelben Flüssigkeit ein. „Tokajer“, sagte er nicht ohne Stolz, setzte sich Olaf gegenüber und verschränkte die Arme auf dem Tisch. Seine Haltung wirkte distanziert, aber das folgende „Was kann ich für Sie tun?“, klang eher wie eine Mischung aus Neugier und menschlicher Anteilnahme.

„Ich ... ich suche eine Nadja Jablonski“, sagte Olaf zögernd und griff zu dem Weinglas, das vor ihm stand. „In der Ulica-Mickiewicz wohnt sie nicht mehr, wie ich gerade feststellen musste.“ Der Pfarrer nahm sein Glas ebenfalls in die Hand, hob es in die Höhe und prostete ihm zu. Sie tranken einen Schluck.

„Woher kennen Sie Nadja?“, wollte der Kirchenmann wissen, als er sein Glas wieder auf den Tisch zurückstellte. „Sie ist meine Verlobte“, sagte Olaf und fügte gleich an, als er den ungläubigen Gesichtsausdruck des Pfarrers sah: „Zumindest war sie es im September 1944 noch. Ich geriet im April 45 in russische Kriegsgefangenschaft und wurde nach Sibirien in ein Bleibergwerk verschleppt. Vor etwa zwei Monaten gelang mir die Flucht. Bis hierher.“

Es entstand ein Moment des Schweigens, nur das Ticken der großen Standuhr war zu hören.

„Und was wollen Sie von ihr?“, fragte der Pfarrer in die unnatürliche Stille hinein.

„Ich will nur noch zwei Dinge in meinem Leben“, antwortete Olaf: „Nadja sehen und meine Eltern finden. Egal wie.“

„Wir schreiben das Jahr 1953 und nichts ist mehr so, wie es einmal war“, sagte der Mann Gottes und sah Olaf mit einer Mischung aus Mitleid und Güte an. „Ich weiß gar nicht, wie ich Ihnen das beibringen soll? Aber Sie müssen wissen, dass Nadja seit 1950 mit einem jungen Polen verheiratet ist. Sein Name ist Jan Kasperczak. Ich habe sie selber getraut. Nadja hat oft von ihrem deutschen

Verlobten gesprochen und lange auf Sie gewartet. Aber vor drei Jahren verlor sie den Glauben, dass Sie noch am Leben sind und hat dem Drängen von Jan nachgegeben. Er ist ein anständiger, fleißiger Mann. Die beiden haben eine Tochter, Elena. Sie ist acht. Was für ein Schicksal hat Ihnen der Herr da auferlegt? Die ganze Welt hat sich verändert, und mit ihr die Menschen.

Vor neun Jahren war Nadja ein junges Mädchen, jetzt ist sie eine erwachsene Frau, die mitten im Leben steht." Er zupfte nervös an den Spitzen seines Bartes und sah seinen Gast erwartungsvoll an. „Was wollen Sie in dieser Situation tun?"

Olaf saß wie versteinert auf seinem Stuhl. Es schien, als würde der Boden unter seinen Füßen schwanken. Er wusste, was es hieß, im streng katholischen Polen verheiratet zu sein. Nadja war für ihn verloren. Für immer?

„Ich kann Sie beruhigen", sagte er zögernd. „Ich werde zum Gut meiner Eltern nach Rogonnen am Haschner See gehen. Ich weiß, dass ich Nadjas Glück nicht im Weg stehen darf. Auch wenn Elena wahrscheinlich meine Tochter ist."

Der Pfarrer starrte ihn erschrocken an. Dann schüttelte er immer wieder den Kopf. „Das tut mir alles so leid! Aber allein zu Ihrem Haus gehen, das geht nicht!", sagte er mit einer Bestimmtheit, die keinen Widerspruch duldete. „Es ist viel zu gefährlich. Ohne polnische Sprachkenntnisse fallen Sie überall sofort auf. Und was soll das bringen, außer einer Menge Ärger und Enttäuschungen? Der gesamte frühere deutsche Grundbesitz in Ostpreußen wurde schon vor Jahren verstaatlicht, ist in Kolchosen zusammengefasst worden oder in die Hände polnischer Bürger übergegangen. Was wollen sie in Rogonnen, das übrigens auch schon lange nicht mehr so heißt, sondern heute den polnischen Namen „Rogojny" bekommen hat? Möchten sie das Rad der Geschichte noch einmal zurückdrehen oder in Erinnerungen und Sentimentalitäten schwelgen, bis Sie an Ihrer verletzten Seele zugrunde gehen?"

Olaf senkte den Kopf, ein heftiger Weinkrampf schüttelte seinen dürren Körper. Die Hand des Pfarrers schob sich über den Tisch und legte sich auf seine Schulter. „Ich weiß, dass es jetzt kein Trost für Sie ist, wenn ich Ihnen sage, dass Sie noch ein neues, vielleicht sehr erfülltes Leben vor sich haben", hörte er dessen Stimme wie aus großer Entfernung. „Aber Sie müssen versuchen, dafür in den Westen zu kommen. Hier in Polen haben Sie keine Zukunft. Und es besteht immer die Gefahr, dass man Sie verhaftet und wieder nach Russland zurückschickt."

Olaf löste sich aus seiner zusammengesunkenen Haltung und hob den Kopf. Seine ganze Verzweiflung, Hoffnungslosigkeit, aber auch aufflammende Wut und Trotz lagen in seiner Stimme, als er entgegnete: „Und was ist mit meinen Eltern und Freunden auf dem Gut? Leben sie noch, sind sie tot oder verschleppt worden? Soll ich all diese offenen Fragen einfach unbeantwortet hinter mir zurücklassen, um einen Neuanfang im Westen zu beginnen? So, als ob nichts gewesen wäre? Könnten Sie so leben?"

Der Pfarrer sah ihn stumm an, dann setzte er sich direkt neben Olaf auf einen Stuhl. „Vielleicht haben Sie ja Recht", sagte er nach einer kurzen Pause. „Ich kann Ihren Standpunkt durchaus verstehen. Aber ich mache Ihnen einen Vorschlag, den Sie nicht ablehnen können: Sie setzen mir eine Namensliste von den Personen auf, über die Sie etwas wissen möchten. Wenn es geht mit dem letzten bekannten Wohnort und den Geburtsdaten. Und ich kümmere mich bei den Behörden und Pfarrämtern um eine Antwort. In der Zwischenzeit können Sie hier bei mir und Katjuscha, meiner Haushälterin, wohnen. Ich habe ein großes, wenn auch bescheidenes Gästezimmer. Sie müssen mir nur versprechen, dass Sie das Haus nicht verlassen und sich nicht am Fenster blicken lassen. Katjuscha kann sich um Sie kümmern, bis ich alles was wichtig ist, in Erfahrung gebracht habe. Sind Sie mit meinem Vorschlag einverstanden?"

Olaf sah den Geistlichen überrascht an. Er konnte kaum glauben, was der kleine, unscheinbare Mann neben ihm gerade gesagt hatte.

„Warum sollten Sie das für mich tun? Ich bin nur ein entflohener deutscher Kriegsgefangener, der Ihnen außer einer Menge Ärger und Arbeit nicht viel bieten kann. Außerdem bin ich evangelisch getauft, wie die meisten meiner Landsleute im früheren Ostpreußen. Stört Sie das gar nicht?"

„Warum soll mich das stören? Ich kann mich daran erinnern, dass ich irgendwann einmal in der Bibel gelesen habe, dass vor Gott alle Menschen gleich sind. Außerdem ist es ein Akt der christlichen Nächstenliebe, allen die in Not geraten sind, zu helfen. Da machen entflohene deutsche Kriegsgefangene keine Ausnahme. Noch dazu acht Jahre nach dem Ende des Krieges. Würde das die evangelische Kirche anders sehen?"

„Ich weiß es ehrlich gesagt nicht", antwortete Olaf. „Ich bin auch vor dem Krieg nicht oft in der Kirche gewesen. Und was die Protestanten in Ostpreußen dachten, was sie in der Tradition ihres Glaubens taten oder unterließen, das ist jetzt sowieso nur noch Vergangenheit. Es hat keine Bedeutung mehr. Für niemanden."

„Glauben Sie das wirklich?" Das Gesicht des Pfarrers nahm einen verärgerten Ausdruck an.

„Das glaube ich nicht nur, das weiß ich sogar", antwortete Olaf. „Vielleicht ist es das Einzige was ich derzeit wirklich noch weiß."

„Und ich sage Ihnen: Sie täuschen sich. Die Geschichte

ist immer auch Vergangenheit. Und doch prägt sie uns Menschen wie kaum etwas anderes."

Olaf nahm einen Schluck aus seinem Glas, bevor er entgegnete: „Selbst wenn es so wäre, was ändert das, Herr Pfarrer? Haben die Menschen jemals etwas aus ihrer Vergangenheit oder Geschichte gelernt? Sind Sie sicher, dass es nie mehr einen dritten oder vierten Weltkrieg geben wird? Glauben Sie an die Lernfähigkeit von Milliarden Egoisten und Vollidioten, die nur ihre Macht, ihre persönlichen Vorteile und ihre kleine, egoistische Weltanschauung im Sinn haben?"

„Ich glaube an Gott, seinen Sohn Jesus Christus, den Heiligen Geist und an die Jungfrau Maria. Sie werden die Menschheit zur Klarheit und Erleuchtung führen. Vielleicht nicht heute oder morgen, aber irgendwann bestimmt einmal."

„Ja, ... irgendwann einmal", sagte Olaf bitter. „Wenn nur noch ein paar Menschen auf der Welt übrig geblieben sind. Die letzten, die der technisch weiterentwickelten Selbstausrottung und Intoleranz entkommen sind. Und selbst die werden sich noch um ein Stückchen Brot, Land oder Einfluss prügeln. So, wie der Mensch, angeblich Gottes Ebenbild, eben gestrickt ist."

Der Pfarrer schenkte Olaf etwas Wein nach. „Ich kann Ihre Verbitterung sogar verstehen", sagte er. „Aber was Sie in Sibirien erleben mussten, hat nichts mit der Humanität zu tun, die ich meine. Es gibt auch andere Menschen."

Olaf trank sein Glas in einem Zug leer und stellte es vorsichtig auf den Tisch zurück. Seine Miene hatte sich verfinstert. „Sie sind ein Mann Gottes und der Kirche, Herr Pfarrer. Sie dürfen nicht anders denken. Aber die Wirklichkeit sieht leider anders aus. Der Mensch taugt nichts, egal welcher Nation er angehört. Er ist sehr leicht zum Bösen zu verführen, weil das Böse in ihm schlummert und nur darauf wartet, aufgeweckt zu werden. Es mag ein paar Gute zwischen den Millionen kleiner und großer Teufel geben, aber was können die schon gegen diese Übermacht ausrichten?“

Der Geistliche lächelte still in sich hinein, aber er ging nicht weiter auf die emotionalen Ausführungen seines Gastes ein. „Ich heiße übrigens Tadeusz Neumann“, sagte er wie nebenbei und lenkte das Gespräch damit sofort in eine andere Richtung. „Mein Vater war deutscher Abstammung aus Russland, meine Mutter Polin. Darum sind noch deutsche Sprachkenntnisse vorhanden, auch wenn sie schon ein bisschen eingerostet sind. Und noch etwas: Sie müssen mich nicht ständig mit Herr Pfarrer ansprechen. Ich finde das viel zu formell. Nennen Sie mich einfach bei meinem Vornamen, wie meine Bekannten und Freunde.“

„Danke, davon mache ich gerne Gebrauch“ sagte Olaf schon wieder etwas ruhiger geworden. „Und entschuldigen Sie bitte meine Weitschweifigkeit. Mit Pessimismus wird man die Welt natürlich auch nicht ändern. Außerdem wollten Sie ja nur eine einfache Antwort auf Ihre Frage. Ich finde Ihr Angebot ungewöhnlich großzügig und nehme es mit Dank an. Wie lange kann es dauern, bis Sie etwas über meine Namensliste erfahren können? Es geht um acht Personen.“

Der Pfarrer überlegte kurz, dann antwortete er: „Ich würde sagen, länger als zehn bis vierzehn Tage wird es wahrscheinlich nicht dauern. Aber nur, wenn alles einigermaßen ohne größere Komplikationen abläuft.“

„Zehn bis vierzehn Tage?“ Olafs Enttäuschung war nicht zu überhören. „Ich dachte an zwei bis drei Tage.“

Der Gastgeber hob bedauernd die Hände. „Vergessen Sie nicht, dass ich darauf angewiesen bin, dass mir die zuständigen Behörden eine Rückantwort zuschicken. Manches kann ich bestimmt durch die Kirchenarchive der einzelnen

Gemeinden telefonisch erfahren, das geht dann schneller, aber einiges muss ich wahrscheinlich auch direkt vor Ort abklären. Und die Behördenmühlen, ich glaube, da sind wir uns einig, die mahlen in jedem Land sehr langsam. Und hier haben wir es nicht nur mit polnischen, sondern auch noch mit russischen Beamten zu tun. Zum Glück habe ich aber an manch wichtiger Stelle gute Freunde sitzen, die empfänglich sind für ein sehr menschliches Dankeschön, wenn Sie verstehen, was ich meine."

„Reden Sie von bestechlichen Beamten?"

„Von was sonst? In ganz Polen sind Sie heute ohne ‚gute Freunde' verloren. Ich weiß nicht, ob das im Westen wesentlich anders ist. Fast jeder würde doch ein geringes Einkommen durch ‚Sonderleistungen' aufbessern wollen? Aber jetzt zu etwas einfacheren Dingen. Sie sehen so aus, als könnten Sie eine gute Mahlzeit vertragen. Soll ich Katjuscha sagen, dass Sie etwas essen wollen?"

„Machen Sie sich keine Mühe wegen mir, ich kann mich problemlos bis zum Abendessen gedulden."

„Wollen Sie wirklich so lange warten? Nein, das kann ich nicht verantworten. Sie essen jetzt etwas, Ihr Magen knurrt mich schon die ganze Zeit wie ein ausgehungerter Hofhund an!" Es klang freundschaftlich entschlossen und Olaf war froh darüber, dass ihm der Hausherr so bestimmend widersprach.

„Sagen Sie Ihrer Haushälterin bitte, dass ich alles esse, egal was es ist. Ich wurde in den letzten Jahren nicht besonders verwöhnt."

„Um so besser. Wir haben von heute Mittag noch die Reste einer Gans. Mit einem ganz speziell zubereiteten Rotkohl und Kartoffeln. Katjuscha muss alles nur noch aufwärmen. Das geht schnell und ich bin mir sicher, dass es Ihnen schmecken wird. Meine Hausperle ist eine ausgezeichnete Köchin, wie man an mir sieht."

Er strich lächelnd über seinen Bauchansatz, stand auf und verschwand in einem angrenzenden Zimmer. Nach einer Weile kam er in Begleitung einer jungen Frau zurück. „Darf ich Ihnen meinen irdischen Engel für das leibliche Wohl vorstellen. Katja Ignatowa. Früher Weißrussin, seit acht Monaten Polin und meine neue Haushälterin. Sie spricht sogar ein einigermaßen verständliches Deutsch. Zwangsarbeiterdeutsch, sozusagen."

Der „Engel" des Pfarrers war um die dreißig, mit einem hübschen Gesicht und dunkelbraunen Haaren, die sie zu einem Knoten hinter dem Kopf zusammengebunden hatte. Sie war relativ groß und hatte eine frauliche Figur. Eine kurze Silberkette mit einem unbearbeiteten Stück Bernstein umschloss ihren Hals. Aber das auffälligste an ihr waren die großen schwarzen Augen, die ihn mit einer scheuen Neugier musterten.

Er stand auf.

„Gutten Tag", sagte sie mit einem nicht zu überhörenden Akzent und reichte ihm eine kräftige Hand. Ein schwacher Duft von Lavendel lag in der Luft. Er schlug ein.

„Ich Sie in ein, zwei Woche wieder zu stattliche Mann machen." Ein breites Lächeln huschte über ihr Gesicht. „Hochwürden mir sagen, Sie mussen viel essen und trinken. Er nicht übertrieben. Knochen werden bald aus ganze Gestalt verschwinden."

Er erwiderte ihr Lächeln. „Vielen Dank, Katjuscha, dass Sie sich um mich kümmern wollen. Ich heiße Olaf und wir können uns gerne duzen, wenn Sie damit einverstanden sind." „Oh ja, das viel besser", sagte sie sichtlich zufrieden. „Ich Katjuscha, das genug. Mein Arbeit ist Einkaufen, Kochen, Waschen, Putzen, Briefe wegbringen ... für Hochwürden. Aber jetzt schnell gutte Essen machen, damit wieder zu Kräften kommen." Sie eilte in die Küche und drehte sich an der Tür noch einmal zu ihm um.

„Ich glaube, Sie haben einen tiefen Eindruck bei Katjuscha hinterlassen“, sagte der Pfarrer ironisch. „Bis das Essen fertig ist, können Sie mir Ihre Namensliste notieren.

Ich hole nur noch etwas zum Schreiben. Bin gleich wieder da.“

Er stand auf und ging in ein anderes Zimmer. Erst jetzt sah Olaf, dass er das linke Bein etwas nachzog. Nach einer Minute kam er mit einem Blatt Papier und einem Bleistift zurück.

Olaf schrieb in Druckbuchstaben die Namen seiner Eltern, von Fritz Smolnik, dem Verwalterehepaar Buchwald, dem Stallmeister Holger Garbrecht, von Myskina Kowalski, dem polnischen Lehrer Jaroslaw Wizorkovsky und von Henry Milton, dem englischen Piloten auf. Dann setzte er die Geburtsdaten, die er kannte daneben und die Adressen, die er noch in Erinnerung hatte. Er reichte die Liste über den Tisch, der Pfarrer nahm sie entgegen und legte sie neben sein Weinglas. Während er die Namen las, schenkte er sich einen Schluck Tokajer nach und reichte Olaf die Flasche hinüber, ohne aufzusehen.

„Myskina, Myskina Kowalski. Irgendwie kommt mir der Name bekannt vor“, murmelte er vor sich hin. „Und dieser Lehrer aus Suwalki ... ich glaube, auch von ihm habe ich schon einmal etwas gehört. Lehrer aus Suwalki ... Jaroslaw ... War da nicht irgendetwas mit Musik? Warten Sie ...“ Er legte den Kopf in den Nacken und schloss die Augen. Das Ticken der großen Standuhr aus dem russischen Beutebestand war jetzt deutlich zu hören. „Ja, natürlich!“, rief er plötzlich überschwänglich in den Gong der Uhr hinein und schlug mit der Hand auf den Tisch, dass sein Weinglas ins Wanken geriet. „Ich wusste doch, dass ich ihn kenne. Bei einem Besuch seiner Schule vor, vor .... ach, was weiß ich ... wann das war. Vor dem Krieg jedenfalls, ... wurde er mir vorgestellt.

Jaroslaw Wizorkovsky, der Geiger unter den Lehrern!"
„Ja, das stimmt", rief Olaf. „Er spielte Geige. Und das, gar nicht schlecht. Das tat er auch auf dem Gut. Er war schon vor dem Krieg fast jedes Jahr bei uns und half bei der Ernte. Die Lehrer wurden in Polen sehr schlecht entlohnt. Zumindest damals."

„Das ist heute nicht anders", antwortete Tadeusz Neumann. „Ich weiß jetzt sogar wieder in welcher Schule er unterrichtet hat. Musik und Geografie waren seine Fächer, wenn ich mich richtig erinnere. Ich könnte mir vorstellen, dass ich über ihn vielleicht noch heute etwas erfahren werde. Und über diese Myskina Kowalski muss ich noch nachdenken. Bestimmt fällt mir dazu auch noch was ein. Aber da kommt schon Ihr Essen."

Katjuscha kam tatsächlich mit einem großen Tablett herein. Sie schob die Küchentür mit dem Fuß auf und stellte die Köstlichkeiten, die ihre Kochkunst hervorgebracht hatte, vor Olaf auf den Tisch. Sogar eine einzelne rote Rose schob sie in einer kleinen Vase zwischen die Teller und Schüsseln.

Sie strahlte ihn an. „Gutte Appetit, Olaf. Ich hoffen, dass schmeckt."

Er war überwältigt. „Mein Gott, ... Katjuscha. Was für ein ... Wunder", stammelte er beim Anblick der liebevoll gedeckten Tafel. „Ich bin mir schon jetzt absolut sicher, dass ich noch nie etwas Besseres gegessen habe."

Es war aber auch ein Bild, auf das er viele Jahre hatte verzichten müssen. Während des Krieges, in den Kasernen oder Offizierscasinos war so etwas wie Esskultur ein absolutes Fremdwort. Von der Qualität der Speisen ganz zu schweigen. Und an die Jahre im Lager brauchte man in dieser Beziehung gar nicht zu denken.

„Wie das duftet und wie herrlich alles aussieht", schwärmte er. „Wie in einem vornehmen Restaurant." Sie ging lachend in die Küche zurück. „Ich kann Ihre Begeisterung verstehen", sagte der Pfarrer. „Ich habe selbst noch nie so viele Schüsseln und Teller bei uns gesehen. Und eine Rose wurde mir auch noch nie zum Essen serviert." Er schüttelte den Kopf. „Aber ich bin wahrscheinlich auch dreißig Jahre älter als Sie", fügte er augenzwinkernd hinzu. „Und ein Mann der katholischen Kirche. Außerdem glaube ich mich daran erinnern zu können, dass nur jungen Leuten rote Rosen entgegenblühen."

Olaf überging den Spott seines Gastgebers und fing zu essen an. Die Gans und die dunkelbraune Soße waren einfach unübertrefflich. Auch das Rotkraut mit Apfelstücken und Rosinen, in Gänseschmalz gedünstet und mit hauchdünnen Pilzraspeln verfeinert, war ein Erlebnis. In nicht einmal fünfzehn Minuten hatte er alle Schüsseln und Teller fein säuberlich geleert. Den letzten Bissen spülte er mit einem Schluck Tokajer hinunter.

Der Pfarrer sah ihm mit immer größer werdenden Augen dabei zu. „Ich hätte schwören können, dass Sie höchstens die Hälfte schaffen", sagte er. „Aber man sollte den Hunger eines entflohenen Kriegsgefangenen nicht unterschätzen, wie ich sehe. Sie müssen ja seit mindestens einer Woche nichts mehr zu essen bekommen haben."

Olaf legte das Besteck an den Tellerrand und tupfte sich mit der bereitgelegten Serviette den Mund ab. „Seit einer Woche nicht gerade", sagte er. „Aber drei Tage werden es schon gewesen sein. Und das Ergebnis von Katjuschas Kochkünsten und die vorangegangenen Monate und Jahre sind an meinem Heißhunger natürlich auch nicht ganz unschuldig."

„Ihr Magen ist einer solchen Belastung bestimmt nicht gewachsen", meinte der Pfarrer besorgt. „Ihnen wird schlecht werden. Sie sind solche Mengen auf einmal auch gar nicht mehr gewohnt. Trinken Sie vorsichtshalber lieber einen guten Kräuterschnaps. Ich werde mich aus solidarischen Gründen daran beteiligen."

Er verschwand in der Küche und kam gleich darauf mit einer bauchigen Flasche zurück. „Die Rettung naht", sagte er und stellte zwei Schnapsgläser auf den Tisch. Mit einem Gluckern lief eine grüngelbe Flüssigkeit aus der Flasche. Der Pfarrer hob das Glas. „Nastrowje", sagte er und stürzte den Schnaps in einem Zug hinunter. Ein zufriedenes Lächeln breitete sich unter seinem Schnauzer aus.

Olaf roch misstrauisch an der unbekannten Substanz. Ein herber Duft, nach Kräutern, Beeren und irgendwelchen anderen Ingredienzien wehte ihm in die Nase.

„Hinunter damit!", befahl Hochwürden und Olaf gehorchte auf der Stelle. Er bereute es sofort. Es war, als würde ein glühender Lavastrom in seine Kehle und von dort weiter in den Magen rinnen. Die Tränen schossen ihm in die Augen, er riss den Mund auf und schnappte nach Luft.

Der Pfarrer bog sich vor Lachen. „Was haben Sie denn?", fragte er scheinheilig.

„Wollen ... wollen Sie mich .... jetzt schon vergiften, ... Herr ... Pfarrer? Noch bevor wir uns .... uns .. richtig kennengelernt haben?" Olaf rang noch immer nach Luft.

„Ich weiß gar nicht, warum Sie sich so aufregen", lachte Hochwürden vergnügt. „Er hat doch nur achtundsechzig Prozent. Also fast noch ein Likör! Im Übrigen eines der edelsten Klostererzeugnisse aus Poznan."

Olaf löschte den Brandherd in seiner Kehle mit einem Schluck Tokajer und tupfte sich die feuchten Augenwinkel ab. „Das war ein eindeutiger Mordversuch", röchelte er mit rotem Gesicht. „Ich hätte nicht gedacht, dass ein katholischer Geistlicher zu solch heimtückischen Mitteln greift." Tadeusz Neumann war vor Lachen zu keiner Antwort fähig. „Sie werden sehen", sagte er nach einer Weile, als sich seine hemmungslose Schadenfreude zu einem wohlwollenden Grinsen gemildert hatte, „dass Sie ein wahres Wundermittel geschluckt haben. Das räumt Ihren Magen auf. Möchten Sie noch einen?"

„Um Himmels willen!", rief Olaf entsetzt und hielt die Hände über sein Glas. „Warum bedrohen Sie mich mit diesem Teufelszeug? Ich verspreche Ihnen auch hoch und heilig, dass ich mich nie wieder der Völlerei hingeben werde. Nur bitte keinen Schluck mehr von Ihrem grüngelben Klostergift."

„Und ich dachte immer, dass preußische Landedelmänner einen kräftigen Schluck vertragen können", lachte der Pfarrer und schenkte sich noch ein Glas ein. Er roch entzückt daran, bevor er den Inhalt mit vor Verzückung verdrehten Augen hinunterkippte. Olaf sah ihm schaudernd dabei zu.

„Ich habe eine fast neue Hose und zwei Hemden für Sie", sagte der Mann Gottes wieder ganz sachlich geworden und stellte das Schnapsglas in die Tischmitte zurück. „Auch ein Paar dunkelbraune Halbschuhe, kaum getragen. Welche Schuhgröße haben Sie denn?"

„Dreiundvierzig. Hemdengröße früher, vierzig, Hosen, aktuell, keine Ahnung. Im Bund wahrscheinlich Kindergröße."

„Macht nichts. Dann passen Ihnen wenigstens die Schuhe. Die Hosen kann Ihnen Katjuscha enger machen und die Hemden sehen vielleicht ein wenig bauschig an Ihnen aus, aber Sie wollen ja damit auf keine Modenschau gehen. Ich schlage vor, Sie nehmen ein heißes Bad und legen sich dann schlafen. Sie sehen müde aus. Zum Abendessen wecke ich Sie wieder. Einverstanden?"

Die Müdigkeit überfiel Olaf in dieser entspannten Atmosphäre und dem üppigen Essen schon während sein Gastgeber vom Schlafen sprach. „Ein heißes Bad wäre fantastisch und ein Schläfchen im Schutze der katholischen Kirche ist ganz in meinem Sinne", sagte er. „Während ich schlafe, werden sie mir Ihren Klosterschreck wohl kaum einflößen. Hoffe ich wenigstens! Und ich glaube, ich sollte Sie von jetzt an wirklich mit Ihrem Vornamen ansprechen. Ihr Anschlag vorhin passt viel besser zu einem Mann, der sich Tadeusz nennt, als zu einem Herrn Pfarrer."

„Genehmigt", antwortete der Theologe amüsiert und schenkte Olaf und sich den Rest des Tokajers ein. „Ich schlage außerdem vor, dass wir auch das förmliche ‚Sie' an den Nagel hängen. Ein so kläglich gescheiterter Mordversuch verbindet Opfer und Täter auf eine besondere Weise. Noch dazu, wenn sich das Opfer hinterher wieder in die Hände seines Peinigers begibt." Sie prosteten sich zu. Katjuscha heizte den Kohleofen im Bad ein und zeigte Olaf sein Zimmer. Es war ein großer, spartanisch möblierter Raum, aber er war hell und freundlich und man konnte vom Fenster aus direkt auf den Garten sehen.

Als er vom Bad zurückkam, lag auf dem Stuhl neben dem Bett ein rotschwarz gestreifter Schlafanzug. Fast wie die Sträflingskleidung in Severnyj, dachte er, schlüpfte in die Hose und ließ sich rücklings auf die frisch überzogene und nach Rosenblüten duftende Matratze fallen. Es dauerte keine zwei Minuten, als er trotz der bedrückenden Gedanken, die ihm nicht mehr aus dem Kopf gingen, einschlief.

„Aufwachen! Abendessen fertig!" Die Stimme der Haushälterin sowie die Glocken vom nahen Kirchturm drangen bis in sein Unterbewusstsein. Ein leichtes Berühren an der Schulter brachte ihn noch schneller in die Gegenwart. Katjuscha wich erschrocken zurück, als er die Arme reflexartig vor den Kopf riss. „Nur ich, Olaf", beteuerte sie. „Nix Aufregung, kein grosse Gefahr für Läben."

Mühsam öffnete er die die Augen und sah die Hausperle des Pfarrers wie aus einer großen Entfernung vor sich. Sie strich sich eine widerspenstige Haarsträhne aus dem Gesicht und klemmte sie routiniert hinter ein Ohr.

„Wo bin ich?“, fragte er. Seine Blicke lösten sich von ihr und wanderten in den Raum hinter ihr.

„In gutte Sicherheit“, sagte sie. „In kleine polnische Ort Karkliny, bei Hochwürden Tadeusz Neumann und bei Katjuscha, sein treue Haushalterin.“

Erst jetzt kehrte Olafs Bewusstsein zurück. „Entschuldige bitte. Ich ... ich dachte im ersten Moment, ich befinde mich ... an einem ganz anderen Ort.“

„Ich weiß“, sagte sie mitfühlend. „Du glauben, dass noch immer in Kriegsgefangenschaft. Muss sehr schlimm gewesen. Severnyj bekannt in ganze Russland, für viele Tote und schwer Arbeit tief unter die Erde.“ Sie setzte sich dicht neben ihn. Ihr Gesicht roch nach Vanille und Rosen und erst jetzt aus der Nähe konnte er die winzigen braunen Punkte in ihren schwarzen Augen erkennen.

„Du keine Angst mehr. Katjuscha machen bald wieder starke und selbstbewusste Mann aus dir.“ Sie hauchte ihm einen flüchtigen Kuss auf die Wange und verschwand, wie ein kleines Mädchen kichernd, aus dem Zimmer.

Er zog sich geistesabwesend an. Starke und selbstbewusste Mann, ... ihr letzter Satz hallte wie Hohn in seinen Ohren nach. Er fühlte sich davon weiter entfernt als jemals zuvor. Das blaue Hemd, das sie ihm über den Stuhl gelegt hatte, war nur unwesentlich zu groß. Die Unterwäsche, die Socken und die dunkelbraunen Schuhe passten, nur die Hose war deutlich zu weit. Er stellte sich vor die spiegelnde Schranktür und besah sich von allen Seiten. Die Kleider waren fast neu, rochen nach Seife und waren mit Sicherheit das Beste, was er seit acht Jahren auf dem Leib hatte. Mit der linken Hand hielt er die Hose am Bund fest und machte sich auf den Weg in die Wohnküche. Der Pfarrer und Katjuscha saßen schon am Tisch und erwarteten ihn.

„Guten Abend, Olaf. Setz dich zu uns", begrüßte ihn Tadeusz gut gelaunt. „Sieht die Welt nach einem Bad und drei Stunden Schlaf nicht gleich ganz anders aus?"

Er nahm gegenüber von Katjuscha Platz. Sie nickte ihm zu. Vor ihm lag ein rundes Holzbrett mit Messer und Gabel, daneben stand eine Tasse. Auf dem Tisch verteilten sich um eine große Teekanne, ein Korb mit frischem Brot, kleine Teller mit Käse und Wurst, eine offene Butterdose, eine Schale, die bis obenhin mit Radieschen beladen war und eine Schüssel mit kleinen Essiggurken.

„Ein bisschen, vielleicht", antwortete er auf die Frage des Pfarrers, nachdem er den reich gedeckten Tisch bewundert hatte. „Aber es wäre wahrscheinlich auch zu viel verlangt, wenn sich die Welt schon nach drei Stunden Schlaf groß verändern würde."

Katjuscha füllte seine Tasse mit einem schwach gesüßten Tee und sah ihn dabei lächelnd an.

„Ich habe inzwischen die erste Antwort über den Verbleib von jemandem auf deiner Liste erhalten", sagte Tadeusz und setzte seine Brille umständlich auf, während er das zusammengefaltete Stück Papier aus seiner Hemdentasche kramte. Er legte es neben seinen Teller und strich es mit der Handkante sorgfältig glatt. „Es ist allerdings keine besonders erfreuliche Nachricht für den Anfang." Er warf Olaf einen ernsten Blick über den Brillenrand zu, und fuhr fort: „Es geht um Fritz Smolnik. Er ist im März dieses Jahres gestorben und auf dem deutschen Friedhof in Elk, das war früher Lyck, beerdigt worden. Über Holger Garbrecht, den Stallmeister und den Verwalter Martin Buchwald erfahre ich morgen oder übermorgen wahrscheinlich mehr. Ich habe einem Kollegen in Olsztyn, eurem ehemaligen

Allenstein, die Namen der Liste telefonisch durchgegeben. Er hat sich alles notiert. Aber er meinte, dass es sehr schwer werden dürfte, alle Personen ausfindig zu machen. Besonders, wenn man auf die Mithilfe russischer Behörden angewiesen ist. Die Verhältnisse im Land unserer sozialistischen Brüder sind noch katastrophaler als bei uns. Und die Preise höher." Er lächelte verlegen. „Über deine Eltern, Myskina Kowalski, dem Geige spielenden Lehrer aus Suwalki und diesen britischen Piloten, konnte ich noch nichts in Erfahrung bringen. Aber wir stehen ja auch erst am Beginn der Suche."

„Der alte Fritz ist also tot", murmelte Olaf. „Er arbeitete und lebte bei uns, solange ich denken kann. Fast alles was ich über Fische, den See und die Natur weiß, habe ich von ihm gelernt. Und er konnte Menschen einschätzen wie kein zweiter. Sogar mein Vater suchte bei ihm Rat, wenn er vor einer schwierigen Entscheidung stand. Er war immer für meinen Bruder und für mich da, eigentlich für die ganze Familie. Wenn er manchmal auch für ein paar Wochen spurlos verschwand, um dann wieder zu kommen, als wenn nichts gewesen wäre. Wo er in dieser Zeit war, erzählte er uns nie, und wir haben es auch nie herausbekommen. Und nun nimmt er dieses Geheimnis endgültig mit ins Grab. Weiß man, woran oder wie er gestorben ist?"

„Tut mir leid, aber darüber konnte ich nichts erfahren. Ich kenne nur den Todestag und wo er begraben wurde."

„Er war erst um die siebzig. Aber wir Kinder nannten ihn schon immer den alten Fritz ... Wie viele Erinnerungen hängen an diesem Namen. Mit ihm ist ein wichtiges Stück meiner Kindheit und Jugend gestorben. Wahrscheinlich nicht das letzte."

„Verscheuch die trüben Gedanken, du darfst jetzt nur noch nach vorne schauen", sagte Tadeusz und schob wie zum Trost eine Tasse dampfenden Tee direkt unter seine

Nase. „Was hinter dir liegt, ist vorbei und nicht mehr zu ändern. Du musst es so schnell als möglich vergessen. Und jetzt trink ein bisschen von Katjuschas wundervollem Tee. Sie hat ihn nur wegen dir so und nicht anders gemacht." Olaf probierte einen Schluck. Er war heiß und schmeckte nach Früchten und Kräutern. Katjuscha beobachtete ihn dabei. „Ist gutt?", fragte sie besorgt. Er nickte nur. Sie nagte enttäuscht an ihrem Wurstbrot.

„Und sonst war nichts in Erfahrung zu bringen?", sagte er und stellte seine Tasse vorsichtig ab. „Auch nichts, womit du mich heute noch schonen möchtest?"

Der Pfarrer schüttelte den Kopf. „Tut mir leid, das ist vorläufig wirklich alles."

„Ich muss mich also noch in Geduld üben, bevor du mir mehr über die nächsten Toten erzählst."

„Dein Hose ist wie grosse Zirkuszelt", platzte Katjuscha in die aufkommende Traurigkeit. „Ich sie enger machen, gleich nach die Abendessen. Dann wieder ganz so wie vornehme Gentleman aussehen."

Sie strahlte ihn an, aber er nahm es kaum wahr. Das Wissen von Nadjas Heirat und die Nachricht von Fritz Smolniks Tod standen wie eine schwarze Wand vor ihm, die jeden positiven Gedanken schon im Ansatz abwürgte.

„Sei nicht so pessimistisch", sagte Tadeusz, der sofort erkannte was in Olaf vorging. „Es müssen nicht alle tot sein und ich bin mir ziemlich sicher, dass wir über die meisten etwas erfahren werden. Nur bei dem englischen Piloten kann es Probleme geben. Da wissen anscheinend nur die Russen, was passiert ist."

„Vielleicht sind ein paar von meiner Liste auch in Sibirien verschwunden, so wie ich und viele andere", unkte Olaf. „Dann wird man vermutlich nie mehr etwas von ihnen hören. Auch nicht mit Hilfe der katholischen Kirche." Bevor der Pfarrer antworten konnte, meinte Katjuscha:

„Du uns bitte alles erzählen von schlimme Gefangenschaft in Severnyj. Und von viele grosse Leid und gefährliche Flucht."

„Jetzt lass ihn doch erst einmal in Ruhe essen", tadelte Tedeusz. „Bestimmt will er davon gar nichts mehr wissen."

„Nein, ist schon gut. Ich verstehe ihre Neugierde", sagte Olaf beschwichtigend. „Für Außenstehende muss sich das alles wahrscheinlich wie ein großes Abenteuer anhören, nur für die Betroffenen selbst ist es mehr. Aber ich kann inzwischen darüber sprechen, auch wenn es mir nicht leicht fällt."

Katjuscha wurde rot. Sie fasste sich erschrocken an den Mund und meinte kleinlaut: „Entschuldigung. Ich nicht so gemeint. Ich manchmal wirklich etwas zu eilig und neugierig und ... und ...."

„Naiv", vollendete der Pfarrer den ins Stocken geratenen Satz.

„Ja, so", stimmte sie zu.

„Du musst dich nicht entschuldigen, Katjuscha. Ich finde, deine Spontaneität ist etwas Ähnliches wie Ehrlichkeit", sagte Olaf. „Du sprichst deine Gedanken eben sofort aus, ohne zu taktieren."

Sie sah schuldbewusst zu Tadeusz hinüber. „So kann man es natürlich auch sehen. Manchmal wäre mir weniger Spontaneität und dafür etwas mehr Fingerspitzengefühl trotzdem ganz angenehm", sagte er streng. Aber in seinem Gesicht konnte man deutlich mehr Heiterkeit, als ernst zu nehmende Kritik erkennen.

Olaf erzählte das, was er für wichtig hielt. Nur über die Details der perfiden Strafen und Schikanen schwieg er. Kein Wort über die eigenen Sorgen und Ängste, über die schlaflosen Nächte, trotz täglicher, totenähnlicher Erschöpfung, kein Wort darüber, wie es heute in ihm aussah. Als er nach über einer Stunde fertig war, hatten sie kaum etwas gegessen. Dem Pfarrer war der Appetit gründlich vergangen und Katjuscha hing mit feuchten Augen an seinen Lippen. Es war, als würde sie alles nachträglich erleiden.

„In Russland hat die Kirche noch eine große Aufgabe vor sich", meinte der Pfarrer. „Und das, obwohl dort Millionen tiefgläubiger Christen leben. Aber das ganze Land wird von atheistisch denkenden Kommunisten unterdrückt und von einem diktatorischen System gelenkt. Na ja, bei uns ist es leider nicht viel besser. Wir hängen da ja jetzt alle mit den Russen zusammen!"

„Wir haben in Severnyj nicht viel von dem mitbekommen, was sich außerhalb des Lagers in der politischen Landschaft verändert hat", sagte Olaf. „Aber von dem, was du gerade sagst, habe ich schon von meinem Bruder gehört. Er wurde von einem Arbeitslager ohne offizielle Nachrichtensperre zu uns verlegt. Gibt es diesen militärischen Ostblock wirklich schon seit Kriegsende? Und wenn ja, warum lässt sich die Bevölkerung in diesen Ländern so etwas gefallen?"

Der Pfarrer faltete seine Hände wie zum Gebet auf dem Tisch, nur die Daumen begannen eine kreisförmige Bahn um sich selbst aufzunehmen. „Kurz nach dem Krieg hat dieser Wahnsinn begonnen", antwortete er, und seine Augen nahmen einen ganz unchristlichen Glanz an. „Seitdem schwebt das Damoklesschwert eines 3. Weltkriegs dauernd über uns. Und du fragst mich tatsächlich, warum sich die Menschen in diesen unterdrückten Ländern nicht gegen die Machthaber erheben und sich so was gefallen lassen? Ich vermute, weil sie ganz normale Menschen sind. Menschen wie du und ich."

Olaf sah den Pfarrer verwirrt an. „Hat deine Einschätzung etwas mit deinem religiösen Verständnis als katholischer Geistlicher zu tun? Oder was soll das heißen, weil sie ganz normale Menschen sind?" Tadeusz nahm einen Schluck Tee und sagte in einem Ton, der wie eine Entschuldigung klang: „Sind wir nicht alle schwach und voller Fehler? Ich kann mir gut vorstellen, dass fast jeder Mensch, der mit dem Tod oder dem Arbeitslager bedroht wird, lieber schweigt als den Helden zu spielen. Andere sind wahrscheinlich sogar von den hirnlosen Parolen der Macht habenden Parteien überzeugt. Denk ruhig auch einmal an euren unfehlbaren Führer und das geplante tausendjährige Reich. So lange ist es nicht her, dass er Millionen Bürger von seinen menschenverachtenden Ideen überzeugt hat. Es gab in Severnyj, wie du erzählt hast, auch viele politische Gefangene. Stalin hat schon vor dem Krieg für ein gut funktionierendes System des Schreckens gesorgt. Demokratie und Freiheit gibt es in den Ländern des Ostens nicht. Und solange die kommunistischen Betonköpfe an der Macht sind, wird sich daran so schnell auch nichts ändern.

Aber vielleicht kommt irgendwann ein Befreier auch zu uns, wie vor fast Zweitausend Jahren Jesus, und führt uns gewaltfrei zur Demokratie."

Ein kleines Lächeln lugte unter seinem weißen Oberlippenbart hervor, Katjuscha nickte eifrig und biss endlich in ihr Radieschen, das sie schon seit Minuten in der Hand hielt.

„Du wartest also auf ein großes Wunder", sagte Olaf. „Als Pfarrer mag das ja der richtige Weg sein. Aber was ist mit den Millionen, die täglich geschunden und gegängelt werden, mit denen, die in Gefängnissen und Lagern dahinsiechen? Sollen die auch auf ihr Wunder warten? Auf ein Wunder, das vielleicht nie kommen wird? Oder auf Hilfe aus dem goldenen Westen?"

„Na ja, ob da wirklich alles so golden ist, kann ich nicht beurteilen. Auf alle Fälle haben in Westdeutschland die Amerikaner und Engländer das Sagen und nicht die Russen, was schon mal ein großer Vorteil ist. Ein bisschen noch die Franzosen und Italiener."

„Und die anderen? Haben die auch was vom Kuchen abgekriegt?"

„Deutschland wurde unter den Siegermächten tatsächlich aufgeteilt wie ein Kuchen. Schlesien, Ost- und Westpreußen und das Sudetenland fielen an die Russen, Polen und Tschechen, Westdeutschland an die Amerikaner, Engländer und Franzosen. Ostdeutschland wird von Moskau aus kontrolliert, Berlin ist viergeteilt, ebenso Wien und was weiß ich was noch. Aber immerhin soll es im Westen eine Demokratie und eine gewisse Freiheit für die Bürger geben, wie ich von meinen Glaubensbrüdern aus Regensburg erfahren habe. Und darum würde ich dir auch dringend raten in den Westen zu gehen. Hier in Polen, in deinem nicht mehr existierenden Ostpreußen, gibt es keine Zukunft für dich."

Olaf sah an Tadeusz vorbei aus dem Fenster. Alles in ihm sträubte sich. Er konnte es einfach nicht akzeptieren, was er da hörte. Die Sonne verkroch sich hinter einer dichten Wolkenwand. Es war fast symbolisch. „Vielleicht ist es so, wie du sagst", antwortete er.

Seine Stimme war leise, wirkte zerbrechlich wie hauchdünnes Glas. „Aber für mich ist eine Zukunft nur in diesem nicht mehr existierenden Land möglich. Egal ob es heute in Polen liegt oder nicht. Ich bin da geboren, meine Freunde, Verwandten, Eltern und Vorfahren lebten dort seit vielen Generationen. Ich kann nichts dagegen tun, selbst wenn es verrückt klingt, aber ich würde irgendwo anders verwelken und zu Grunde gehen wie eine Pflanze, der man kein Wasser mehr gibt."

Tadeusz schüttelte den Kopf. „Glaub mir, du rennst mit offenen Augen in dein Verderben", sagte er und hob beschwörend die Hände. „Aber vielleicht fällt mir noch was Vernünftiges ein, um dich irgendwie doch noch in deinem Masuren zu integrieren. Ein paar Unverbesserliche, die nach dem Krieg hier geblieben sind, gibt es nämlich tatsächlich noch. Alle wurden polnische Staatsbürger. Irgendwie in dieser Richtung ... Doch versprechen kann ich dir nichts."

Katjuscha nahm an Olaf Maß und setzte sich gleich nach dem Abendessen an die Nähmaschine, um zwei Hosen enger zu machen. Sie ließ die Tür zu ihrem Handarbeitszimmer offen. So konnte sie alles überschauen und den Kontakt zu den Männern aufrechterhalten.

Der Pfarrer und Olaf saßen bis weit nach Mitternacht beim Schach und einem Fläschchen Tokajer zusammen. Der Geistliche gewann immer mehr das Vertrauen und die Sympathien des Deutschen. Er war in seinen Ansichten ein sehr weltoffen eingestellter Seelsorger, der die Schwächen der Menschen genau kannte, ihnen aber mit einem Augenzwinkern manchmal sogar noch einen humorvollen Anstrich gab. Doch sonst verlief der Abend nicht ganz so, wie sich Olaf das gewünscht hätte.

„Ich glaube, deine Schachkünste sind ähnlich wie dein Glaube an Gott: noch sehr ausbaufähig", fasste Tadeusz die aktuellen Probleme aus seiner Sicht zusammen. „Schach! Und dein Pferdchen auf ‚e6' brauchst du sowieso nicht mehr." Er kassierte Olafs Springer und setzte ihn am Brettrand ab, dann lehnte er sich zurück und griff mit einer weit ausholenden Geste und abgespreiztem kleinen Finger nach seinem Glas. Er sah aus wie die pure Zufriedenheit.

Olaf überflog die Stellung. Es war hoffnungslos. Er legte seinen König zum Zeichen der Aufgabe auf das Brett. „Gratuliere", sagte er mit einer säuerlichen Miene. „Für heute Abend reichen mir deine Lektionen. Aber bevor du dich siegestrunken im Bett wälzt, habe ich noch eine Frage: Wäre es möglich, dass ich Nadja wenigstens von Weitem sehen kann? Heimlich, ohne dass sie es merkt, ohne direkten Kontakt? Nur einmal. Wenn ich feststelle, dass sie glücklich ist, fällt es mir bestimmt leichter, sie zu vergessen. Dann habe ich Gewissheit und weiß woran ich bin."

„Das bringt überhaupt nichts und außerdem ist es viel zu riskant. Glaubst du wirklich, dass es dir hilft, wenn du siehst, dass sie ohne dich glücklich ist? Und wenn du der Meinung bist, dass sie es nicht ist, willst du dann ihre Ehe zerstören? Wegen eines Verdachts, den du in wenigen Minuten oder Sekunden aus der Entfernung gewonnen hast? Kannst du mir erklären, wie du erkennen willst, dass sie glücklich ist? Wenn sie lächelnd in der Gegend herumläuft oder wenn du schon von Weitem an ihren Luftsprüngen siehst, dass sie sich freut? Selbst in der harmonischsten Ehe gibt es auch ernste Tage oder Streit. Aber deswegen führt man noch lange keine unglückliche Ehe! War das bei deinen Eltern anders? Oder wie war es 1944 zwischen dir und Nadja? Hat sie nie geweint, sondern immer nur zufrieden gelächelt? Hattet ihr nie eine kleine Meinungsverschiedenheit oder Momente in denen sie oder du traurig wart? Und wenn du sie genau in einem dieser Augenblicke beobachtest, willst du dann zweifelsfrei entscheiden, ob ihre Ehe glücklich oder unglücklich ist? Das traust du dir zu?"

Olaf saß wie ein geprügelter Hund vor dem abgeräumten Schachbrett. Die Argumente des Pfarrers machten ihn im ersten Moment stumm. Aber dann regte sich langsam so etwas wie Trotz und Auflehnung in ihm.

„Dauerhaftes Glück oder Unglück meißeln sich deutlich in unser Äußeres", sagte er wie jemand, der sich dazu entschlossen hat mit dem Kopf gegen eine Mauer zu laufen. „Das sind keine kurzen Momentaufnahmen. Das Leben zeichnet, es prägt und gräbt uns die Erlebnisse seiner Tage, Nächte und Jahre mitten ins Gesicht. So wie es Lachfalten gibt, so gibt es auch Kummerfalten, ja der ganze Körper eines Menschen, seine Haltung, die Stimme, sein Gang, verraten etwas über seine Vergangenheit und seine Gegenwart."

„Stimmt, da gebe ich dir vollkommen Recht", sagte Tadeusz und verschränkte die Arme über der Brust. Es wirkte wie ein Schlussstrich unter ein Thema, das er ein für allemal beenden wollte. „Aber Nadja ist erst seit drei Jahren verheiratet. Vorher hat sie sich sechs Jahre nach dir verzehrt und gesorgt. Erkennst du auch, welche Sorgenfalten aus dieser Zeit sind und welche von der eventuell unglücklichen Ehe mit Jan stammen? Wenn du das wirklich kannst, dann musst du mir bitte erklären, wie du das machst. Ich lerne auch in meinem Alter immer gerne etwas dazu." Er schob seinen Kopf angriffslustig nach vorne, bis in den Lichtkegel der Deckenlampe. Sein Gesicht wirkte durch das Licht das von oben wie Milch über seine tiefen Falten und Kanten rann, hart und wie in Stein gemeißelt. „Nadja ist erst sechsundzwanzig", fuhr er fort. „Viel wirst du da kaum erkennen können. Nicht einmal mit einer Lupe. Ihr Gesicht ist schöner als meines. Und ebenmäßiger. Fast so wie vor Jahren. Aber sie ist wesentlich ernster, erwachsener geworden. Sie hat eine Verantwortung übernommen. Für ihre Familie und für sich. Und ich behaupte, dass sie deswegen auch nicht mehr den gleichen jugendlichen Gang hat, wie vor acht, neun Jahren. Aber ist das nicht normal? Werden wir mit der Zeit nicht alle reifer, älter?"

„Ich sehe schon, es ist ähnlich wie beim Schach", murmelte Olaf nach einer Pause des Schweigens.

„Am Ende hast du die besseren Antworten. Aber wenn es so ist, wie du sagst, hilft mir nur noch eines: Sie muss es mir selber sagen, dass sie mich nicht mehr

haben will. Du musst ein heimliches Treffen arrangieren."
„Nein! Das ist unmöglich!", fuhr der Pfarrer erschrocken hoch. „Du kannst mich doch nicht dazu einspannen eine Ehe aufs Spiel zu setzen, die ich selber vor drei Jahren geschlossen habe! Außerdem kann es leicht im Gefängnis enden oder in einem Arbeitslager. Es geht nicht nur um dich, sondern auch um Nadja und ihre Familie. Kannst du eine solche Verantwortung für alle Betroffenen übernehmen? Wir haben in Polen ein dichtes Netz von staatstreuen Spitzeln. Die hören manchmal sogar das Gras wachsen, wie ihr Deutsche das in einer Redensart so sagt. Außerdem, weißt du wie Jans Familie reagiert, wenn Nadja sich für dich entscheiden würde? Ich kann dir nur eines sagen: Jan wird niemals freiwillig auf Nadja verzichten. Reden müssten die beiden auf jeden Fall miteinander. Damit würde es keine einsame Entscheidung mehr in dieser Sache geben. Und wenn sie bei ihrer Familie bleiben möchte, geht es dir kaum besser, das kannst du mir glauben."

Olaf saß mit versteinerter Miene da und starrte auf die unbeweglichen Zeiger der alten Standuhr hinter Tadeusz. Sie tickte nicht mehr. Es war, als wäre die Zeit stehen geblieben.

„Du kannst dich beruhigen", sagte er nach einer halben Ewigkeit. „Du hast mich überzeugt. Ich werde Nadja nicht wieder sehen. Ab heute Nacht beginne ich damit, sie zu vergessen. Vielleicht gibt es irgendwann und irgendwo doch noch ein neues Leben für mich. Ohne sie. Auch wenn ich mir das im Moment nicht vorstellen kann. Es wird Zeit, dass ich nur noch nach vorne schaue, wie du sagst. Ich hoffe, du bist mit meiner Entscheidung zufrieden. Die Suche nach meinen Eltern und die Beantwortung der verbliebenen Fragezeichen auf meiner Vermisstenliste soll mein letzter Blick in die Vergangenheit werden."
Der nächste Tag begann mit viel Sonne am Himmel und

tiefschwarzen Wolken in Olafs Herzen. Daran konnte selbst das strahlende Lächeln von Katjuscha nichts ändern.

„Eine wunderschäne gutte Morgen", flötete sie ihm gutgelaunt entgegen, als er gegen halb zehn aus dem Bett kroch und im Schlafanzug in die Küche schlurfte. „Hochwürden unterwegs mit Namenliste. Soll ich normale Frühstück machen mit schwarze Täh, Eier, Wurst, Käse und Tomate oder ganz kleine mit selbstgemachte Marmelade, Honig und Täh?"

Bei der Vorstellung an Essen wurde ihm fast schlecht. „Nur Tee, Katjuscha", sagte er. „Das reicht."

„Nur Täh? Das Beleidigung für mein Küche!", sagte sie heftig und stemmte die Hände in die Hüften. „Katjuschas Frühstück berühmt, weite und breite!"

„Das glaube ich dir sofort", sagte er und bemühte sich um ein verbindliches Lächeln. „Aber ich habe gestern Abend ein bisschen viel getrunken. Ich habe Kopfschmerzen und besonders gut fühle ich mich auch nicht."

„Dann du sauer Hering essen!", rief sie eifrig. „Ich kalte Umschlag mit Essig machen für Kopf. Und viel trinken. Meine Täh wecken Tote aus Grab."

„Genau, Katjuscha. Viel Tee. Sonst nichts."

Sie wandte sich enttäuscht ab. „Alles in beste Ordnung. Wenn du mir nicht vertrauen, was gutt für dich, dann eben nur Täh. Bitterschän."

Er setzte sich an den Tisch und blinzelte lichtscheu aus dem kleinen Fenster der Küche.

Der Kirchturm war nur fünfzig Meter entfernt. Es war inzwischen fast dreiviertel Zehn. Katjuscha kam nach ein paar Minuten mit einer Kanne Tee an den Tisch und stellte sie geräuschvoll vor ihm ab. Er schreckte aus seinen trüben Gedanken hoch.

„Nur ganz viele Täh", sagte sie noch immer beleidigt. „Keine sonst was. Alles in beste Ordnung." Sie setzte sich gegenüber auf einen Stuhl und schenkte ihm ein. Ihre schwarzen Augen suchten seinen Blick.

„Mite Milch und Zucker?“, fragte sie. Er schüttelte den Kopf. „Nur schwarz, wie deine wunderschönen Augen.“

Es war, als hätte man eine Lampe in ihr angeknipst. „Katjuscha wirklich wunderschäne Auge?“, wollte sie wissen.

Er nahm erst einmal einen Schluck Tee, in dem der Löffel fast stecken blieb, bevor er leichtsinnig antwortete: „Mindestens die zweitschönsten, die ich bisher gesehen habe. Ganz ehrlich.“

Ihr strahlendes Lächeln wurde sofort von einer Schmollmiene abgelöst. „Nur zweitschänste? Wer noch schäner Auge?“

„Nadja, die Frau von Jan Kasperczak.“

„Ja, das vielleicht so“, seufzte sie. „Ich kennen Nadja und ihre Mann. Nadja bestimmt schänste Frau weite und breite. Sie noch jung aber immer traurig schauen. Kommt manchmal in Kirche und bäten und weinen.“

Die letzten zwei Sätze elektrisierten Olaf sofort. Er stellte seine fast volle Tasse so heftig ab, dass etwas heißer Tee über seine Hand schwappte. Aber er merkte es kaum. „Glaubst du, dass sie unglücklich ist?“

Sie sah ihn verstört an und zuckte nur mit den Schultern. „Ich nicht weiß. Hochwürden schimpfen immer: Katjuscha, du dich kümmern um eigene Sachen, Nase nicht soviel unter Bettdecke von andere Menschen stecken.“

„Weißt du wo Jan Kasperczak und Nadja wohnen?“

„Du nur in ihre Auge schauen wollen“, meinte sie beleidigt. „Männer immer nur an eines denken, sagen mein ältere Schwester. Nadja verheiratet Frau und Mutter. Nix gutt, wenn du zu ihr gähen. Das nur grosse Unglück bringt.“

„Katjuscha, ich möchte doch nur wissen ob es ihr gut

geht“, sagte Olaf und sein Herz begann heftiger zu schlagen. „Ich kenne Nadja von früher, schon seit 1943. Sie hat manchmal bei meiner Familie auf dem Gut gearbeitet. Es dauert auch nicht lange. Bestimmt.“

Sie schüttelte heftig den Kopf. „Njet. Hochwürden sagen zu mir, du hier bleiben. Nicht an Fenster und nicht auf Straße. Viel zu gefährlich.“

Olaf setzte jetzt alles auf eine Karte. „Gut, wenn du mir nicht sagen willst, wo sie wohnt, dann gehe ich aus dem Haus und frage jeden, den ich auf der Straße treffe nach ihrer Adresse. Du lässt mir leider keine andere Möglichkeit.“

„Du vollkommen verrückt!“, rief sie erschrocken und wechselte abrupt die Gesichtsfarbe. „Ich nicht verraten darf wo Nadja wohnen. Hochwürden mir streng verboten.“ Sie lief in der Küche herum wie eine eingesperrte Raubkatze.

„Er muss es ja nicht erfahren, Katjuscha“, sagte er einschmeichelnd. Es war, als ob er unsichtbare Schlingen auslegen würde. Sie sah ihn mit großen, unschlüssigen Augen an. Er wusste, dass es unverantwortlich war, was er von ihr verlangte. Aber er konnte nicht anders, es war wie ein Zwang, wie ein ferngesteuerter Befehl.

„Ich schaue inzwischen dank deiner guten Pflege und Nähkünste auch nicht mehr aus wie ein Landstreicher“, fuhr er fort. „Wenn ich mich aus dem Hinterausgang in die Kirche schleiche und von da zu ihrem Haus gehe, wird kein Mensch Verdacht schöpfen, dass ich ein geflohener deutscher Kriegsgefangener bin. Jeder wird denken, dass ich irgendein ganz normaler polnischer Bürger bin. Ich werde Nadja auch nicht ansprechen, ich will sie nur sehen, ohne dass sie es merkt. Sonst nichts. Weißt du wann Tadeusz wieder zurückkommt?“

„Vor Abendandacht will wieder hier sein.“ Sie lief zu einer

Anrichte, griff nach einem kleinen Marienbild und bekreuzigte sich. „Du versprechen bei heilige Mutter Gottes, dass in eine Stunde wieder hier", sagte sie feierlich. „Dann ich nichts gesähen und von nichts wissen."

Er versprach es ihr sofort. In diesem Augenblick hätte er ihr ohne mit der Wimper zu zucken, alles versprochen. Sie wusste es, als sie ihm ins Gesicht sah.

Der Weg, den sie ihm erklärte war einfach und gut zu merken. Aber er spürte, wie schwer es ihr fiel, das strenge Verbot des Pfarrers zu brechen. Ihre Lippen zitterten, in ihren Augen erkannte er Angst. Er umarmte sie spontan, sie begann zu weinen.

„Du bist ein wunderbarer Mensch", sagte er. „Ich glaube, Tadeusz weiß gar nicht was für einen Engel er in seinem Haus hat."

Sie schlang ihre Arme blitzschnell um seinen Nacken und küsste ihn auf den Mund. Das Marienbild fiel scheppernd auf den Boden und zerbrach.

Das kleine Haus in der Mitte eines großen Gartens mit Obstbäumen und Gemüsebeeten, sah von Weitem aus, als wäre es aus einem Märchen der Gebrüder Grimm hierher gestreut worden. Es lag etwas abseits vom Dorfrand. Hinter dem Haus begann sich die Heide auszudehnen und von der Westseite her war ein lichter Jungwald aus Birken und Föhren bis auf zwei, dreihundert Meter an das Grundstück herangewachsen.

Olaf ging in gemächlichem Tempo näher. Ein paar Kinder spielten auf einer Wiese neben ihm Fußball. Er winkte ihnen zu, sie grüßten, er ging weiter. Etwa zwanzig Meter vor dem Haus stand eine mächtige Trauerweide. Ihre im Wind pendelnden Zweige reichten fast bis auf den Boden.

Er sah sich um. Die Kinder waren mindestens zweihundert Meter entfernt und nur mit ihrem Spiel beschäftigt, auf der kleinen Straße war kein Mensch zu sehen. Vorsichtig teilte er den wogenden Vorhang und stellte sich in den schwarzen Schatten des Baums. Von außen war er vollkommen unsichtbar. Sein Standort war ideal. Von hier aus konnte er einen Blick auf die Terrasse und einen Teil des Gartens werfen.

Das ganze Haus schien in der Mittagssonne zu schlafen. Er stand schon seit gut zwanzig Minuten fast regungslos unter dem Baum, ohne das sich etwas tat. Als er tief enttäuscht schon daran dachte, wieder ins Pfarrhaus zurück zu gehen, trat plötzlich eine blonde, etwas mollige Frau auf die Terrasse. Hinter ihr lief ein kleines Mädchen in den Garten und dann ... und dann wurde ihm fast schwarz vor Augen. Da stand sie plötzlich, wie hingemalt im lichten Schatten eines Apfelbaums und sah ihrer, seiner Tochter, hinterher. Ihre Gestalt war schlank und jugendlich, so wie er sie in seiner Erinnerung aufbewahrt hatte, und die dunkelbraunen Haare reichten bis auf die Mitte des Rückens hinunter. Seine Blicke saugten sich an ihr fest. Sie war genauso schön wie vor neun Jahren. Tadeusz hatte recht: in ihrem schmalen ebenmäßigen Gesicht waren zumindest von seinem Standort aus, keine Lebenslinien, keine Sorgen- oder Lachfalten zu entdecken. Das Herz schlug ihm bis zum Hals, Tränen, die er nicht zurück halten konnte flossen über sein Gesicht. Jetzt drehte sie sich um. Ein mittelgroßer Mann mit hellbraun gelockten Haaren kam aus dem Haus und umschlang sie von hinten mit seinen Armen. Sie bog sich zu ihm zurück und erwiderte seine Zärtlichkeiten. Es war, als würde er in einen tiefen, bodenlosen Schacht fallen.

Er taumelte, hielt sich am rauen Stamm der Weide fest. Ein einziges Wort drängte, nein brach elementar aus ihm heraus. Es war ein Schrei, in dem seine ganze Verzweiflung, seine zerstörte Hoffnung, das Ende seines bisherigen Lebens lag: „Nein!"

Er wankte aus seinem Versteck auf die Straße hinaus. Sie sahen erschrocken hinter ihm her.

Mit weit ausgreifenden Schritten eilte er zum Dorf zurück. Nur weg, schnell weg. Zehn Minuten später hatte er die Kirche erreicht und stolperte wie besinnungslos durch die Sakristei und den anschließenden Garten ins Pfarrhaus zurück.

Katjuscha öffnete ihm schon von Weitem die Tür und er fiel ihr, wie ein Schlosshund heulend, in die Arme. „Auge nicht mehr schän?", fragte sie naiv und drückte ihn fest an sich.

„Augen und Herz für immer tot", murmelte er und ließ es sich widerstandslos gefallen, dass sie ihn in ihre Kammer zog und sich wortlos vor ihm entkleidete.

„Der Nächste, von dem ich etwas erfahren habe", sagte der Pfarrer beim Abendessen und strich einen weiteren Namen von der Liste, die neben ihm auf dem Tisch lag.

„Ich war in Suwalki. Der Geiger und Lehrer Jaroslaw Wizorkovsky ist vor ein paar Monaten gestorben. An Herzversagen, wie mir ein ehemaliger Kollege von ihm mitgeteilt hat. Hallo! Aufwachen! Hörst du mir überhaupt zu?" Olaf zuckte erschrocken zusammen. „Was hast du gesagt? Wer ist in Suwalki gestorben?"

„Jaroslaw Wizorkovsky, der Geige spielende Lehrer, der euch seit Jahren immer wieder bei der Ernte geholfen hat, wie du mir erzählt hast. Was ist eigentlich los mit dir? Du wirkst so zerstreut. Hat dich Katjuscha während meiner Abwesenheit so verwirrt?"

Er grinste von einem Ohr zum anderen.

Olaf schüttelte unwillig den Kopf und schob seinen Teller beiseite. Er hatte die Bratkartoffeln und die Makrele darauf kaum angerührt. „Entschuldige bitte“, sagte er so leise, dass der Mann Gottes fast nichts verstand. „Ich bin heute mit meinen Gedanken etwas weit weg.“

„Gibt es dafür einen bestimmten Grund?“ Der Pfarrer sah statt auf Olaf zu seiner jungen Haushälterin, die sofort rot wurde.

„Dann wirst du heute Abend kaum in der Lage sein, erfolgreich Revanche für die gestrigen Schachniederlagen zu nehmen. Vielleicht können Katjuscha und ich dich mit einem lustigen polnischen Würfel- und Kartenspiel etwas aufmuntern? Es heißt „Das verschwundene Dorf“ und ist ganz leicht zu erlernen.“

„Gut, spielen wir Karten“, antwortete Olaf und es war ihm deutlich anzusehen, dass er eigentlich keine Lust dazu hatte. „Aber Jaroslaw wird das nicht wieder lebendig machen und alle anderen vermutlich auch nicht.“

Tadeusz nickte Katjuscha zu, sie verstand sofort und verschwand in der Küche. Kurz darauf kam sie mit einer großen Steinflasche in der Hand wieder zurück.

„Wenn diese ostpreußische Bärenfang mitspielen, wird Laune bestimmt schnell wieder besser“, sagte sie und hielt die Flasche wie eine Trophäe in die Höhe. „Schnaps beste Medizin gegen traurige Säle.“

Sie drückte dem Pfarrer die Flasche in die Hand, räumte den Tisch ab und dann spielten und tranken sie bis tief in die Nacht. „Das verschwundene Dorf“ war ein lustiges Spiel, bei dem man die, nacheinander wegen verschiedener Torheiten oder Unglücke, weg gewürfelten Dorfbewohner wieder finden und zum Dorf zurückführen musste. Aber trotz Bärenfang und der Mühe, die sich Tadeusz und Katjuscha um ihn machten, blieben seine Gedanken düster und schwer.

Katjuscha ließ ihn am nächsten Morgen bis neun Uhr schlafen, bevor sie ihn weckte. „Aufstähen, Murmeltier!

Schon helle, sonnige Tag. Frühestück fast fertig und Hochwürden bald aus Kirche zurück."

Sie setzte sich neben ihn aufs Bett. „Nadja verheiratet Frau mit kleine Kind, ich lädig und kein Familie", sagte sie. „Ich viel herzenklopfen wegen dir." Sie strahlte mit der durchs Fenster scheinenden Sonne um die Wette. Im ersten Moment wusste er gar nicht, was er zu dieser offenen Liebeserklärung sagen sollte. Er mochte die geradlinige junge Frau. Aber er war nicht bereit für eine neue Beziehung. Die Erlebnisse, die ihn gestern unter der Trauerweide vor Nadjas Haus tief verletzten, waren noch viel zu frisch.

„Es ist wirklich sehr lieb von dir Katjuscha, dass du mich trösten möchtest", sagte er mit belegter Stimme. „Aber ich bin kein Mann für die Zukunft. Du hast etwas Besseres verdient, als mich. Einen jüngeren, fröhlicheren Mann, mit dem du ein ganz neues Leben beginnen kannst."

Ihre dunklen Augen blitzten ihn wütend an. „Katjuscha keine andere Mann!", sagte sie heftig. „Du die richtige!"

Ein Geräusch an der Haustür verriet, dass der Pfarrer zurückkam. Sie hatte gerade noch Zeit, um unauffällig aus Olafs Zimmer zu huschen. „Du kannst den Frühstückstisch decken, Katjuscha!", rief er schon vom Flur durchs ganze Haus. „Ich muss nur noch ein paar Telefonate erledigen, dann setze ich mich zu euch!"

Sie wartete, bis er im Wohnzimmer zu telefonieren begann und schlich sich dann in die Küche. Mit geübten Händen zauberte sie in wenigen Minuten ein üppiges Frühstück und eine große Kanne Pfefferminztee auf den Tisch. Als Olaf und der Pfarrer kurz darauf fast gleichzeitig in der Küche erschienen, war alles fertig und nichts deutete darauf hin, dass sie ein paar Minuten zuvor Olaf auf seiner Bettkante ihre Zuneigung gestanden hatte. Aber das stille Lächeln unter dem mächtigen Schnurrbart des Geistlichen verriet, dass er mehr wusste, als die beiden ahnten.

„Ich werde wahrscheinlich noch heute Nachmittag etwas über Myskina Kowalski erfahren“, sagte er, noch bevor er ihnen einen guten Morgen wünschte. Er legte eine zusammengefaltete Zeitung neben seinen Teller und setzte sich wie immer an die Stirnseite des großen Tisches. „Sie ist nach einer gescheiterten Ehe mit einem litauischen Arzt wahrscheinlich wieder in Polen gelandet. Wenn das so ist, muss sie gemeldet sein und ich erfahre relativ unkompliziert wo. Aber dieses Verwalterehepaar, dieser Martin Buchwald und seine Frau und der Stallmeister Holger Garbrecht machen mir leider mehr Probleme, als ich dachte. Und dieser englische Pilot! Er ist vermutlich in seine Heimat abgeschoben worden. Wenn er Glück hatte. Über deine Eltern habe ich bisher auch noch nichts herausbekommen. Ein Kollege in Olsztyn hat schon mit den russischen Behörden Kontakt aufgenommen. Aber das kann, wie ich schon gesagt habe, dauern. Die Russen sind leider nicht die Schnellsten.“

Olaf belegte sich gerade ein Brot mit Käse und Tomaten. „Ich bleibe höchstens noch vier Tage“, sagte er, ohne von seinem Teller aufzusehen und handelte sich damit einen erschrockenen Blick von Katjuscha ein. „Ich muss endlich Gewissheit haben, was mit meinen Eltern passiert ist und ob das Gut noch existiert. Dieses wohlbehütete Nichtstun und Warten macht mich krank, es ist ...“

„Ich verstehe dich sehr gut“, unterbrach ihn Tadeusz. Er stand ruckartig auf. Mit hinter dem Rücken verschränkten Händen ging er in der Küche auf und ab. „Aber du darfst jetzt nicht die Geduld verlieren“, sagte er kurz vor dem Geschirrschrank. Er drehte sich wieder um, sein Gesicht war leicht gerötet. „Es ist viel zu riskant auf eigene Faust nach einer Antwort zu suchen. Willst du wieder in Sibirien landen? Heute Nachmittag erfahre ich wahrscheinlich mehr über Myskina Kowalski und auch über das Gut. Thomasz

Mahory, ein Priesterkollege aus Elk, sagte mir vorhin am Telefon, dass es am Haschner See eine Schule gibt, die in deutschen Zeiten einmal ein Schloss war. Ich gehe davon aus, dass es sich um euer ehemaliges Gut handelt. Aber Genaueres erfahre ich erst heute Nachmittag, spätestens morgen früh. Und wenn Gott es so will, sind wir in einer Woche auch gescheiter, was die anderen offenen Fragen betrifft."

„Am Haschner See gab es kein anderes Schloss, als unseres", sagte Olaf mit zitternder Stimme. „Es muss sich um unser ehemaliges Gut handeln. Wenigstens weiß ich jetzt, dass es den Krieg irgendwie überstanden hat. Trotzdem bleibt es bei meiner Entscheidung: In spätestens vier Tagen mache ich mich auf den Weg, wenn ich bis dahin nichts Neues von dir erfahren habe."

Katjuscha hörte den Männern schweigend zu. Und sie wurde immer trauriger dabei. Sie ahnte jetzt, dass sie in Olafs Zukunftsplänen keine große Rolle spielen würde.

Der Pfarrer setzte sich wieder. „Denk lieber noch einmal in Ruhe darüber nach und lass es dir erst einmal schmecken", wich er bewusst einer weiteren Diskussion aus und schenkte allen nach einem kurzen Tischgebet eine Tasse Tee ein. Er wusste, dass es im Moment keinen Sinn machen würde, den enttäuschten Thumeckspross von seinem Vorhaben abzuhalten. Aber vielleicht sah die Welt in drei, vier Tagen schon wieder ganz anders aus. Er hoffte darauf. Und mit ihm seine junge Haushälterin.

Tadeusz und Katjuscha saßen am übernächsten Abend aufgeregt tuschelnd in der Küche zusammen. Olaf schlief bereits. Er hatte sich früher als sonst schlafen gelegt. Kopfschmerzen und eine leichte Übelkeit machten ihm schon seit gestern zu schaffen. Katjuscha hatte ihm noch einen Tee gekocht, den sie aus den Kräutern im Garten zusammenstellte. Sie machte sich große Sorgen um ihn. Weniger was seinen körperlichen Zustand betraf, aber diese Entschlossenheit, mit der er sich in ein paar Tagen in ein Abenteuer stürzen wollte, das kein gutes Ende versprach. Zumindest verhalf ihm ihr Zaubertrank an diesem Abend zu einem tiefen, traumlosen Schlaf.

„Es wäre nicht gut, ihm diese schreckliche Wahrheit zu erzählen“, sagte sie mit Tränen in den Augen. Tadeusz starrte nur stumm in sein Weinglas. „Niemand kann ein solches Leid ertragen“, fuhr sie unbeirrt fort. „Er hat erst vor drei Tagen erfahren, dass er Nadja und seine Tochter für immer verloren hat. Was sollte einen Menschen, der nicht besonders religiös ist, noch auf dieser Welt halten? Die Eltern grausam ermordet, der Bruder auf der Flucht erschossen, Freunde und Verwandte tot, die Heimat und das Zuhause nicht mehr da, kein Geld, keine Arbeit und als entflohener Kriegsgefangener noch immer in höchster Gefahr. Ist das noch nicht genug, Hochwürden? Kann er noch mehr verlieren, außer seinem Leben?“

„Habe ich das richtig verstanden?“, fragte der Pfarrer mit erhobener Stimme. „Du hast ihn einfach zu Nadja gehen lassen, während ich weg war? Mindestens hundertmal habe ich dir gesagt, dass du ihm auf keinen Fall verraten darfst, wo sie wohnt?!“

„Ich weiß. Aber was sollte ich tun?“, antwortete sie in weinerlichem Ton. Und wieder quollen ihr die Tränen aus den Augen. „Er wollte einfach auf die Straße gehen und jeden nach Nadja und Jan Kasperczak fragen, wenn ich es ihm nicht sage.“

Tadeusz’ Zorn verrauchte so schnell wie er gekommen war. „Ja, ... das hätte er wahrscheinlich wirklich gemacht“, sagte er nachdenklich. „Wenn er sich etwas in den Kopf gesetzt hat, dann kann ihn anscheinend niemand davon abbringen. Wir beide am allerwenigsten.“

Sie wischte sich die Tränen mit dem Taschentuch aus dem Gesicht, das er ihr reichte.

„Hat er dir was erzählt? Weißt du, ob er mit ihr gesprochen hat?"

„Nein, er hat sie nur beobachtet, von Weitem. Er stürmte vollkommen aufgelöst ins Haus und sagte nur, dass er jetzt weiß, dass es vorbei ist."

„Wenigstens das", meinte der Pfarrer und es war ihm anzusehen, dass er erleichtert über diese Nachricht war.

„Und wie geht es weiter?"

Tadeusz zwirbelte nervös an seinen Bartenden herum. Katjuscha kannte diese Angewohnheit. Sie war immer dann zu sehen, wenn dem Mann Gottes trotz himmlischen Beistands auch nichts Vernünftiges mehr einfiel.

„Wenn wir es ihm nicht sagen, geht er einfach los und wird es wahrscheinlich in der Bierut-Schule erfahren", sagte er nach einer Weile. „Wenn er überhaupt so weit kommt. Die ehemalige Verwalterfrau, Erika Buchwald, arbeitet dort. Von ihr erfuhr ich, dass ihr Mann und der Stallmeister Garbrecht auf der Flucht ums Leben gekommen sind. Soll ich sie anrufen und ihr sagen, dass sie den Mund halten soll, wenn er bei ihr aufkreuzt? Seine Eltern sind hinter dem Schloss vergraben worden. Er wird die Gräber dort finden, so oder so. Egal wie man es dreht und wendet: alles was wir machen können ist falsch."

„Warum bürdet uns der himmlische Vater solche Lasten auf, Hochwürden? Wir wollen doch nur helfen."

„Gottes Wege sind nicht immer mit unseren weltlichen Maßstäben und Sichtweisen zu erklären", murmelte Tadeusz. Und es war ihm anzusehen, dass ihm nicht besonders wohl war bei dieser Antwort. „Vielleicht sollten wir ihn einfach wegsperren? So lange, bis uns eine Lösung eingefallen ist. Dann kann er zumindest keine Dummheiten machen." Der Pfarrer sah seine Hausperle ungläubig an. „Ich dachte bisher immer, dass du ihn magst? Er hat gerade eine jahrelange brutale Gefangenschaft hinter sich und wird noch Jahre brauchen um diesen Albtraum zu vergessen. Und dann willst du ihn ein paar Wochen nach seiner wiedergewonnen Freiheit erneut einsperren? Was schlägst du vor, wie sollen wir es machen? Mit oder ohne Ketten? In unserem Keller oder geknebelt auf dem Kirchturm?"

Sie wechselte schlagartig die Gesichtsfarbe und meinte kleinlaut: „Ja, Sie haben recht Hochwürden, es war dumm von mir so was zu sagen. Die Zunge war wieder einmal viel zu schnell für Katjuschas Verstand."

„Das würde ich auch so sehen", sagte er streng. „Du wolltest, dass er dir nicht wegläuft und dass ihm nichts passiert. Ich kann das schon verstehen, auch wenn ich solche Dinge wie Leidenschaft als Diener Gottes nie kennengelernt habe. Zumindest nicht in der Beziehung zu einem Menschen. Aber eines weiß ich trotzdem: so geht es ganz bestimmt nicht."

Sie saß da wie ein geprügelter Hund. „Dann werden wir ihm nichts sagen?", meinte sie mit gesenktem Kopf.

„Ich glaube, dass es das Beste ist, wenn wir alles in Gottes Hände legen", antwortete er und widmete sich wieder seinen Bartenden. „Um solche Fragen zu beantworten, sind wir Menschen einfach nicht geschaffen worden. Aber dann müssen wir die Antwort des Herrn auch akzeptieren, egal ob wir sie verstehen oder nicht."

Sie nickte nur und brach in den nächsten Weinkrampf aus. Tadeusz sah sie hilflos an und richtete ein stilles Gebet zum Himmel.

Am nächsten Tag erzählte er Olaf nur, was er über Myskina, den Gutsverwalter Buchwald und Holger Garbrecht erfahren hatte. Die schreckliche Nachricht über den Tod seiner Eltern überließ er „Gott". Katjuscha war ihm dankbar dafür.

„Myskina Kowalski heißt nach ihrer Heirat mit einem litauischen Arzt jetzt Dovydenas,“ sagte er beim Frühstück und vermied es, Olaf direkt anzusehen. Stattdessen tat er so, als würde er sich in die „Gazeta Olsztynska“ vergraben. „Sie trennte sich von ihrem Mann und lebt jetzt bei ihrer Familie in Bakalarzewo.

Euer früherer Stallmeister, dieser ..., wie hieß er gleich?“ Er stockte und fingerte seinen Zettel aus der Brusttasche des Hemds hervor.

„Garbrecht.“

„Garbrecht, genau ... und der Verwalter Martin Buchwald kamen 1945 auf der Flucht ums Leben. Sie wurden irgendwo bei Malga neben der Landstraße verscharrt. Mehr weiß ich derzeit auch nicht. Aber ich denke für eine knappe Woche ist das gar nicht so schlecht.“ Er duckte sich noch tiefer hinter die Zeitung, nur sein grauer Haarschopf lugte noch über die aufgeschlagenen Seiten.

„Du hast tatsächlich schon viel erfahren. Deine Verbindungen müssen wirklich sehr gut sein“, meinte Olaf anerkennend. „Aber kann es sein, dass du über die Toten wesentlich mehr weißt, als über die Lebenden?“

Hinter der Zeitung gab es keine Regung. Katjuscha legte ihm ein Brötchen mit Brombeermarmelade auf den Teller und sagte im Tonfall einer besorgten Mutter: „Du noch immer viel zu dünn. Ich versprochen, in zwei Woche du stattliche Mann.“

„Sie hat recht“, meldete sich Tadeusz wieder zu Wort. Er war froh darüber, dass das Gespräch in eine andere Richtung gelenkt wurde. „Du siehst wirklich noch sehr mager aus. Iss, damit wenigstens ein paar Knochen aus deiner Gestalt verschwinden, wie meine Hausperle so treffend sagt.“

Katjuscha schob prompt das nächste Brötchen nach. „Ihr müsst mich nicht mästen. Ich bin euch auch so sehr dankbar für das, was ihr für mich getan habt. Aber ich bleibe bei meinem Entschluss." Er schob den Teller wieder in die Tischmitte zurück. „Wenn ich bis morgen nichts über meine Eltern erfahre, gehe ich selber zum Haschner See." Das Gesicht des Pfarrers wurde ernst, er legte die Zeitung beiseite. „Du weißt, dass Katjuscha und ich nicht viel davon halten. Du kannst mit ihr und meiner Hilfe ein neues Leben beginnen, wenn du es nur willst. Ich könnte dir vielleicht schon in ein paar Wochen neue Papiere besorgen und dann ..."

„Dann bin ich genau so schlau wie jetzt", funkte Olaf dazwischen.

„Vielleicht ist es gar nicht gut in der Vergangenheit herumzustochern. Was ist, wenn deine Eltern tot sind? Hast du noch nie an diese Möglichkeit gedacht?"

Olaf sah ihn unverwandt an. „Doch, daran habe ich auch schon gedacht. Ich wäre ein Narr, wenn ich glauben würde, dass nach diesem Krieg alles noch so ist wie ich es gerne hätte. Aber dann ist zumindest diese quälende Ungewissheit vorbei und ich weiß, was ich zu tun habe."

Katjuscha hatte bei den letzten Sätzen kein Auge mehr von ihm gelassen. Jetzt verlor sie endgültig die Beherrschung und rannte so schnell sie konnte aus der Küche.

Es war fast Mittag geworden, als Olaf in sein Zimmer ging und damit begann, seinen Rucksack zu packen. Tadeusz stand daneben und erklärte ihm umständlich, welchen Bus er nehmen sollte. Gerade als er dabei war die Stationen zu notieren, platzte Katjuscha herein.

„Nix aufschreiben!", rief sie. „Ich bringe zu Bus, kaufe Fahrschein und fahren mit. Dann ich wieder zurück."

„Ich glaube, das ist keine besonders gute Idee", protestierte der Pfarrer.

„Nur so gäht", meinte sie, nahm den Zettel an sich und

zerriss ihn resolut in kleine Fetzen. „Lieber Gott, was soll ich nur gegen zwei Verrückte tun“, lamentierte Tadeusz und reckte die Arme hilfesuchend nach oben. „Aber dann trefft ihr euch bitte erst an der Haltestelle. Es darf euch niemand gemeinsam aus dem Haus kommen sehen. Ich erkläre dir noch wie du dahin kommst. Es ist nicht weit. Höchstens zehn Minuten von hier.“

„Nein, das sollten wir nicht so machen“, sagte Olaf. „Katjuscha bringt euch beide nur unnötig in Gefahr. Wenn ihr mir sagt, wo ich ein und aussteigen muss, genügt das vollkommen. Ich schreibe mir alles auf. Und dass ich etwas, auch wenn es polnisch ist, von einem Stück Papier ablesen kann, könnt ihr mir ruhig zutrauen.“ Er suchte nach einem neuen Blatt Papier.

„Du auch polnische Ortename akzentfrei sprechen?“, fuhr sie ihn heftig an. „So, dass keine polnische Mensch merkt, dass du deutsche Mann? Viele Leute da aussteigen wo kein offizielle Haltestelle. Sie nur sagen zu Fahrer: Chef, bitte anhalten, ich jetzt aussteigen muss. Polen ist nix deutsche Gründlichkeit. Alles gäht ... wie heißt? .... nach menschliche ... nach ...

„Menschlichen Bedürfnissen“, half Tadeusz nach.

„Genau. Schwierige Wort. Und das oft nicht wie Fahrplan.“

„Sie hat nicht ganz unrecht“, sagte der Pfarrer nachdenklich geworden. „Es wäre vielleicht doch ganz gut, wenn sie mitfährt und für dich den Fahrschein löst.“

„Auch wenn ihn auf der Fahrt jemand anspricht,“ wandte sich Katjuscha jetzt in Polnisch wieder an den Pfarrer. „Soll er dann einen Taubstummen spielen? Denken Sie nur an Gdansk, vor zwei Tagen, Hochwürden.“

„Ja, ich erinnere mich. Ich habe es gelesen. Das wäre eine Katastrophe.“

„Darf ich auch an euerer Unterhaltung teilnehmen?“, fragte

Olaf, der von ihrem Wortwechsel so gut wie nichts verstanden hatte.

„Selbstverständlich. Katjuscha meint, dass sie unbedingt mitfahren sollte bis du aussteigst. Das ist sicherer, als wenn du alleine fährst. Wenn dich ein Mitreisender anspricht, kannst du nicht antworten und machst dich damit automatisch verdächtig. Katjuscha könnte eine solche Situation verhindern oder zumindest so hinbiegen, dass du keine Schwierigkeiten bekommst. Vorgestern wurde schon wieder ein sogenannter ‚Spion' in Gdansk verhaftet. Es war ein Tourist aus Ostdeutschland, der nur seine Verwandten besuchen wollte. Die Miliz spielt im Augenblick ein bisschen verrückt. Wahrscheinlich haben die Russen schärfere Kontrollen angefordert."

„Immer wieder die verdammten Russen, die einem das Leben schwermachen", fluchte Olaf. „Langsam gewinne ich den Eindruck, dass alles was mit Zwang, Tod und Unterdrückung zu tun hat, aus Russland kommt."

Tadeusz zuckte mit den Schultern. „Es gibt Tage, da glaube ich das auch", sagte er und stand auf. Auch Olaf erhob sich von seinem Stuhl. Der Pfarrer ging mit ausgebreiteten Armen auf ihn zu. Sie umarmten sich wie alte Freunde. Der Moment des Abschieds war gekommen. Er war kurz und stumm, aber herzlich und vertraut.

Tadeusz winkte ihm aus dem mit Rosen umrahmten Wohnzimmerfenster noch zu, als er über den Kiesweg des Gartens ging und dann in der Kirche verschwand. Als er kurz darauf von einem Nebenausgang den Marktplatz betrat, versteckte sich die Sonne wieder zwischen den Wolkenfetzen am Himmel. Es war schwül und heiß und die meisten Bewohner Karklinys vermieden es in der Mittagshitze auf die Straße zu gehen.

Olaf schlug ein rasches Tempo an. Eine enge Gasse verschluckte ihn geräuschlos in ihren schwarzgrauen Schatten und führte ihn schon nach fünf Minuten an den Ortsrand hinaus. Von da aus waren es nur noch hundert Meter zur Bushaltestelle. Es saßen bereits zwei ältere Frauen auf der Bank vor dem weißroten Stationsschild. Ihre Köpfe waren trotz der Hitze in bunte Tücher gehüllt, sie schnatterten angeregt miteinander. Er stellte sich in einiger Entfernung unter einen Baum und sah die Straße hinunter. Von Katjuscha war nichts zu sehen. Hatte es doch noch ein Problem gegeben?

Plötzlich schnaufte und schepperte ein altertümlicher Bus um die Ruine eines Fabrikgebäudes. Als er durch die Kurve vor der Haltestelle kroch, sah Olaf, dass hinter ihm Katjuscha mit einer Ledertasche in den Händen den Weg abkürzte. Erst als der Bus anhielt und sich die Flügeltüren quietschend öffneten, erreichte sie ihn. Sie war ganz außer Atem. „Noch Essen für uns gemacht“, keuchte sie, als sie seinen vorwurfsvollen Blick sah. „Und zu trinken. Heute sehr heiß.“

Er nahm ihr die Tasche ab, sie löste die Fahrscheine. Der Bus war gut besetzt, sogar ein paar Hühner und zwei Gänse durften die Fahrt in einem aus Weidengeflecht angefertigten Käfig mitmachen. Vermutlich ihre erste und zugleich letzte Reise. Sie setzten sich ganz nach hinten, wo noch mehrere Plätze frei waren.

„Nur leise sprechen“, flüsterte Katjuscha und wies mit dem Kopf auf die übernächste Sitzreihe, wo die ersten belegten Plätze begannen. Dann drückte sie ihm einen Kuss auf die Wange. „Alle mussen denken, dass wir Liebespaar“, sagte sie und lächelte ihn an. Trotzdem sah er die Angst und Traurigkeit in ihren Augen.

Der Fahrer schloss die Türen und der Bus ruckte an. Schon nach ein paar hundert Metern verließen sie den licht bebauten Ortsrand und tauchten ein in eine sanfte Hügellandschaft, die langsam an den grau verschmierten

Fenstern vorbeizog. Katjuscha spuckte in ihr Taschentuch und wischte eine kleine Lücke frei. Sie ließ dabei keinen Zentimeter Abstand zwischen sich und Olaf.

Nach einer halben Stunde Fahrt überschritten sie eine nur noch imaginär vorhandene Grenze. Sie kamen nach Ostpreußen. Das Gefühl war unbeschreiblich, als er damit begann, die Landschaften und Orte zu erkennen, sie in seinen Erinnerungen einzuordnen, sie zu atmen, zu fühlen. Er zitterte am ganzen Körper, Tränen stiegen stumm und unaufhaltsam in die Augen und Katjuscha drängte sich noch enger an ihn. Es war, als würde die Welt plötzlich ganz anders aussehen. Vertrauter, schmerzhafter, schöner.

In der Ortsmitte von Wronki stiegen sie aus. Der Bus fuhr in einer Schleife vorbei, der Fahrer winkte ihnen aus dem offenen Fenster zu.

Als sich die schwarze Dieselwolke hinter dem brummenden Gefährt verflüchtigt hatte, nahm Olaf Katjuschas Ledertasche auf und sah sich um. Das Gefühl der Vertrautheit war rasch verflogen. Hier waren, wesentlich deutlicher als in Karkliny, die Wunden des Krieges noch nicht verheilt. In stiller Übereinkunft gingen sie aus dem menschenleer wirkenden Dorf hinaus bis zu einer nahe gelegenen Wiese, die mit ihren hellgrünen Fingern in ein Kiefernwäldchen griff. Die Blumenteppiche, das duftende Gras, das Summen der Bienen und Käfer und die im Nektarrausch taumelnden Schmetterlinge verwandelten die Tristesse des hinter ihnen liegenden Dorfes in wenigen Augenblicken in eine kleine bunte Welt.

Katjuscha breitete im Schatten eines großen Baums ein Tischtuch über das Gras, stellte zwei Keramikbecher darauf und legte die in Papier eingewickelten Brote daneben. Dann füllte sie die Becher bis obenhin mit selbst gemachtem Heidelbeerwein. „Auf ewige Friede und ... und uns“, flüsterte sie mit Tränen in den Augen, stieß seinen

Becher vorsichtig an und sagte dazu: „klirr“. Sie trank den schweren, aromatischen Wein in einem Zug aus. „Ich noch ein Flasche mitgenommen“, meinte sie und rang sich ein Lächeln ab.

Es wurde ein merkwürdig stilles und trauriges Picknick auf der Wiese gleich hinter dem kleinen Ort Wronki. Sie wussten beide, dass es ein Abschied für immer war.

Als er sich am frühen Nachmittag leicht beschwipst auf den Weg machte, stand sie mit ihrer leeren Ledertasche unter dem Arm an der Bushaltestelle nach Karkliny und studierte den Fahrplan. Er winkte ihr von Weitem zu. Doch sie sah nicht mehr, wie ihn der Wald endgültig verschluckte.

Kurz vor Klein Rogonnen trat er aus dem Schatten der Bäume, die Sonne lag hell und warm über den Feldern und Wiesen. Ihre Ränder schienen direkt in den Himmel zu wachsen. Doch schon nach zweihundert Metern begann sich das Gelände abrupt zu senken. Er blieb stehen und sah auf das Dorf hinunter. Von Weitem sah alles noch genauso aus, wie er es in Erinnerung hatte. Nur am Ortsrand schienen ein paar neue Gebäude entstanden zu sein. Seine Blicke wanderten weiter zum See. Wie geschmolzenes Silber erstreckte er sich zwischen den Wäldern und den endlosen Wiesen. Und dann fiel sein Blick auf das Schloss kurz oberhalb des Ufers zwischen Borken und Rogonnen. Die Sehnsucht drückte ihm das Herz ab. Das Gut, sein Zuhause und das seiner Familie seit unzähligen Generationen, lag still und unwirklich unter ihm, wie aus seinen Träumen gemalt. Und was er sah, trieb ihm Schauer der Freude über den Rücken. Alles war so, als hätte er es erst gestern zum letzten Mal gesehen, sogar das meterhohe Storchennest auf dem Nordflügel beherbergte nach wie vor ein schwarzweißes Untermieterpaar. Nur der

Pferdestall neben dem Schloss und die Kornfelder waren verschwunden und keine Trakehner, sondern Kühe grasten auf den Weiden, die bis zum See hinunter reichten. Aber das riesige Anwesen leuchtete stolz und nahezu unversehrt zu ihm herauf. Auch das Bootshaus am Seeufer schien noch in einem einigermaßen akzeptablen Zustand zu sein. Sein Herz pochte, als wolle es jeden Moment zerspringen. Langsam ging er näher, immer wieder stehen bleibend, um sich an dem herrlichen Bild von Schloss, See und Landschaft satt zu sehen. Es dauerte fast eine halbe Stunde, bis er endlich vor dem mächtigen Hoftor stand. Erst von hier aus war zu erkennen, was sich alles verändert hatte. „Bierut-Schule", stand auf einem weißen Blechschild mit schwarzen Buchstaben neben dem Tor.

Obwohl er damit gerechnet hatte, dass seinen Eltern das Gut nicht mehr gehörte, machte sich erst jetzt, als er es schwarz auf weiß lesen konnte, eine tiefe Verzweiflung in ihm breit. Der schöne Brunnen im Innenhof waren nicht mehr da, und der Eingang ins Hauptgebäude war seiner verspielten Randsäulen beraubt.

Ein kleiner dicker Mann trat auf den Hof und sah zu ihm herüber. Olaf zog sich sofort unter die Zweige des großen Holunderbusches zurück, der neben dem Tor wuchs und den er schon aus seiner Kindheit kannte. Seine Mutter hatte die schwarzblauen Beeren im Spätsommer regelmäßig geerntet, um Marmelade daraus zu machen. Er liebte den herbsüßen Geruch der Blüten und aus den gerade gewachsenen Trieben ließen sich fantastische Blasrohre machen. Das schaumige Innere des Holzes konnte man kinderleicht herausarbeiten.

Der Mann auf dem Hof stutzte für einen Augenblick, dann eilte er mit großen Schritten zum Südflügel hinüber. Als er darin verschwunden war, löste sich Olaf aus dem Schatten des Holunders und ging in einem engen Bogen um das Schloss herum. Es entstand sofort ein Gefühl der Nähe und Vertrautheit, auch wenn ihm schmerzhaft bewusst wurde, dass er hier nie mehr leben, ja, nicht einmal hier sein durfte.

Der gesamte Gebäudekomplex befand sich in einem guten Zustand. Vorsichtig ging er weiter, den Blick immer auf das Schloss gerichtet. Plötzlich war da ein Geräusch, das er kannte, das ihn seit seiner Kindheit jede Nacht zuverlässig in den Schlaf begleitet hatte. Es war das leise Murmeln des Baches, der sich hinter dem Schloss seinen Weg bis zum See hinunter suchte. Sein Wasser war noch immer so kalt und klar wie früher. Er löschte seinen Durst und kühlte die Hände, Arme und das Gesicht. Die Sonne drang durch das dichte Laubwerk der Bäume und malte ein Mosaik aus Licht und Schatten auf den Boden.

Als er zum Bereich des Südflügel kam, fielen ihm schon von Weitem zwei flache, mit Gras überwachsene Grabhügel und die schlichten Holzkreuze dahinter auf. Sein Puls begann zu rasen, mit weit aufgerissenen Augen rannte er auf die Gräber zu, die sich nur notdürftig zwischen ein paar Jungfichten versteckten und starrte auf die verwitterte Inschrift der Kreuze. Mühsam versuchte er das zu entziffern, was Wind und Regen von den Buchstaben noch übrig gelassen hatten. Unter der Jahreszahl 1944 stand der Text: „Der Herr gebe dir ewigen Frieden“, sonst nichts.

Kein Hinweis darauf, wer in den Gräbern lag. Er richtete sich wieder auf. Eine bohrende Unruhe breitete sich in ihm aus. Wer lag hier begraben? Waren es seine Eltern? Warum standen keine Namen auf den Kreuzen?

Er ging zum See hinunter, überquerte die kleine Holzbrücke und passierte das Bootshaus. Aus unmittelbarer Nähe sah es längst nicht mehr so gut aus wie aus der Entfernung. Fast automatisch zog es ihn weiter zum versteckten Lieblingsplatz von Nadja und ihm. Das leise Rauschen der

Bäume und des Schilfgürtels erinnerten ihn sofort an die Worte, die sie ihm sagte, als sie nach einem langen Erntetag erst in der Nacht wieder zum Schloss hinaufgingen. „Sogar der Wind tuschelt über uns. Er freut sich darüber, dass wir uns lieben."

Wie benommen taumelte er zum Ufer. „Irgendwo da hinten, wo sich das Wasser und der Himmel berühren wartet eine Antwort auf mich", flüsterte er, während seine Hand wie von selbst ihren Namen in den Sand schrieb. Die Gedanken lagen tonnenschwer auf ihm. Als die Sonne langsam unterging, legte er sich nieder und schlief irgendwann wie im Fieber ein.

„Hallo! Was machen Sie hier!?" Olaf zuckte aus einem tiefen Schlummer hoch. Es war früh am Morgen. Die Stimme gehörte zu einer Frau, die ihn in polnischer Sprache angesprochen hatte.

Er richtete sich auf und sah verwirrt in das Gesicht von ... Erika Buchwald! Sie war alt geworden, tiefe Falten zogen sich um ihren Mund und die Stirn. Sekundenlang starrte sie ihn wortlos an, bevor sie, diesmal auf Deutsch, sagte: „Nein, lieber Gott, das kann nicht sein. Oder bist du es doch? Olaf?" Ihre Augen glitten forschend über seinen haarlosen Kopf und die ausgezehrte Gestalt.

Er ging einen Schritt auf sie zu und umarmte sie. „Ja, Erika, ich bin es wirklich. Der da oben hatte also doch noch ein Einsehen mit uns." Er nahm sie an den Schultern und streckte sie auf Armlänge von sich. Wie auf Kommando fingen sie fast gleichzeitig zu Heulen an und fielen sich erneut in die Arme.

„In zehn Minuten muss ich meinen Dienst bei unserem Hausmeister antreten", sagte sie mit aufgeregter Stimme und löste sich aus der Umarmung. „Aber mittags bringe ich dir was zu essen und zu trinken vorbei. Du bestehst ja nur noch aus Haut und Knochen. Um 16.00 Uhr habe ich Feierabend, dann hole ich dich von hier ab und nehme dich mit nach Borken, wo ich seit fünf Jahren wohne. Dort können wir in Ruhe reden! Ich denke, wir haben uns eine ganze Menge zu erzählen. Also, bis später. Und lass dich von niemandem sehen!" Sie wandte sich zum Gehen.

„Erika! Halt! Eine Sekunde noch!", rief er ihr nach. „Wer liegt in den Gräbern hinter dem Schloss?"

Sie zögerte. „Das ist eine längere Geschichte", sagte sie. „Ich erzähle dir alles heute Abend!" Sie winkte ihm, ohne sich noch einmal umzudrehen, zu. Ihre Worte wiederholten sich wie ein Echo in seinen Ohren. Aber sie sorgten für keine Beruhigung.

Er zog sich aus und schwamm zu der kleinen Insel hinüber, die Nadja im September 1944 in der Nacht des Erntefestes für ihr gemeinsames Verschwinden und den Beginn für ein neues Leben auserkoren hatte. Noch immer wurde das kleine Eiland als Brutstätte der seltenen Schwarzstörche genutzt. Aufgeregt klappernd begrüßten ihn zwei auf niedrigen Erlen nistende Paare. Er streckte sich auf einer winzigen Schilflichtung aus und holte noch ein paar Stunden Schlaf nach. Erst als die Kirchturmuhr in Rogonnen ihr Zwölfuhrläuten herüberschickte, wachte er auf. Schlaftrunken sah er zum Ufer des Sees hinüber. Erika war noch nicht da. Mit kräftigen Zügen überwand er die kurze Distanz bis zu den weit herabreichenden Zweigen einer Eiche, wo seine Kleidung in einer Astgabel lag. Kaum hatte er sich angezogen, erschien sie. Mit einer Flasche Bier und einem in Papier eingewickelten Päckchen in den Händen.

„Tut mir leid", sagte sie schon von Weitem. „Aber mehr konnte ich nicht aus der Küche stibitzen. Ich muss auch gleich wieder gehen. Karol ist schon misstrauisch geworden. Anscheinend hat er dich gestern Nachmittag gesehen. Aber wer du wirklich bist, weiß er nicht. Er sprach nur davon, dass irgendein Landstreicher um das Schloss herumstrich. Ich habe ihm gesagt, dass ich dich auch gesehen habe, und dass du noch gestern Abend in Richtung Czerwony weitergegangen bist. Das hat ihn beruhigt."

Er schüttelte den Kopf. „In was für einer Welt leben wir, Erika? In der man sich vor seinem eigenen Zuhause verstecken muss? Haben wir uns dafür jahrelang für unseren einzigartigen Führer abschlachten lassen?"

Sie legte alles auf den Boden, lief spontan auf ihn zu und umarmte ihn heftig. „Lass die trüben Gedanken, Olaf. Das bringt nichts. Ich bin so unendlich froh, dass wenigstens du noch lebst! Um kurz nach vier hole ich dich von hier ab." Und schon war sie wieder verschwunden. Er wickelte das Päckchen nachdenklich aus. „Ich bin so froh, dass wenigstens du noch lebst". Dieser Satz hallte in ihm nach und bestimmte in diesem Moment sein ganzes Denken und Fühlen. Also waren auch seine Eltern tot. Das war zumindest der logische Rückschluss auf ihre Worte.

Achtlos legte er den Marmorkuchen, der sich in dem Papier befunden hatte, beiseite. Er hatte keinen Appetit mehr. Nur die Flasche Bier trank er in ein paar Zügen aus. Zwei neugierige Enten näherten sich vom See her. Zielsicher und ohne Scheu wackelten sie an ihm vorbei und widmeten sich dem verschmähten Kuchen, der unter den Bäumen lag. Er ließ sie gewähren.

Die Zeit bis vier Uhr verging zäh und langsam. Er ging zum Bootshaus hinüber und sah zwischen den Bretterspalten hindurch. Er war nicht leer wie er vermutet hatte, ein Kahn lag auf die Seite gekippt im Halbdunkel. An der gegenüberliegenden Wand hing in einer Halterung ein Mast, der in ein zerschlissenes Segeltuch gewickelt war.

Vorsichtig und sich immer wieder umschauend schlich er zur Tür und schob den eisernen Riegel nach oben.

Sie war nicht verschlossen. Eine düstere stickige Wärme empfing ihn. „Anna“ stand in fast nicht mehr lesbaren Buchstaben auf beiden Bugseiten des Kahns. Anna. Mein Gott, wie lange war das schon her. Sein Vater hatte das hübsche kleine Boot auf den Vornamen der Mutter getauft. Zusammen mit Carsten schob er es im Sommer 1935 nach zwei Jahren Bauzeit ins Wasser. Er erinnerte sich noch, wie stolz sie waren, dass sie dem Vater dabei helfen durften. Und jetzt lag die einstmals vielgeliebte „Anna“ in einem desolaten und traurigen Zustand vor ihm. Die Erinnerungen überwältigten ihn.

Auch die Ruderblätter lagen noch im hinteren Bereich der Hütte. Sie sahen noch ganz brauchbar aus. Für einen Moment durchzuckte ihn die Idee, den Kahn zu wassern und einfach in den See hinaus zu rudern. Aber dann verwarf er diesen Gedanken wieder und verließ das Bootshaus. Eine innere Unruhe trieb ihn weiter hinauf zum Schloss. Viertel nach eins zeigten die Zeiger der Uhr auf dem Türmchen, als plötzlich lautes Kindergeschrei und Lachen aus dem Hof zu ihm drangen. Der Unterricht war zu Ende. Von einem Versteck oberhalb des Bootshauses sah er die Kinder aus dem Hoftor strömen. Hinter ihnen nahmen ein paar Erwachsene mit dem Rad oder zu Fuß den Weg nach Rogonnen. Zehn Minuten später lag wieder jene friedliche Ruhe über dem Anwesen, die ihm so vertraut war. Und mitten in dieser Stille wurde ihm auch die Möglichkeit mit all ihren fatalen Folgen bewusst, dass seine Eltern schon 1944 ums Leben gekommen sein könnten. Kurz nachdem er nach Königsberg zurückgefahren war. Er wusste, dass die Russen nur ein paar Wochen später über die Grenze vorgerückt waren. Wieder ging er von Unruhe und Sorge getrieben zu den beiden Gräbern hinter dem Schloss. Der dichte Laubwald schloss sich um ihn wie eine grüne Kathedrale. Nach wenigen Minuten stand er hinter den Kreuzen, legte sich zwischen die Erdhügel ins Gras und sah dem flirrenden Lichtgefunkel des Blätterdachs über ihm zu. Ein beklemmendes Gefühl presste seinen Brustkorb zusammen. Er kniete sich vor die Kreuze und sprach ein stilles Gebet. Als er sich zum Gehen abwandte, hörte er ein leises, fast unhörbares Jaulen aus dem Keller des Mitteltraktes. Erst dachte er, dass er sich getäuscht hätte, aber dann drang es erneut klagend und tieftraurig an sein Ohr. „Moritz?", schoss es ihm siedendheiß durch den Kopf. Nein, das war kaum möglich. Dann wäre der treue Jagdhund der Familie heute siebzehn, achtzehn Jahre! Ein solches Alter war für einen Hund seiner Rasse unwahrscheinlich. Er nahm sich vor, Erika danach zu fragen. Langsam ging er wieder zum See hinunter. Die Enten hatten inzwischen ganze Arbeit geleistet. Das Paket war zerfetzt und leer, der Kuchen bis auf den letzten Krümel verzehrt. Er setzte sich in den Sand am Ufer und ließ ihn immer wieder durch die Finger seiner beiden Hände rieseln. Die Gedanken trugen ihn weit fort, bis die Rogonner Glocken dreimal über den See hallten. Noch eine Stunde. Die dramatische Rettungsaktion seiner Mutter im Wirtshaus „Zum blauen Karpfen" fiel ihm spontan ein, als sie den Vater vor dem gezückten Messer eines besoffenen Bauern wegriss. Waren sie noch am Leben? Er kühlte sein Gesicht mit dem Wasser des Sees und erschrak, als er sein Spiegelbild, zerbrochen in Hunderte kleiner Wellenscherben, vor sich tanzen sah. Das sollte er sein? Dieser Totenkopf mit den tief eingemeißelten Zügen? Als er an seinen Platz zurück schlich, stand sie plötzlich vor ihm. Erika Buchwald.

„Ist es schon vier?"

Sie schüttelte den Kopf. „Nicht ganz. Erst kurz vor halb. Aber Karel ließ mich heute etwas früher gehen. Ich glaube, er hat ein Rendezvous mit einer Lehrerin aus der dritten Klasse. Da störe ich nur. Komm Wir können los."

„Einen Moment noch“, sagte er und hielt sie am Arm zurück. „Ich glaube, dass ich heute Nachmittag ein leises Jaulen aus dem Keller des Mitteltraktes gehört habe. Gibt es einen Hund in der Schule?“

Sie sah ihn stumm an.

„Was ist denn los?“, fragte er besorgt. „Willst du nicht darüber sprechen?“

„Doch“, sagte sie und wischte sich fahrig über die Augen. „Es fällt mir nur schwer. Der Hund im Keller ist unser alter Moritz. Er ist inzwischen fast blind, und nachdem ihn die Russen 1944 zusammengeschossen hatten, kann er fast nicht mehr laufen. Außerdem hat er nur noch ein paar Zähne. Der alte Fritz hatte ihn damals einigermaßen wieder hingekriegt. Karol wollte ihn längst ertränken. Ich musste ihm hoch und heilig versprechen, mich um den Hund zu kümmern und ihn in den Keller zu bringen. Dort hat er jetzt sein Körbchen stehen. Ich bringe ihm jeden Tag frisches Wasser und etwas zu fressen und kümmere mich um ihn.“

Olaf geriet ganz aus dem Häuschen. „Moritz lebt?! Mein Gott, Erika. Kannst du ihn nicht aus seinem Verließ holen? Ich möchte nicht, dass er den Rest seines Lebens in einem dunklen Keller dahinsiecht. Das hat der gute treue Kerl wirklich verdient. Wenn der Hausmeister noch mit seiner Lehrerin beschäftigt ist, geht es vielleicht, ohne dass er was merkt. Und morgen kannst du ihm ja sagen, dass der Hund gestorben ist und du ihn im Wald begraben hast. Und dann erzählst du mir bitte endlich, was mit meinen Eltern passiert ist.“

Sie hatte sich schon umgedreht während er sprach und verschwand wie ein lautloser Schatten zwischen den Bäumen. Zehn Minuten später kam sie mit einem abgemagerten, schwarzweißen Fellbündel auf dem Arm zurück. Olaf schossen die Tränen in die Augen, als er den Hund sah, der jetzt winselte, japste und mit dem Schwanz wedelt, als er ihn auf den Arm nahm. Die Zunge leckte über seine Arme und das Gesicht. Er drückte ihn fest an sich und flüsterte immer wieder seinen Namen. „Moritz, mein lieber guter alter Moritz. Wenigstens du bist mir geblieben."

Er hat dich ... er hat dich sofort erkannt", sagte Erika Buchwald stockend und fing ebenfalls zu schluchzen an. „Wir drei sind die traurigen Reste einer versunkenen Zeit, die für immer vorbei ist."

Sie nahmen den Weg direkt am Ufer entlang nach Borken. Der Wald öffnete sich allmählich und ließ auf dem „Prussenhügel" einen ungehinderten Blick über den ganzen See zu. Aber die beiden hatten kein Auge dafür. Schweigend und jeder tief in seine Gedanken versunken gingen sie nebeneinander her. Nur Moritz durchbrach die Stille ab und zu mit einem zufriedenen Seufzer.

Nach fünfzehn Minuten tauchten die ersten Häuser des Dorfes mit seinen kleinen Siedlerhäuschen und den weit verstreuten Gehöften auf. Der ganze Ort wirkte wie ausgestorben. Der einzige Mensch, den sie zu sehen bekamen, war eine alte Frau, die ihre Blumen- und Gemüsebeete in einem verwilderten Garten mit einer Gießkanne wässerte.

„Was ist denn hier passiert?", fragte Olaf und sah ungläubig in die leeren Gassen und Straßen. „Es scheint so, als wäre das Dorf für die Einwohner viel zu groß geworden."

„Ja, das ist es auch. Die meisten Deutschen sind vor dem Kriegsende geflohen oder später nach Deutschland umgesiedelt worden. Hier leben nur noch ein paar alte Deutsche und genauso betagte Polen. Darum kann ich mir hier auch eine kleine Wohnung bei einem Bauern leisten. Nur zwei Zimmer und ein kleines Stückchen Garten, den ich nach meinen eigenen Bedürfnissen bewirtschaften kann. Ich bin zufrieden. Boris ist auch schon sechsundsiebzig und ein friedliebender Mensch. Seine Familie wurde aus Kasachstan zwangsumgesiedelt. Er ist der einzige, der seitdem hier geblieben ist. In Rogonnen ist mehr los. Da leben noch junge Familien. Und ein bisschen weiter, in Griesen und Diebauen auch. Heute haben diese Orte alle polnische Namen. Es ist eben nichts mehr so, wie es einmal war."

Moritz drängte sich plötzlich noch enger an Olafs Brust, sein magerer Körper zitterte vor Erregung. Olaf kraulte ihn hinter den Ohren, er kannte die Vorliebe des Hundes für diese Stelle.

„Meine Wohnung liegt in der Jagiellogasse, dem früheren Ulmenweg", sagte Erika und fuhr leicht ironisch fort: „Du müsstest diese kleine Straße eigentlich noch ganz gut kennen. Zumindest hast du dich dort vor über zwanzig Jahren fast jeden Tag herumgetrieben."

„Ulmenweg?" Er sah sich verwirrt um. Sein Blick wanderte die lange Reihe der Häuschen und Gärten entlang. Und dann fiel es ihm plötzlich wie Schuppen von den Augen. Eine blasse, blonde Schönheit tauchte aus dem Vergessen auf. „Margarete? Margarete Gerster?" Wohnte sie hier im Ulmenweg?"

„So ist es. Deine ehemalige Schulfreundin Margarete Gerster war hier zu Hause. Kaum hundert Meter vom See entfernt. Du warst damals schwer verliebt in sie. Soweit ich mich erinnere, war sie aber auch ein ziemlich hübsches Ding. Lange blonde Zöpfe, große blaue Augen und ein paar freche Sommersprossen um die Nase."

„Was du alles weißt."

„Ja, ich muss es wissen. Ich habe dich auch oft genug zum Essen oder zu den Schularbeiten nach Hause geholt, wenn sich dein Vater einmal darüber aufregte, dass sich sein Jüngster schon wieder bei dieser frühreifen Göre herumtrieb." „Sagte er wirklich frühreife Göre zu ihr?"

„Oh ja. Und das war noch das Harmloseste was er sagte.“ Olaf schüttelte den Kopf. „Mein Gott, Erika, ich habe das Gefühl, als wäre das alles vor einem ganzen Leben gewesen. Es ist schon so lange her, und inzwischen ist so viel Schreckliches passiert.“

„Ja, da hast du wohl Recht“, antwortete sie leise. „Es ist sehr viel passiert, auf was wir gut hätten verzichten können. Vor allem in den letzten zehn Jahren. Und ich sage dir, mein Junge, es ist noch nicht vorbei mit den schlechten Zeiten.“

Sie gingen weiter. Bisher war ihnen niemand entgegengekommen. Nur von Weitem sahen sie zwei alte Männer in einer Nebenstraße vor einem noch älteren Auto debattieren.

„Hier wohne ich“, sagte Erika plötzlich und deutete auf ein zweistöckiges hellgelbes Fachwerkhäuschen. Es machte einen freundlichen und gepflegten Eindruck. Klein, aber frisch angestrichen, sah es im etwas verwahrlosten Verbund der Nachbarhäuser wie etwas ganz Besonderes aus. Erikas Wohnung lag im ersten Stock und hatte einen eigenen Eingang. Über eine steile Holztreppe gelangten sie in die Diele und von da weiter ins Wohnzimmer. Ein kleiner Raum mit nur wenigen Möbeln tat sich vor ihm auf, als sie die Tür öffnete und ihn vorbei ließ. Eine hellbraune Couch, ein altmodischer Schrank, ein Tisch mit vier Stühlen und eine Anrichte auf der ein Volksempfänger stand, das war alles. Auf dem Holzboden lag eine bunte, schon reichlich ausgetretene Strohmatte.

Erika nahm Moritz vorsichtig aus Olafs Armen und legte ihn auf eine Decke, die auf der Couch lag. Er winselte leise vor sich hin.

„Ist schon gut mein Alter“, beruhigte ihn Olaf und streichelte ihn über den struppigen Kopf. „Das ist ab heute dein neues Zuhause. Du musst nie mehr in den dunklen kalten Keller. Ich verspreche es dir." Der Hund wurde sofort ruhiger.

„Das also ist seit ein paar Jahren mein kleines Reich", sagte sie mit einer ausladenden Geste und ging in die Küche um zwei Schnapsgläser und eine Flasche Korn zu holen. Sie goss die Gläser bis zum Rand voll. „Ich glaube, den werden wir beide bitter nötig haben, wenn wir verkraften wollen, was wir voneinander hören. Komm, setz dich zu mir und trink erst einmal."

Sie prosteten sich zu. Olaf trank das Glas in düsterer Vorahnung in zwei, drei Zügen leer.

„So ist es gut", meinte sie und tat es ihm gleich. „In den beiden Gräbern hinter dem Schloss liegen deine Eltern", sagte sie fast übergangslos. „Bestimmt hast du das schon geahnt."

Sein Gesicht wurde bleich und starr. Sie schenkte mit zitternder Hand nach.

„Wie ist es passiert?"

„Ich glaube nicht, dass es gut ist, wenn ich dir das schildere. Genügt es nicht, dass du jetzt weißt, dass sie tot sind?"

„Nein, das genügt nicht. Sag mir alles, bitte. Ich muss endlich wissen, was geschehen ist. Ich lebe schon viel zu lange mit dieser bohrenden Ungewissheit. Dass sie nicht mehr am Leben sind, ja, mit dieser Möglichkeit musste ich rechnen. Aber wie sind sie gestorben?"

Erika kippte den nächsten Schnaps in einem Zug hinunter. „Sie sind zusammen mit dem alten Fritz auf dem Gut geblieben und haben sich nicht wie geplant, in der Kaserne bei Seeburg in Sicherheit gebracht. Eine Horde besoffener Russen kam auf den Hof und schoss wild um sich. Dabei wurde auch Moritz schwer verletzt. Als sich ein junger Offizier an Anna vergriff, schlug ihn dein Vater nieder. Daraufhin trieben sie acht Pferde aus dem Stall und der Offizier gab den Befehl, deine Eltern an Händen und Füßen anzubinden und zu Vierteilen." Sie vergrub ihr Gesicht in den Händen und fing zu weinen an. Olaf starrte sie entsetzt an. Dann schüttelte er immer wieder den Kopf. „Warum haben sie das getan?! Warum!?", schrie er sie plötzlich mit überschnappender Stimme an.

„Ich weiß es nicht", antwortete sie erschrocken. „Wer kann schon in die Seelen kriegsverrohter Männer schauen?" Sie reichte ihm ein Taschentuch.

„Hast du das selbst alles gesehen?" Er trank sein Glas hastig aus, sie schenkte nach und ging in die Küche, um die nächste Flasche zu holen. Moritz fing wieder leise zu winseln an, so, als ob er alles verstanden hätte.

„Nein, das blieb mir Gott sei Dank erspart", sagte sie beim Hereinkommen. „Ich war zu dieser Zeit noch in Seeburg. Später war ich damit beschäftigt, meinen Mann und Garbrecht zu begraben. Fritz war dabei. Er hat es mir nach Kriegsende erzählt. Er lag auf der Tenne unter einem Strohhaufen und musste alles mitansehen. Seitdem hat er sich langsam aber stetig zu Tode gesoffen. Inzwischen hat er sein Ziel erreicht. Er ist vor ein paar Monaten gestorben. Sein Grab ist in Lyck, das sie jetzt Elk nennen."

„Ja, der Alte war noch nie so hart und abgebrüht, wie er immer getan hat. Ihn und mein Vater verband die ungewöhnlichste Männerfreundschaft, die ich je erleben durfte. Sie respektierten sich und ihre Eigenarten wie selbstverständlich und jeder ließ dem anderen seine Freiheiten ohne alles zu hinterfragen. Aber warum stehen keine Namen auf den Kreuzen?"

„Das ließen die Russen nicht zu. Nicht einmal die Kreuze. Erst als sie von hier abzogen, brachte Fritz die Kreuze mit der Inschrift an. Aber auch die Polen haben verboten, Namen darauf zu schreiben. Und so wissen seit heute nur noch wir beide und Moritz, dass deine Eltern hinter dem Gut begraben wurden. Der Hund hat sich jahrelang zwischen die Gräber gesetzt und winselte jeden Tag herzerweichend vor sich hin. Bis ihn Kaschinski in den Keller sperrte."

„Und die anderen?"

„Ich kann dir nur noch erzählen, was mit Martin und Holger Garbrecht passiert ist", sagte sie und stürzte das nächste Glas hinunter. „Sie wurden auf unserem gemeinsamen Fluchtweg in der Nähe von Malga von britischen Fliegerbomben zerfetzt. Ich habe sie neben der Landstraße verbuddelt und mich seitdem nicht mehr getraut ihre provisorischen Gräber zu besuchen."

„Ja, ... das erzählte mir Tadeusz, mein polnischer Pfarrer auch."

Sie sah ihn mit großen Augen an. „Du warst bei einem polnischen Pfarrer untergebracht? Jetzt ahne ich auch, was der Anruf vor ein paar Tagen zu bedeuten hatte. Der Pfarrer in Rogonnen fragte mich, was ich über die Gutsbewohner von 1944/45 weiß."

Olaf nickte. „Das erkläre ich dir später ausführlicher. Erst musst du mir noch erzählen, wie es hier auf dem Gut weiterging, als meine Eltern tot waren. Was hast du gemacht, nachdem du den Tieffliegerangriff überlebt hast?"

„Da gibt es nicht viel zu erzählen", sagte sie mit schwerer Zunge. „Ich ging wieder zurück. Es machte einfach keinen Sinn, weiter zu fliehen. Die Russen hatten unseren Treck fast eingeholt, das Gut, Klein Rogonnen, Borken und halb Ostpreußen überrollt. Überall bestimmte das Militär was man tun durfte und was nicht. Aber das weißt du bestimmt besser als ich. Am Anfang durfte ich für die neuen Kriegsherren kochen, waschen, putzen und Botengänge erledigen. Ohne Lohn, aber ich bekam im Schloss ein Zimmer und meistens auch etwas zu essen. Mal mehr, mal weniger und manchmal auch nichts. Nach etwa einem Jahr gingen die Russen, und polnische Beamte und Parteibonzen übernahmen das Kommando. Das Schloss wurde Stück für Stück zu einer Schule umgebaut und mein neuer Dienstherr wurde Karol Kaschinski, der Hausmeister. An meiner Arbeit hatte sich dadurch nicht viel geändert. Kochen, Waschen, Putzen, mal einen Brief ins Deutsche übersetzen, fast alles wie vorher. Der alte Fritz ist nur noch ein paar Wochen lang ab und zu hier gewesen, dann verabschiedete er sich endgültig in Richtung Lyck. Ich glaube, er ist da auch geboren. Erst nach seinem Tod, dieses Jahr im März, habe ich wieder etwas von ihm gehört. Merkwürdigerweise von Karol Kaschinski. Er ist eine Art moderner Sklaventreiber und hasst die Deutschen. Er hat seine Frau und seine Eltern in Warschau verloren. Ich weiß nicht, wie lange ich die schwere Arbeit in der Schule mit meinem Rücken noch machen kann. Und dann sieht es düster für mich aus, denn mit einer nennenswerten Rente kann ich nicht rechnen. Aber ich will mich nicht beschweren, anderen Deutschen erging es viel schlechter."

Olaf stand auf und ging zum Fenster. Im Garten war ein älterer Mann damit beschäftigt, Unkraut zu jäten. „Mach dir darüber keine Sorgen", sagte er und drehte sich zu ihr um. „Ich denke, du kannst dich und deinen kaputten Rücken ab morgen schonen."

„Wie meinst du das?", fragte sie und stieß mit seinem verwaisten Glas auf dem Tisch an.

„Wenn noch alles da ist, gibt es für dich keinen Grund, sich um die Zukunft Sorgen zu machen. Meine Eltern haben in der Familiengruft schon vor und während des Krieges ein Versteck angelegt, in dem sich Gold, Silber und Schmuck sozusagen als währungsunabhängiger Notgroschen befinden. Du kennst doch die Gruft unter der Kapellenruine hinter dem Südflügel? Es muss sich um ein beachtliches Vermögen handeln. Heute Nacht können wir nachsehen, ob noch alles da ist und ob wir rankommen. Wenn ja, wirst du ausgesorgt haben. Dann kannst du schon übermorgen in der Schule deine Arbeit kündigen."

Erika stand mit wackligen Beinen auf. „Die Ruine ... wurde einplaniert als sie die Schule im Schloss eingerichtet haben", sagte sie stockend. Die Enttäuschung und der Alkohol ließen sie nach vorne taumeln. Sie konnte sich gerade noch an der Tischkante abstützen. „Es dürfte ... sehr ... sehr schwer werden, an die Gruft heran zu kommen."

„Nun, wir werden sehen, was da zu machen ist! Vielleicht müssen wir graben, um dir ein sorgenfreies Leben zu ermöglichen. Ich selbst brauche keinen Reichtum mehr."

„Wie ... wie meinst du das?" Sie sah ihn aus glasigen Augen an.

„Darüber können wir morgen ausführlicher reden", wich er ihr aus. „Jetzt erzähle ich dir erst einmal von meinem Weg seit 1944. Davon, wie ich Carsten gefunden und wieder verloren habe, was aus Nadja und mir geworden ist und wie ich wieder nach Hause gekommen bin. Es ist eine längere Geschichte. Aber wir haben ja genügend Zeit. Es ist allerdings eine Geschichte, die man nur total besoffen ertragen kann. Hast du noch was zu trinken?"

„Genug", antwortete sie und holte mit wankenden Schritten eine Flasche Wein aus der Küche. Es wurde ein langer Abend, der trotz des reichlich getrunkenen Alkohols gegen zwei Uhr morgens in einer tiefen Niedergeschlagenheit endete. Die geplante Schatzsuche wurde in stiller Übereinkunft auf die nächste Nacht verschoben.

Als Olaf am nächsten Morgen aufwachte, hatte er einen fürchterlichen Kater und einen Brand in der Kehle, der ihn sofort zum Wasserhahn in der Küche trieb. Die Wohnung war leer, Erika schon zur Arbeit gegangen. Moritz kam Schwanz wedelnd zu ihm und steckte die Schnauze in seine Hand. Es war sein Begrüßungsritual aus längst vergangenen Tagen. Olaf suchte nach einer Schüssel, füllte sie mit Wasser und stellte sie auf den Boden. Der Hund trottete langsam darauf zu und schlabberte sie gierig aus, dann kroch er mühsam auf die Wohnzimmercouch zurück. Auf dem Tisch lag ein kleines Stück Papier, das mit einem Bleistift beschwert war.

„Bin gegen 16.30 Uhr wieder da", stand da in Erikas kleiner enger Schrift auf dem

abgerissenen Rand einer Tageszeitung. „Im Küchenschrank ist was zu essen und in der bunten Blechdose müsste sich auch noch etwas Tee befinden. Lass Moritz für sein ‚Geschäft' raus. Aber geh bitte mit, er ist ohne Begleitung völlig hilflos. Um Boris braucht ihr euch keine Sorgen zu machen, er hält dicht. Bis später. Erika."

Er packte seinen Rucksack aus und erledigte die Morgentoilette. Das Licht im Bad schaltete er vorsorglich nicht ein und einen Blick in den Spiegel vermied er ebenfalls.

Im Küchenschrank fand er Marmelade, Honig, Butter und eine Schüssel mit gekochten Kartoffeln. In einem Steintopf neben dem Küchenfenster lag ein halber Laib Brot. Er wusch Moritz' Wasserschüssel aus und würfelte drei Kartoffeln hinein. Der Hund fraß mit sichtlichem Appetit aber sehr langsam und bedächtig. Für sich selbst brühte er nur eine Tasse Tee auf. Sein Magen warnte ihn deutlich vor zusätzlichen Belastungen. Kaum waren sie mit dem „Frühstück" fertig, als Moritz unruhig wurde. Er wollte raus. Mit dem Hund auf dem Arm schlich Olaf die steile Holztreppe nach unten. Aber anscheinend nicht leise genug. Boris erwartete ihn vor der Haustür. „Dzien dobry", grüßte er freundlich und besah sich den Gast seiner Mieterin mit offener Neugier. Olaf nickte ihm zu und ging weiter. „Zweihundert Meter von hier ist große Wiese für Hund“, rief er ihnen in einem gut verständlichen Deutsch hinterher und deutete zum See. Moritz hielt sich dicht neben ihm. Immer wieder blieben sie stehen, um eine kleine Pause zu machen. Erst nach einer kleinen Ewigkeit kamen sie an der Wiese an. Sie war mit hohem Gras und vereinzelten Sträuchern bewachsen. Der Hund suchte sich sofort eine geeignete Stelle, um sein „Geschäft“ zu verrichten. Kaum war er damit fertig, kam er wieder zurück, drückte sich an Olafs Beine und hob den schmalen klugen Kopf. Der Blick seiner fast erblindeten Augen drang seinem Herrchen tief ins Gemüt.

„Ist schon gut, mein Alter“, sagte er aufmunternd, kniete sich zu Moritz hinunter und nahm ihn in den Arm. „Du musst dir hier ein neues Revier erschnüffeln, mein Guter, mein Lieber, mein Einziger. Komm, wir gehen noch ein bisschen zum See. Da gibt es viele neue Spuren und Gerüche zu entdecken. Und dann darfst du endlich wieder ins Wasser. Ich kann mich noch sehr gut daran erinnern, wie gerne du mit Carsten und mir geschwommen bist, du alte Wasserratte.“

Moritz hörte aufmerksam zu, so, als ob er jedes Wort verstehen würde.

Der große See lag still und unendlich vertraut vor ihnen, ein leichter Wind kräuselte über das zerrissene Spiegelbild des Himmels. Hinter einem sanften Bogen aus Wiesen, Schilf und Bäumen lag Rogonnen. Der Ort schien inzwischen noch weiter entfernt, als der Abstand zwischen Mond und Erde, wie sein Vater nach der fast tödlich ausgegangenen Wirtshausschlägerei im „Blauen Karpfen“ manchmal behauptete. Denn jetzt lag die Vergangenheit und die Zukunft zwischen ihm und dem Dorf. Es war zum Greifen nah und dennoch unerreichbar. Der klobige Kirchturm ragte trotzig wie eh und je über die Häuser und Höfe, über die Köpfe der Menschen und denen die es noch werden wollten.

Er suchte sich einen schattigen Platz unter den Bäumen, Moritz lief schnüffelnd in seiner Nähe über das Gras und das sandige Ufer. Es waren keine guten, keine tröstenden Gedanken, denen der letzte noch lebende Thumeckspross nachhing. Es gelang ihm nicht mehr nur nach vorne zu schauen, wie ihm Tadeusz Neumann, der deutschstämmige Pfarrer aus Karkliny so eindringlich mit auf den Weg gegeben hatte. Und wenn er sich für wenige Minuten doch noch von den bedrückenden Bildern der Vergangenheit lösen konnte, dann sah er nur einen leeren, unausgefüllten Zeitraum, der sich wie eine graue, unendliche Wüste vor ihm erstreckte. War das der Blick in die Zukunft?

In der stechenden Mittagshitze ging er im seichten Uferbereich mit Moritz baden. Der Hund war begeistert, es schien, als wäre er um zehn Jahre jünger geworden. Aber es war nur ein kurzes, fröhliches Intermezzo. Der Wind frischte auf, von Osten zog eine grünschwarze Wand heran, Blitze zuckten über dem See, ein leises Grollen kündigte ein Unwetter an.

Er zog sich rasch an, nahm den Hund auf den Arm und eilte mit ihm zu Erikas Wohnung zurück. Es war keine Minute zu früh. Kaum hatten sie das Haus erreicht, als es schon losging. Erst fing es zu tröpfeln an, dann steigerte sich der Niederschlag zu sintflutartigen Regenschauern und plötzlich prasselten große Hagelkörner herunter. So dicht, dass man kaum noch fünf Meter weit sehen konnte.

Olaf rubbelte den Hund mit einem Handtuch trocken, wickelte ihn in seine Decke und legte ihn vorsichtig auf die Couch. Gegen zwei Uhr nachmittags schliefen sie beide ein.

„Hallo, aufwachen, ich bin wieder da!“ Olaf zuckte erschrocken hoch. Erika stand patschnass vor ihm. Das

Wasser tropfte über ihre grauen Haare, das Gesicht und die Schultern auf den Boden und hinterließ kleine Pfützen auf dem Holzboden. In der Hand hielt sie eine Plastiktüte, die sie auf den Tisch stellte. „Aale, frisch geräuchert. Drei Stück! Eigenhändig gestohlen und unter größter Gefahr hierher gebracht!" Sie strahlte über das ganze Gesicht. „Auch Moritz liebt geräucherten Aal. Er ist eben ein typischer Ostpreuße. He, Faultier, es gibt gleich was Leckeres zu fressen!" Sie hielt ihm die Tüte unter die Nase, aber der Hund rührte sich nicht. Olaf strich ihm mit dem Handrücken über die Schnauze. Keine Reaktion. Er nahm seinen Kopf vorsichtig zwischen die Hände und fühlte nach dem Puls hinter den Ohren.

„Moritz hat sich von dieser Welt endgültig verabschiedet", sagte Olaf leise und legte den bis auf die Knochen abgemagerten Hund auf seinen Schoß.

„Ich wusste, dass es bald so weit sein würde", sagte Erika mit Tränen in den Augen. „In den letzten Wochen hat er fast nichts mehr gefressen. Aber seit gestern war er kaum mehr wiederzuerkennen. Er hat sich so sehr darüber gefreut, dass er dich noch einmal sehen durfte."

„Neben uns beiden, ist er der letzte aus alten, vertrauten Tagen. Wir werden ihn oben auf dem Schloss beerdigen. Im Grab meines Vaters. Noch heute Nacht. Moritz war ihm zu Lebzeiten immer ein treuer Begleiter und Freund. Und dann suchen wir einen Zugang zur Gruft. Vielleicht haben wir wenigstens damit Glück."

Sie setzte sich wortlos neben ihn und vergrub das Gesicht in seinem Arm. Die drei geräucherten Aale blieben an diesem Abend unangetastet.

Es war schon stockdunkel, als sie sich mit einer Taschenlampe und einem Spaten aus dem Geräteschuppen von Boris auf den Weg machten. Erika trug den Spaten und die Taschenlampe, Olaf den Leichnam von Moritz. Er war in das beste Tuch eingewickelt, das sie in der Wohnung finden konnten.

Das Dorf wirkte schon am Tag wie ausgestorben, aber jetzt hatte man das Gefühl, als wären sie die einzigen Bewohner auf einem verlassenen Planeten. Der Sturm hatte sich nach Westen verzogen und hinterließ einen kühlen Nachtwind der über die leeren Straßen und Pfützen strich. Fast geräuschlos huschten sie am Bootshaus vorbei, rasch ging es weiter über die kleine Holzbrücke zum Mitteltrakt. Das Schloss lag schwarz und düster vor ihnen. In dieser Atmosphäre und aus dieser Perspektive hatte Olaf sein Zuhause noch nie erlebt.

„Wohnt der Hausmeister im Schloss?", flüsterte er.

„Ja, er hat mit seiner Familie eine Wohnung im Nordflügel."

„Sehr gut. Dann kriegt er von unserem Treiben nichts mit. Lass uns zuerst Moritz begraben. Dann suchen wir nach dem Eingang der Gruft."

Vorsichtig schlichen sie weiter. Die zwei flachen Erdhügel tauchten im spärlichen Mondlicht zwischen den Jungfichten auf. Olaf legte den Hund hinter den Kreuzen ab.

„Weißt du noch, in welchem Grab mein Vater liegt?"

„Es ist das rechte."

„Natürlich, was frage ich da noch. Der alte Fritz wusste genau, dass sie immer nur links von ihm, auf der Fensterseite, schlafen konnte."

Er fing damit an, die dichte Grasnarbe von der Seite her mit dem Spaten zu durchstechen. Nach wenigen Minuten zog sich die Einstichlinie wie ein Reißverschluss um das halbe Grab. Dann fuhr er mit dem Spatenblatt unter den Grasmantel, stülpte ihn wie eine Hülle über den Erdhügel und legte ihn auf der anderen Seite ab. „So wird niemand etwas von unserer Beerdigung merken“, sagte er. „Wir sollten noch ein paar große Steine auf Moritz legen, damit ihn kein Tier ausgraben kann.“

Erika verschwand kommentarlos im Dunkel, er grub weiter, bis das Loch am Fußende tief genug war. Dann holte er den kleinen Leichnam hinter den Kreuzen hervor und legte ihn hinein. „Leb wohl, mein treuer Freund. Und pass auf dein Herrchen auch im Jenseits gut auf.“

Erika war mit einem Arm voller Steine zurückgekommen und legte sie Stück für Stück über das schmale Bündel. Olaf schaufelte das Grab wieder zu, zog die Grasnarbe vorsichtig zurück und klopfte sie mit dem Spaten fest bis nichts mehr von der nächtlichen Bestattung zu sehen war.

„Komm, lass uns gleich zur Kapelle weitergehen“, sagte er, kaum dass er mit seiner Arbeit fertig war. Sie hatte den Eindruck, als ob er keine Minute von zu Hause fort gewesen wäre. Fast traumwandlerisch sicher fand er in der Dunkelheit den Weg an die Stelle, an der die Kapelle vor neun Jahren einmal stand. Der Boden war längst mit Gras, Moos und Sträuchern überzogen. Trotzdem dauerte es nur wenige Minuten bis er mit der Taschenlampe auf einen bestimmten Punkt leuchtete und Erika zu sich winkte. „Hier verläuft die Grundmauer des Altarbereichs! Siehst du den halbrunden Bogen, der durch das Moos und den schwächeren Grasbewuchs deutlich zu erkennen ist?“

„Ja, jetzt wo du es sagst.“

Er scharrte die dünne Schicht mit der Schuhsohle beiseite. Tatsächlich erschien eine abgeschliffene Ziegelmauer im Lichtkegel der Taschenlampe.

Mit dem Spaten in der Hand ging er von der Mitte des Bogens fünf große Schritte nach vorne und stieß ihn senkrecht in den Boden. „An dieser Stelle müsste die Verschlussplatte über der Gruft liegen.“ Das Eisenblatt drang nur ein paar Zentimeter tief und traf dann auf hörbaren

Widerstand. Er bückte sich, um den Boden genauer zu überprüfen. „Wenn ich mich richtig erinnere, hatte die Steinplatte am Ende eine kleine Vertiefung, in der ein großer Stahlring lag. Durch eine mechanische Einrichtung ließ sich die Platte früher fast ohne Kraftanstrengung nach hinten kippen und gab den Weg zu einer Treppe frei, die zur Gruft hinunter führte. Einen Moment, ... ich glaube, ... ja, ... ich habe da etwas entdeckt." Erika war sofort neben ihm.

„Übernimm bitte die Taschenlampe und leuchte genau auf diese Stelle." Er reichte ihr die Lampe und fing damit an, etwas Erde und Moos mit den Händen wegzuräumen.

„Na also, ich wusste es doch! Siehst du das!?", rief er triumphierend und deutete vor sich auf den Boden. „Nicht so laut!", mahnte sie. Im Strahl der Taschenlampe zeichnete sich deutlich ein metallener Ring auf der verschmutzten Steinplatte ab. Er stellte sich breitbeinig daneben, steckte vier Finger seiner rechten Hand in den Ring und zog ruckartig daran. Aber die Platte bewegte sich keinen Millimeter nach oben.

„Verdammt!", fluchte er. „Die ganze Mechanik muss inzwischen entweder zerstört oder eingerostet sein. Ich versuche es gleich noch einmal."

Wieder zog er mit aller Kraft an dem Ring, die Adern traten an seinem Hals hervor. Und tatsächlich tat sich ein winziger kleiner Spalt auf. Erika schob sofort das Spatenblatt in die schmale Öffnung und gemeinsam stemmten sie die schwere Platte Stück für Stück auf.

Vor ihnen lag die Treppe zur Gruft. Olaf stürmte hinunter, Erika folgte ihm auf dem Fuß. Der Lichtkegel der Taschenlampe riss eine kleine, mit Granit getäfelte Halle aus der Finsternis. In den Seitenwänden waren beschriftete Bronzetafeln eingelassen. Olaf lief zu einer noch unbeschrifteten Tafel und hebelte sie ohne große Probleme mit dem Spaten auf. Dahinter tat sich ein Hohlraum auf, in dem eine massive Holzschachtel mit Metallbeschlägen lag. Sie war nicht verschlossen. Er zog sie vorsichtig heraus, stellte sie auf den Boden und klappte den reich verzierten Deckel auf.

Gold- und Silbermünzen, Dollarnoten, Perlen, wertvoller Schmuck und Juwelen, verbreiteten sogar im spärlichen Licht der Taschenlampe einen fast magischen Glanz.

„Mein Gott, was für ein Reichtum!“, rief Erika und griff spontan nach einer wunderschön gearbeiteten Kette mit großen, tropfenförmigen Rubinen.

„Das ist die Hochzeitskette meiner Großmutter“, sagte Olaf feierlich und sah mit traurigen Augen auf das Wunderwerk längst vergangener Goldschmiedekunst. „Komm, leg sie wieder zurück in die Schachtel. Du kannst dir morgen früh alles genauer anschauen. Sie gehört dir, wie alles andere auch. Wir müssen die Gruft wieder verschließen und alles so hinterlassen, dass niemand etwas von ihr entdeckt. Es soll so bleiben, dass meine Vorfahren hier im Verborgenen ihre ewige Ruhe haben.“

„Und was ist mit deinen Eltern und Moritz? Willst du sie nicht auch hier bestatten?“

Olaf schüttelte fast unmerklich den Kopf. „Nein, lass sie dort in ihren schlichten Gräbern, wo sie zuletzt vom alten Fritz beerdigt wurden. Sie sollen ungehindert auf das Schloss schauen können. Ich stelle mir vor, wie sie sich in manchen Nächten federleicht aus ihren Gräbern erheben und in den alten vertrauten Räumen nach Carsten und mir suchen. Heute Nacht werde ich hier im Schloss bleiben. Ich möchte nach so vielen Jahren endlich wieder hautnah spüren, dass ich zu Hause bin.“

„Olaf, bitte, tu das nicht!“, rief Erika erschrocken. „Wenn dich Karol entdeckt, holt er die Polizei. Er ist kein

Freund der Deutschen!“ Sie protestierte noch minutenlang gegen diesen verrückten und gefährlichen Plan. Aber Olaf ließ sich nicht davon abhalten. Und so machten sie sich daran, die Gruft wieder mit der Steinplatte zu verschließen und ihre Spuren zu verwischen. Eine halbe Stunde später sah alles fast wieder so aus, wie sie es vorgefunden hatten. Nur eine neue, frische Erdschicht, ein paar aufgesetzte Moosstücke und darüber gestreute Steine überzogen jetzt den Boden über der Gruft. Aber auch hier würde die Natur schon in wenigen Tagen dafür sorgen, dass niemand etwas von ihrem nächtlichen Besuch erkennen konnte.

„Wenn du dich schon nicht davon überzeugen lässt, dass es ein Wahnsinn ist, was du vorhast, so versprich mir wenigstens, dass du spätestens um fünf Uhr morgens die Schule verlässt“, sagte Erika. „Karol steht um sechs Uhr auf und öffnet das Hoftor um kurz nach sieben. Ich warte mit einem großen Frühstück auf dich.“

„Versprochen. Um spätestens fünf Uhr habe ich die Schule verlassen.“

Sie war halbwegs zufrieden mit dieser Antwort, nahm die Holzschatulle unter den Arm und verschwand damit zwischen den Bäumen. Olaf versteckte den Spaten unter einem Strauch und schlich zum Südflügel hinüber. Ein kräftiger Efeu wand sich an einer Stelle bis zum ersten Stock hinauf. Er kletterte an ihm hoch und stieg ohne große Mühe durch ein offenes Fenster ein. Dieser Teilbereich des Schlosses sah innen anders aus, als er es von früher her kannte. Die Gänge waren breiter, die großen Räume unterteilt. Trotzdem bereitete ihm die Orientierung keine Probleme. Er war zu Hause angekommen.

Vorsichtig schlich er in der vom Mondlicht spärlich aufgehellten Dunkelheit weiter zum Mitteltrakt. Hier war fast alles noch so geblieben, wie er es kannte. Sogar der große Speisesaal neben der Küche existierte unverändert. Er setzte sich auf den Platz, den er schon vor dem Krieg an der linken Stirnseite der Tafel neben seinem Vater eingenommen hatte und ließ die Atmosphäre auf sich einwirken.

Seine Blicke tasteten sich durch den Raum, über den Boden, die Wände und Decke, bis hinüber zum großen Kamin. Plötzlich glaubte er seinen Augen nicht zu trauen. Über der Natursteineinfassung des Kamins sah ihm seine Mutter entgegen! Sie richtete ihre großen blauen Augen auf ihn und schien ihn freundlich anzulächeln. Es war zwar nur ein Ölgemälde von ihr, das früher in der Eingangshalle hing, aber trotzdem hatte dieser Moment etwas Magisches, etwas Außergewöhnliches an sich. Wie ein Schatten glitt er durch das nachtstille Schloss, außer durch den Nordflügel, in dem jetzt die Familie des Hausmeisters wohnte und gab sich den Erinnerungen hin. Als er um kurz nach sechs Uhr morgens noch immer nicht zurück war, eilte Erika mit dunklen Vorahnungen in die Schule. Sie läutete so lange am Hoftor, bis Karel endlich aufmachte. Er streifte sich noch im Gehen die Hosenträger über die Schultern und überzog sie mit einer Flut von Flüchen und Fragen. Aber sie eilte kommentarlos an ihm vorbei. Wild gestikulierend lief er hinter ihr her. In der Eingangshalle, bog er, immer noch höchst erregt, in seine Wohnung ab. Sie wusste, dass er einen gedeckten Frühstückstisch nie länger als höchstens zwei Minuten alleine ließ.

Nervös durchstreifte sie das Schloss. Nach ein paar Minuten betrat sie den großen Speisesaal und blieb wie angewurzelt stehen. Am Haken einer abgenommenen Deckenlampe hing der leblose Körper von Olaf. Erhängt in dem Raum, in dem er im September 1944 seine Verlobung mit Nadja verkündet hatte. Der Kreis des Schicksals hatte sich in dieser Nacht geschlossen. Es war zugleich das Ende einer großen ostpreußischen Familie.

Nachtrag

Henry Milton erhielt im Frühjahr 1954 die lang ersehnte Einreisegenehmigung in die Volksrepublik Polen. Er quartierte sich im Juli des gleichen Jahres in einem staatlich geführten Hotel in Olecko, in der Nähe des Haschner Sees, für sieben Tage ein.

Von hier aus fuhr er nach Karkliny und suchte Nadja. Er fand sie und ihre Familie über die Ortsverwaltung der zuständigen Woiwodschaft. Auch Tadeusz Neumann, den deutschstämmigen Pfarrer in Karkliny lernte er kennen. Von ihm erfuhr er, dass Olaf von Thumeck vor einem Jahr zum Haschner See zurückkehrte, und sie seitdem nichts mehr von ihm gehört hatten. Der Engländer machte sich mit Nadja auf den Weg zum ehemaligen Gut. Über den Hausmeister bekamen sie den Kontakt zu Erika Buchwald in Borken. Sie hatte Olaf mit der Unterstützung Kaschinskis anonym neben seinen Eltern begraben.

Durch das Engagement des katholischen Pfarrers konnten sie auch die Familie von Myskina Kowalski finden. Sie lebte in bescheidenen Verhältnissen in Bakalarzewo.

Nadja pflegt die Gräber hinter dem Schloss bis heute. Sie, Henry Milton, Myskina und Katjuscha, die Haushälterin des Pfarrers, kommen jedes Jahr im August zum Gedenken an die Toten zum Haschner See. Die Bierut-Schule wurde 1976 wegen Geld- und Kindermangel geschlossen. Viele Familien in Klein-Rogonnen und Umgebung zogen in die Städte und kehrten der ländlichen Idylle Masurens den Rücken.

Erika Buchwald konnte ein Jahr später mit der Genehmigung der Ortsverwaltung die anonymen Holzkreuze der Thumeck-Gräber durch drei schlichte Grabsteine ersetzen. Mit eingravierten Namen und den Geburts- und Todestagen.

Das Schloss stand über fünfzehn Jahre leer, bevor es 1992 in den Privatbesitz einer deutschpolnischen Stiftung kam, die es zu einer Gemäldegalerie und zu einem „Ort der Versöhnung“ umfunktionierte.

Erika Buchwald war hochbetagt ein paar Monate zuvor in ihrem Haus in Borken, das sie von einem Teil des Thumeckschen „Notgroschens“ bauen konnte, gestorben. Den wertvollen Schmuck vermachte sie zum größten Teil Nadja, mit der sie bis zu ihrem Tod einen engen Kontakt hielt. Aber sie weigerte sich bis zuletzt das Angebot der jungen Polin anzunehmen, bei deren Familie in Karkliny zu leben.

Ihr Haus in Borken erbte Myskina Kowalski. Sie zog 1993 mit ihrer Mutter, Sohn Alexander und der jüngeren Schwester endgültig von Bakalarzewo zum Haschner See.

Diese Geschichte beruht auf dem tatsächlichen Schicksal einer alten ostpreußischen Familie, die zur gleichen Zeit, wie in diesem Roman beschrieben, in Masuren lebte und erlosch. Nur die Namen, Orte und einzelne Handlungsstränge stimmen mit den tatsächlichen Ereignissen nicht überein.

ENDE

Edeltraud Wagner

Omi, erzähl' von früher
Jugenderinnerungen einer Ostpreußin

320 S., 60 S/W-Abb., gebunden mit farb. Schutzumschlag

€ 14,95 (D)/€ 15,40 (A)

Edeltraut Wagner wurde 1923 in dem kleinen ostpreußischen Dörfchen Kubillen (ab 1938 Nordenfeld), Kreis Goldap, geboren. Dort wuchs sie zusammen mit zwei Schwestern auf dem elterlichen Bauernhof auf. Am 19. Oktober 1944 setzte der Beginn einer abenteuerlichen Flucht vor den Russen der Idylle ein Ende. Hier hat Edeltraut Wagner ihre Kindheits- und Jugenderinnerungen aufgeschrieben. Sie handeln von ihrer Familie, ihrer Schulzeit in der kleinen Dorfschule und dem Leben mit den Tieren und im Rhythmus der Jahreszeiten. Auf spannende und lebendige Weise berichtet die Autorin unter anderem von Ausflügen in die Rominter Heide zum Beerenessen, nach Trakehnen nach Danzig, Insterburg und Gumbinnen. Dazwischen erfährt der Leser vieles über die ostpreußische Küche und die Eigenarten der Sprache. Auch die schlimmen Ereignisse auf der Flucht lässt die Autorin nicht aus, und die Trauer um den Verlust der Heimat ist für die Leser allgegenwärtig. Ein bewegendes Buch, das zu einer Reise in die alte Heimat Ostpreußen einlädt!

Gertrud Pastenaci
Dr. Stephan Pastenaci
Die Gärten meines Lebens
Lebenserinnerungen einer Ostpreußin

318 S., 29 S/W-Abb., geb. mit farbigem Schutzumschlag

€ 16,95 (D)/€ 17,50 (A)

Die Erinnerungen von Gertrud Pastenaci sind ein warmherzig und lebendig geschriebenes Zeitdokument. In ihnen schildert sie in kurzen tagebuchartigen Abschnitten ihre behütete Kindheit als Pfarrerstochter in Heiligenkreuz im Samland, die jäh durch die Wirren des Ersten Weltkrieges unterbrochen wird und ihr Leben an der Seite ihres Mannes, des Journalisten und Schriftstellers Kurt Pastenaci, mit dem sie ihre geliebte Heimat Ostpreußen verlässt, um mit ihm nach Berlin zu ziehen.
Ihr Leben dort wird überschattet von der Herrschaft der Nationalsozialisten, während der sie die Verhaftung ihres Mannes und vieler Freunde erleben muss. Ständige Bombenangriffe auf Berlin, Geldnot und der frühe Tod ihres Mannes und der beiden Söhne lassen ihren Lebensmut nicht sinken. Als Musikkritikerin und Journalistin arbeitet sie nach dem Krieg für mehrere Berliner Tageszeitungen und trifft berühmte Persönlichkeiten aus Musik und Film. In ihrem Schrebergarten findet sie ein kleines bisschen Abglanz jenes Paradieses Ostpreußens, nach dem sie sich immer zurückgesehnt hat.